Sophie BODY-GENDROT

Francis BORDAT

Divina FRAU-MEIGS

Le crime organisé à la ville et à l'écran

États-Unis, 1929-1951

CNED

ARMAND COLIN

Conception de couverture : Jérôme Lo Monaco

ISBN : 2-200-26199-3

Table des matières

Introduction générale

La question mise au programme de l'Agrégation d'anglais est d'abord une question d'Histoire américaine, où l'étude « du gangstérisme aux États-Unis et de son évolution jusqu'au début des années cinquante avec le développement de la Mafia » constitue la moitié au moins du travail de préparation.

La période considérée couvre deux décennies, du Massacre de la Saint-Valentin (14 février 1929) qui constitue le point culminant de la guerre des gangs à Chicago à la conclusion des travaux de la Commission Kefauver en 1951. Le sujet implique donc qu'on replace avec soin l'histoire du crime organisé dans celles de la Prohibition, de la Dépression, de l'après-guerre. Il exige aussi la connaissance des campagnes de moralisation et des tentatives de répression qui jalonnent ces époques.

L'année 1951 a été choisie pour clore la période, car c'est l'année où la Commission Kefauver boucle la première enquête d'envergure consacrée au crime organisé aux États-Unis. C'est la première fois que l'existence d'une « Mafia » opérant à l'échelon national est reconnue par un organisme officiel, alors même que le patron du FBI, J. Edgar Hoover, contrairement à son alter ego du Federal Bureau of Narcotics, Harry J. Anslinger, persiste à en nier l'existence. Les historiens de la Commission Kefauver semblent rejoindre le point de vue du chef du FBI lorsqu'ils remarquent la fragilité, non pas des faits recueillis par la Commission, mais de leur interprétation globale, qu'ils estiment influencée par une vision déjà médiatique, peut-être « hollywoodienne », de la criminalité organisée. Sans doute la Commission entendait-elle mobiliser ainsi l'Amérique *mainstream* en faveur d'un renforcement de la répression fédérale contre le crime organisé — notamment dans le domaine du jeu qui connaissait alors d'énormes développements et qui bénéficiait, comme jadis l'alcool, d'une très grande indulgence populaire. Un objectif complémentaire était d'encourager la politique prohibitionniste qui est restée jusqu'à ce jour l'approche privilégiée des gouvernements américains en matière de lutte contre le crime, souvent au détriment de l'analyse et du traitement en profondeur des causes de la délinquance.

Autre précision importante : « crime *organisé* » implique qu'on laisse de côté toutes formes de délinquance isolée ou passionnelle, les cavales meurtrières des couples tragiques ou les exploits des hors-la-loi au grand cœur. Sont donc *hors sujet* les Bonnie and Clyde, Baby Face Nelson, Pretty Boy Floyd, Machine Gun Kelly et autres Dillinger qui ont défrayé la chronique des années trente, et dont les biographies présentent plus de ressemblance avec les aventures des héros de l'Ouest qu'avec les sagas urbaines des gangsters.

Le concept de « crime organisé » a une histoire. Il est employé pour la première fois par la Chicago Crime Commission de 1919 en référence à une population de quelque 10 000 « professional criminals » qui pratiquent le crime « as a business », puis dans les années vingt par John Landesco, sociologue de l'Université de Chicago, mais c'est dans les années trente qu'il se généralise et se précise pour désigner les gangsters et leurs « syndicats ». Sur ce dernier terme, on se reportera à l'entrée « syndicate » de l'Encyclopédie de Kelly, qui précise qu'il faut distinguer entre « enterprise syndicate », « which operates in the arena of illicit enterprises such as gambling, narcotics, pornography, smuggling and so on », et « power syndicate » — terme proposé par Alan Block —, « which refers to an organization that deals in extortionate violence ». L'expression disparaît du débat pendant la guerre, et c'est la Commission Kefauver qui la relance quand elle dénonce l'activité aux États-Unis d'une « sinister criminal organization known as the Mafia ». Les mots « Mafia » et « Cosa Nostra », peu utilisés auparavant, se répandent alors dans les médias américains.

La définition d'Albanese intègre quelques éléments supplémentaires :

> Organized crime is a continuing criminal enterprise that rationally works to profit from illicit activities that are in great public demand. Its continuing existence is maintained through the use of force, threats, and/or the corruption of public officials[1].

Les *villes* concernées par le sujet sont prioritairement Chicago et New York sur lesquelles nous avons souhaité insister, mais aussi Cleveland, Detroit (où en 1931 sévit l'effroyable Purple Gang), Boston, Philadelphie, Las Vegas et Hollywood. Parmi les points intéressants de l'histoire du crime organisé au cours des deux décennies, notons les sanglants conflits de 1930-1931 pour la conquête du pouvoir à

1 Albanese, 1989, p. 6.

New York ; ce que certains appellent l'« américanisation » de la Mafia à l'aube des années trente (quand Luciano tente de procéder à une stricte division du territoire criminel à l'échelle nationale) ; la diversification des activités après l'abolition du Volstead Act.

Un corpus très vaste de recherches en sciences sociales, étalé sur plusieurs décennies, reflète l'évolution du crime organisé dans les villes américaines des années vingt jusqu'à nos jours. Du déterminisme biologique aux choix de l'individu, de l'inné à l'acquis, de l'interaction des gangsters avec le milieu urbain et de l'influence des valeurs de la société de l'époque sur les conduites déviantes, l'apport des sciences sociales traduit la mutation des mentalités au cours du temps et une distanciation critique grandissante envers un imaginaire populaire, proprement lié à la Mafia italo-américaine.

Deux sous-questions ont fait ici l'objet d'une réflexion particulière. Il s'agit d'une part des relations entre gangstérisme, ethnicité et politique dans la ville américaine, d'autre part de celles entre gangstérisme et capitalisme. Comme en témoignent les recueils de sources figurant dans la bibliographie, ces deux sujets sont au cœur du débat sur la criminalité tout au long des années trente et quarante. On peut même dire qu'ils sont un lieu commun journalistique : « the business of crime », ou « crime and the immigrant ». On peut d'ailleurs classer le corpus critique à partir des camps dans lesquels les auteurs se rangent sur ces questions.

À un extrême, on trouve une conception de la criminalité comme pure importation de l'étranger, strictement *un-American*, entrée pour ainsi dire en contrebande avec les immigrants. Lié au thème de l'ethnicité, de la compétition et de l'entreprenariat ethnique et comme en miroir, celui du fonctionnement de la « machine » politique et de la corruption qu'elle engendre — dont vont profiter les gangsters — ne peut être éludé. Des études de cas dévoilent l'interdépendance du système politique et du monde syndical et leur infiltration par le crime organisé.

À l'autre extrême, pour certains, le crime organisé relèverait d'une dynamique propre de l'économie et de la société des États-Unis. Pour Lincoln Steffens ; « the spirit of graft and lawlessness is the American spirit[1]. » Abadinsky souligne de son côté la continuité qui existe entre l'idéologie des gangsters et celle du capitalisme « sauvage » des fondateurs des dynasties industrielles et commerciales du pays, les *robber barons* de la fin du XIXe siècle.

Une position intermédiaire, qui reconnaît le lien entre criminalité et immigration sans tomber pour autant dans le racisme nativiste est celle, dès les années trente, de Robert K. Merton, qui rapporte le

1 Steffens, 1957, p. 8.

développement du crime organisé à un mécanisme de défense et de promotion des minorités ethniques livrées au « matérialisme pathologique » de la société américaine. Le crime organisé devient alors une réponse « naturelle » des immigrants aux pressions de la structure sociale. La thèse de la « succession ethnique » développée par Daniel Bell dans les années cinquante, où le crime organisé est décrit comme « one of the queer ladders of social mobility[1] » s'inscrit dans le prolongement de cette pensée. Mais si elle apporte une critique décisive au « mythe de la Mafia », cette thèse tend aussi à minimiser les causes structurelles, proprement « américaines » du crime organisé. Les causes structurelles sont à rechercher dans trois réalités économiques importantes qui font pression sur les classes défavorisées : la baisse des opportunités de mobilité économique, la dépendance à l'égard des cycles de l'économie (ruées, ratés, récessions, réformes) et les difficiles négociations entre patronat et salariat, le crime organisé des cols bleus de l'*underworld* trouvant son double en miroir dans le *corporate crime* des cols blancs de l'*upperworld*.

Le second volet de l'étude permettra de constater que le cinéma hollywoodien, comme les leaders d'opinion et les décideurs de son temps, a oscillé entre les deux « explications » du gangstérisme, non sans en proposer lui aussi parfois de saisissantes synthèses.

On passera vite sur les relations entre le monde hollywoodien et le monde de la pègre, encore que ces relations fassent elles aussi partie de l'histoire du crime organisé des années trente et quarante, et qu'on y ait parfois vu une raison de l'idéalisation du gangster américain. On laissera donc de côté les rapports entretenus par certaines personnalités hollywoodiennes, comme George Raft ou Frank Sinatra, avec la Mafia. Plus sérieuse serait la prise de contrôle de certains syndicats hollywoodiens par la pègre : c'est à cette fin que Bugsy Siegel se rend en Californie en 1937 avant d'aller fonder Las Vegas. Et il est pratiquement certain que l'argent de la Mafia a grossi le budget de quelques films, même s'il est peu probable que ce financement ait eu des conséquences notables sur leur traitement — c'est l'avis, entre autres, du réalisateur Abraham Polonsky, guère suspect de sympathie pour les gangsters… ou pour les studios.

Ce qui est plus important, avant même qu'on considère le contenu des films, c'est la nature de leur *réception* par le public de leur époque, et ses répercussions sur la vie politique et sociale — et sur la production cinématographique elle-même. Les *crime movies* des années trente et quarante ont été tour à tour accusés de favoriser l'essor du

1 Bell, 1962, p. 129.

gangstérisme et réquisitionnés pour le combattre. Ils ont donc été directement impliqués, par la société de leur temps, dans l'histoire du crime et de sa répression. Quantité d'études de type « cinéma et société », de Garth Jowett à Tino Balio, retracent l'histoire de cette réception et des interventions politiques et sociales qu'elle a entraînées. On peut en signaler trois moments principaux :

La première enquête sociologique d'envergure nationale conduite aux États-Unis a été consacrée à l'influence du cinéma sur la jeunesse. Il s'agit des Payne Fund Studies, publiées en 1933, et popularisées en 1934 par le journaliste Henry James Forman dans un livre intitulé *Our Movie Made Children.* L'ouvrage de Forman concluait sans ambiguïté sur la nocivité sociale des films de gangsters qui déferlaient sur les écrans du début du parlant, un fait que de nombreux faits divers impliquant des enfants ou des adolescents semblaient corroborer.

Quand la National Legion of Decency mobilise elle aussi ses troupes, et quand le Pape en personne s'en mêle, l'industrie du cinéma est obligée d'appliquer strictement son Code de production de 1930, lequel stipule que les violations de la loi « ne seront jamais présentées de façon à susciter la sympathie pour le crime et contre la loi et la justice, ou pour inspirer à d'autres le désir de les imiter ». Un nouvel organe hollywoodien, la Production Code Administration (PCA), veillera désormais au respect de ce texte. C'est un premier coup d'arrêt au « film criminel », qui coïncide, ce n'est pas un hasard, avec les Lindbergh Laws[1] et le renforcement des pouvoirs de la police fédérale par l'Administration Roosevelt.

Un deuxième coup d'arrêt intervient en 1941 avec l'entrée en guerre des États-Unis, quand l'exercice de la censure devient une affaire d'État et quand des visions trop négatives ou pessimistes de la société ne peuvent plus être tolérées par la propagande. Le trou manifeste qui apparaît dans la filmographie du genre entre 1941 et 1945 est significatif : la représentation du crime *organisé* se raréfie, se disperse dans la nuit et les brouillards du film noir.

En 1952 enfin, la Chasse aux sorcières orchestrée par la Commission des Activités Anti-Américaines (HUAC) force le film criminel à renoncer à son inspiration réaliste et critique. Ce n'est qu'après la chute de McCarthy, dans la deuxième moitié de la décennie, que le genre renaîtra de ses cendres.

---

1 Une série de lois fédérales permettant de poursuivre les kidnappeurs au-delà des frontières d'États, après l'enlèvement et l'assassinat du bébé de Charles Lindbergh, un événement qui suscite une énorme émotion dans tout le pays, et qui est considéré par le *New York Times* comme « a challenge to the whole order of the nation ».

Le dernier pan du travail concerne les films proprement dits. Car si on veut comprendre l'importance du débat social suscité par le film criminel des années trente et quarante, il faut s'intéresser de plus près à ce que John McCarty appelle « the movies'love affair with the Mob ».

Tous les films étudiés peuvent être rangés dans ce qu'on appellera le « film criminel », qui puise en réalité à des genres divers. On y retrouve naturellement tous les films de gangsters, « classiques » et autres, mais aussi des films noirs, des films sociaux (*problem films*), des policiers semi-documentaires, des mélodrames et même des comédies et des dessins animés. Parmi les films dits « sociaux » — qui étaient, avec les films de gangsters, la grande spécialité de la Warner —, on a inclus un certain nombre de films sur la délinquance juvénile et des films « de prison », soit les lieux et milieux qui « fabriquent » le gangster et celui où il finit par échouer et où souvent il s'endurcit. La prison comme ferment du crime, c'est précisément le thème du très pessimiste *I Am a Fugitive From a Chain Gang* (Mervyn LeRoy, 1932) comme plus tard de *Caged* (John Cromwell, 1950).

Entre 1930 et 1933, les films de gangsters, dont le nombre explose avec l'arrivée du parlant, suivent un schéma quasi immuable. Tous racontent l'ascension et la chute d'un gangster irlandais ou italien, dans une grande ville de l'Est ou du Middle West. Par la suite, le gangster perd progressivement ses traits ethniques. Il tend simultanément, lui qui jadis gravissait allégrement les échelons de la fortune et du pouvoir, à devenir un simple pion, héros tragique entre les mains d'organisations aussi puissantes qu'anonymes, sur lesquelles il ne possède plus aucun contrôle et qui finissent par le briser. Les flics incorruptibles ou les privés cyniques qui le combattent — et lui volent régulièrement la vedette — partagent son désarroi face à l'ordre nouveau.

I

Le crime organisé à la ville

1

La Prohibition

La vague d'immigration sicilo-italienne du début du XXᵉ siècle éveilla les craintes de l'opinion américaine : les immigrants importaient-ils leur criminalité ? La fermeture des frontières après la Première Guerre mondiale mit fin à ce souci. Pourtant, la Prohibition avec ses désordres vit renaître l'inquiétude et la peur du crime organisé, cette fois lié à la plupart des groupes ethniques. À la fin des années trente et au début des années quarante, des procureurs locaux (T. Dewey, W. O'Dwyer) révélèrent l'existence d'une « Société Anonyme pour Assassinats », alliance de malfaiteurs et de tueurs juifs et italiens agissant à l'échelon national. Puis survint la Seconde Guerre mondiale et c'est seulement en 1951, lorsque la Commission sénatoriale présidée par Estes Kefauver déclara qu'il « existe à l'échelle nationale un syndicat du crime plus connu sous le nom de Mafia dont les chefs dirigent ordinairement les plus lucratives opérations de racket dans leurs villes » qu'une démonologie en sommeil se ranima dans un pays prêt à succomber au spectre du maccarthysme. Pourtant même le FBI sous la férule d'E. J. Hoover, même des procureurs, tel Burton B. Turkus à Brooklyn, même un sociologue de renom comme Daniel Bell continuaient à douter de l'existence de la Mafia ou de quelque autre syndicat du crime[1]. « Ces conceptions contradictoires au sujet de la Mafia ont persisté pendant plus de vingt ans, offrant l'une des plus extraordinaires énigmes sociologiques de tous les temps », observe F. Ianni.

Le concept criminologique et pénal de « crime organisé » est américain : il date de la Prohibition et a servi à définir l'activité des *bootleggers*, les trafiquants illicites d'alcool. Parmi de nombreuses définitions, on peut retenir celle-ci : le crime organisé est formé d'alliances instables, locales ou régionales, entre des gangsters, des hommes politiques, des entrepreneurs et des syndicalistes. Par le truchement de la violence

1 Ianni, 1972, p. 13, 18.

ou de la menace crédible, des monopoles sont établis sur certains marchés illégaux. Le contrôle de ces marchés procure au crime organisé d'énormes profits utilisés pour corrompre les autorités de manière à protéger les monopoles. Les fonds sont également investis pour acquérir des affaires légales dans lesquelles extorsion et menaces servent à restreindre la concurrence. La Prohibition mise en œuvre en 1920 s'est accompagnée de grands changements à l'intérieur de la société américaine, et en miroir, à l'intérieur du monde du crime organisé. Elle a permis un enrichissement rapide des Américains et des entrepreneurs criminels : alors que la société se modernisait, parallèlement, les gangsters en véritables hommes d'affaires apprenaient à gérer et à centraliser leurs affaires au mieux de leurs intérêts. Le crime organisé apparaît donc comme le versant d'ombre des « Golden Years ».

La loi rédigée par W. Wheeler puis révisée par le Président de la commission des lois à la Chambre des Représentants, Andrew D. Volstead, est votée en octobre 1919. Elle prolonge la prohibition de production d'alcool décidée pendant la Première Guerre mondiale et devient le Quinzième amendement à la Constitution. Le Congrès ayant passé outre au veto du Président Wilson, la loi prohibe désormais toute activité de production, de vente et de transport d'alcool mais la détention et la consommation d'alcool demeurent des actes licites. Le client d'un estaminet clandestin, le *speakeasy*, ne commet donc rien de répréhensible. Le Service du Trésor est chargé de la répression, les poursuites sont engagées par le Département de la Justice. Les peines fixées sont au demeurant relativement faibles pour le premier délit : 1 000 dollars et/ou un an d'emprisonnement pour le propriétaire d'un établissement clandestin et quasiment la même peine pour la fabrication ou la vente d'alcool. Elles augmentent lors des récidives.

La loi entre en vigueur le 17 janvier 1920. Au cours des premiers mois, le ton est donné : des wagons de whisky sont pillés à Chicago et des agents du Bureau de la Prohibition arrêtés pour corruption. « L'alcool est omniprésent, vendu par les cireurs de bottes, les chauffeurs de taxi, les coiffeurs, le personnel des hôtels, celui des bains publics (et notamment turcs), les droguistes, les marchands de légumes, les gardiens de clubs sportifs, ou ceux des prisons ; transporté par les acheteurs dans des flacons de tous matériaux et formes, des livres évidés, des cannes creuses, des bottes bien sûr mais en y ajoutant des semelles à double fond, des manchons de dames, des poussettes de nourrissons (voire leurs biberons) ou des pantalons spécialement aménagés[1]. » De même que le vin des cultes religieux, l'alcool à usage médical demeure licite.

---

1 Nous reprenons dans cette partie les descriptions informées et humoristiques de J.-P. Martin, 1994, p. 63-82.

À Chicago, avec 3 000 employés, le rachat des usines Jack Daniels à Saint Louis et la complicité d'agents fédéraux, l'ancien avocat George Remus devient rapidement millionnaire.

Le trafic à travers les frontières concerne au premier chef le Canada. Officiellement, 900 000 caisses d'alcool sont expédiées entre janvier et juillet 1920, 4 millions de litres par an entre 1921 et 1930, au prix de 90 millions de dollars. Le Mexique et les Antilles sont également impliqués. Le Boulevard du rhum est emprunté par les clients américains de la côte est et des États du sud sous contrôle du crime organisé de New York et avec la complicité des garde-côtes.

La production domestique est, elle aussi, florissante. Le *moonshining* consiste à fabriquer la nuit de l'alcool à partir de fruits distillés dans de paisibles bourgades mais les villes ne sont pas en reste et les alambics pullulent chez les particuliers. Tout le monde enfreint la loi. « Quand l'infraction est universelle, elle devient innocente. L'ivresse prend des allures de protestation publique contre le despotisme légal [1]. » Des parlementaires, le président Harding, des chefs de police, inspecteurs et détectives sont tour à tour pris en flagrant délit d'infractions et parfois arrêtés. L'Amérique — hommes, femmes, vieux, jeunes, blancs, minorités, cent dix millions d'habitants — s'enivre à cause de la Prohibition. Une enquête sénatoriale de 1930 dénombre une moyenne nationale de 66 % de buveurs auto-déclarés.

Les profits pharamineux obtenus de la vente d'un produit en grande demande ne peuvent qu'intéresser les gangsters. L'époque de la Prohibition est pour eux un âge d'or. La vente de whisky au détail offre un bénéfice de 29 000 %, celle de la bière de 2 400 %. À Detroit en 1930, le chiffre d'affaires pour les activités relatives à l'alcool avoisine 250 millions de dollars.

Les gangsters jusqu'alors cantonnés dans le vol, la prostitution, le jeu clandestin, le trafic d'influence, la fraude, le racket et l'intimidation au profit des industriels se reconvertissent rapidement dans la fabrication, le transport et la distribution d'alcool. Des monopoles s'établissent, par exemple, au profit du Gang pourpre, recruté dans la communauté juive à Detroit qui ravitaille Al Capone à Chicago. Mais les rivalités surgissent. Après le massacre de Collingwood, le Gang pourpre laisse la place à une fédération de gangs siciliens contrôlée par un parrain de New York. Une plongée au cœur de ces deux villes, New York et Chicago, permet de décrire les modes de faire des gangsters, leurs alliances et les protections dont ils bénéficient dans ces villes. Elle révèle également la limite des réponses à leurs exactions.

1 Martin, 1994, p. 69.

Chicago et les gangsters pendant la Prohibition

À Chicago, la réputation de corruption des municipalités successives à cette époque (en dehors du bref intermède d'Anton Cermak) n'a guère d'égale que celle de New York et de La Nouvelle-Orléans. Du maire William Thompson siégeant pendant la Prohibition entre 1927 et 1931, on retient, par exemple, la boutade : « I am wetter than the middle of the Atlantic Ocean ». Il acquit sa renommée en faisant de Chicago « the most corrupt and lawless city in the world ». Étrangement, le personnage, bien que corrompu, était fortement anti-raciste, attitude peu répandue à cette époque chez les Blancs de Chicago. Alors que les migrants noirs affluaient dans la ville, il avait promis de multiplier pour eux les opportunités, escomptant également tirer parti de leurs votes dans les quartiers où ils étaient relégués. Certes, avant cette époque, les liens entre la politique et la pègre, multi-ethnique et territorialisée, étaient étroits, qu'il s'agisse des réseaux protégés de prostitution, de jeux clandestins ou d'intimidation industrielle. Réparties sur l'ensemble de la ville,

> ces féodalités imperméables dessinent une carte à peu près stable, mais dont les complexités décourageraient un spécialiste de la Question d'Orient... : le territoire polonais de Joe Saltis, les territoires irlandais (les O'Donnel dans Chicago ouest, et leurs homonymes du sud de la ville, O'Banion au-delà de la Rivière de Chicago, Touhy dit le Terrible, qui contrôle également la ville des Plaines), les fiefs sicilo-italiens du sud et du sud-ouest (Colosimo, les frères Genna, etc.)[1].

Les gangsters évoluent dans un univers instable, en raison de leurs rivalités et de leurs protections politiques incertaines. Si on reconnaît dans Colosimo, dit Jim les Diamants, un parrain régnant sur les réseaux de prostitution, son assassinat par F. Yale sur ordre de John Torrio en 1920 mène à une redéfinition de la hiérarchie. Venu de New York, Torrio, neveu par ailleurs du défunt Colosimo, intègre verticalement l'industrie de l'alcool dont il contrôle toutes les activités. On estime à 30 000 dollars les pots-de-vin distribués chaque semaine en son nom aux autorités. Mais le meurtre d'un rival, le populaire O'Banion, entraîne son déclin.

1 Martin, 1994, p. 75.

Al Capone

Né en Italie en 1895, Capone a grandi à New York au sein d'un quartier multi-ethnique, ce qui lui vaudra une ouverture d'esprit peu caractéristique de ses compatriotes. Après sa rencontre avec Torrio, il est invité à Chicago et intégré au milieu de Colosimo. Lorsque Torrio transmet son empire en 1925 à Capone, celui-ci, ayant compris la vanité des guerres de gangs et leur désastreuse incidence économique, impose un armistice le 20 octobre 1926 et deux mois s'écoulent sans meurtres. Capone incarne un système d'enrichissement rapide et de corruption engendré par la Prohibition. Sa fortune est estimée à 105 millions de dollars en 1927, alors qu'il n'a que vingt-huit ans[1]. 700 malfaiteurs sont à ses ordres, sept cents camions transportent l'alcool illicite et en 1930 (alors que la municipalité est en cessation de paiement), 6 000 fonctionnaires municipaux bénéficient de ses largesses. À l'aube de la Dépression, des milliers de chômeurs travaillent pour Capone qui apparaît par ailleurs comme un généreux bienfaiteur pour la ville.

> Some feared him, some loved him, and given the hyprocrisy of the Prohibition, many despised him and rooted for him at the same time. Chicago's power structure drank his booze even as they condemned him as a « dago » thug, but his ability to nimbly circumvent a presposterous law earned him a reputation of grudging respect that eclipsed those of other mobsters. He was volatile, violent, and more visible than any other racketeer, but he had a political flair, a flamboyant urge to be seen in public[2].

Comme le montre cette appréciation d'un bon connaisseur du crime organisé, la réputation de Capone est sulfureuse, mi-Robin des Bois, mi-Ennemi Public n° 1. Avec lui, la guerre des gangs ne connaît pas de répit. O'Banion est tué par l'un des frères Genna, il est vengé par Weiss qui tente d'assassiner Torrio et par trois fois Capone. Un contrat de 50 000 dollars est offert par les frères Aiello pour l'assassinat de ce dernier qui décide alors de faire disparaître le gang de Bugs Moran auquel sont liés les Aiello. Sept gangsters sont exécutés de sang froid dans un garage le jour de la St-Valentin le 14 février 1929 par les hommes de Capone déguisés en policiers ; Moran parvient à échapper à la tuerie. Bien que Capone se soit trouvé ce jour-là en Floride, la clameur publique atteint durablement et négativement la réputation de Capone, d'autant que les coupables présumés, à sa solde, seront à leur tour tués à coups de battes de base-ball lors d'un dîner offert par l'union sicilienne en mai de la même année. Les meurtres se multiplient.

1 Tyler, 1962, p. 47.
2 Tyler, 1962, p. 49.

Après tant de désordres urbains, Capone est devenu aux yeux du directeur du FBI l'ennemi public n° 1. Un sénateur demande l'envoi de Marines à Chicago. En 1929, le président Hoover lui-même décide d'en finir avec Al Capone. Depuis 1924, le FBI est sorti de sa léthargie. Il est tenu par J. Edgar Hoover. L'extension des lois fédérales donne à ses agents le droit d'intervention dans les affaires graves jusqu'alors réservées à la police locale. C'est ainsi qu'Eliot Ness et ses Incorruptibles traqueront Al Capone sans répit et qu'un agent secret surnommé Michael Lepito s'infiltrera dans son réseau, ce qui lui permettra de faire l'inventaire de ses entreprises de racket. Finalement, Capone sera condamné pour vingt-deux délits de fraude fiscale par un grand jury (dont le rôle est de servir de chambre d'accusation) ; il sera condamné à 200 000 dollars d'amende, envoyé à la prison d'Atlanta puis d'Alcatraz d'où il sortira après remise de peine en 1939. Il mourra en Floride en 1947.

Devant tant de protestations adressées aux désordres causés par la Prohibition, le président Herbert Hoover réunit une commission et commande une enquête dont le rapport (le Wickersham Commission Report), publié en treize volumes, dressera un état des lieux pessimiste sur la criminalité, la brutalité des policiers (coupables en moyenne de 22 homicides à New York et de près de 45 à Chicago), l'arbitraire et l'iniquité des peines pendant la Prohibition[1]. L'année suivante, exprimant les mêmes inquiétudes, H. C. Brearly publie la première étude universitaire sur le sujet, *Homicide in the United States*. Son étude pose quatre questions : sommes-nous, parmi les nations civilisées, la plus anarchique ? Le taux d'homicide baisse-t-il ou augmente-t-il ? Quelles sont les caractéristiques des homicides ? Comment expliquer tant les caractéristiques que les taux ?

Certes, les statistiques sont biaisées, mais les comparaisons sont néanmoins accablantes : au cours des années vingt, le taux d'homicide est aux États-Unis de 8,4 pour 100 000, soit dix fois plus que le Japon, dix-sept fois plus que l'Angleterre, quarante sept fois plus que la Suisse. Même la Sicile (22 pour 100 000) cède la place à la Floride (30 pour 100 000)[2]. À cela deux explications (parmi d'autres) : d'une part, l'époque de la Prohibition et les règlements de compte expéditifs entre gangsters font exploser les données. 800 gangsters disparaissent à Chicago entre 1920 et 1933. Dans l'État de l'Illinois, la Prohibition se solde de 703 assassinats. La plupart des gangsters qui s'enfuient en Buick en laissant derrière eux des cadavres bénéficient de non-lieu. Tuer est lucratif dans le milieu de la pègre. Un simple « contrat » à Chicago avoisine 5 000 dollars, dix fois plus pour un homme d'affaires en 1929, tandis

1 Wickersham Commission, 1931.
2 Lane, 1997, p. 229.

que « *a ride* » avec complet en ciment ne revient pour un individu anonyme qu'à une centaine de dollars[1]. D'autre part, selon les statistiques de Brearly, en 1925, l'usage des armes à feu intervient dans 71 % des homicides. La prospérité permet l'achat d'armes à bon marché et la publicité qui entoure les faits divers crée une panique dans l'opinion. Les revolvers sont utilisés autant par les gangsters que par les citadins apeurés.

New York et les gangsters pendant la Prohibition

Le même type de paysage chaotique est perceptible à New York. Le parrain de la Mafia new-yorkaise, d'origine sicilienne, du début du siècle se nomme Giuseppe Masseria. Il règne par la terreur sur un certain nombre d'activités illicites et est passé maître en *bootlegging*. En 1927 des guerres de gangs vont opposer pendant quatre ans Masseria et son rival sicilien, Maranzano, deux chefs de première génération, surnommés les Mustache Petes. Ces « guerres » prennent le nom de Castellamarese, ville dont Maranzano est originaire. Apparaît bientôt un autre Sicilien de la seconde génération, Salvatore Luciano, alias « Lucky » Luciano.

« Lucky » Luciano

Celui-ci, adolescent, s'est taillé une réputation de bravoure et de dureté parmi les jeunes du ghetto juif. À vingt ans, il est à la tête du gang du quartier Five Points où d'ailleurs il rencontrera Al Capone. Luciano, comme Torrio à Chicago, pratique l'intégration verticale du *bootlegging* et du trafic de stupéfiants. L'intelligence de Luciano dont l'empire est convoité par Masseria est de prétendre entrer à son service. Il ne suit pas Maranzano qui souhaiterait le voir éliminer son rival. Lequel des deux Mustache enlève Luciano « *for a ride* » et le laisse-t-il pour mort sur une plage ? Toujours est-il que l'entreprise ne réussit pas pour son commanditaire puisque Luciano survit (d'où son surnom de « Lucky ») et tire de cette « *ride* » un terrible désir de vengeance à l'égard des deux hommes. Masseria sera d'abord tué par le gang de Luciano dans un restaurant en 1931. Puis ses tueurs, déguisés en agents fédéraux, supprimeront Maranzano. En 1934, Luciano aurait alors été libre de fédérer vingt-quatre familles de la Mafia au sein d'une Commission nationale du crime.

1 On doit ces détails à Ashbury, 1950.

Waxey Gordon Wexler

Une autre carrière, celle de « Waxey Gordon » Wexler, haute figure de la pègre juive à New York, illustre également les mutations survenues avec la Prohibition[1]. Né en 1888, il avait su accumuler grâce à ses activités illicites, dès 1910, $100 000 dans le Lower East Side. Puis il s'était tourné dans les années vingt vers le trafic de stupéfiants et il avait monté avec d'autres gangsters juifs d'envergure une demi-douzaine de réseaux de cocaïne à New York, dans le New Jersey, à Philadelphie et à Minneapolis. La centralisation de ces affaires lui rapportait de très larges profits. Les treize distilleries dirigées par ce syndicat du crime ethnique dominé par Gordon couvraient des opérations de niveau quasi national. Pendant la Prohibition, il se lia à la famille Bronfman, propriétaire au Canada des Distilleries Seagram. Le trafic illégal d'alcool, opéré à partir de Newark, N.J., rejoignait le Canada puis regagnait Newark et l'alcool était ensuite diffusé sur l'ensemble de la côte Est. Le clan italien incluant Vito Genovese et Lucky Luciano assurait une partie des risques financiers pour l'achat et la location des distilleries. Il jouait un rôle de « protecteur ».

La situation changea avec l'abrogation de la Prohibition. Gordon avait deux associés, Max Hassel et Max Greenberg. Ce dernier, anticipant les changements législatifs relatifs à la prohibition de l'alcool, « acheta » pour $100 000 au commissaire fédéral en charge des licences pour la vente d'alcool les permis destinés à légaliser les distilleries juives dont il avait la charge avec ses associés. Ayant « oublié » de mentionner celle d'Union City aux mains des protecteurs italiens (dont Lucky Luciano, Chicago Fat Sarbino et autres complices), il allait encourir leur colère et leur vengeance. Cet épisode montre à quel point les gangsters agissent au sein d'un milieu chaotique. Max Hassel et Max Greenberg furent bientôt assassinés par le clan italien dans un hôtel du New Jersey d'où Gordon parvint à s'enfuir… avant d'être arrêté quelque temps plus tard par les agents fédéraux. Gordon fut en effet mis en cause par le procureur Dewey et le gouvernement fédéral au début des années trente pour une fraude fiscale de plus d'un million et demi de dollars, relative à deux distilleries, puis condamné à une longue peine de prison.

1 Pour plus de détails, se reporter à Block, 1980, p. 133-140.

2

La reconversion des gangsters après la Prohibition : zoom sur New York

La plupart des entrepreneurs criminels se sont reconvertis à la fin de la Prohibition dans un certain nombre de secteurs lucratifs afin de pérenniser la richesse accumulée : l'immobilier, les paris mutuels urbains, les machines à sous, les rackets industriels ou les réseaux de prostitution ont ainsi alimenté les ressources de la pègre dans un grand nombre de villes. Un certain nombre de réformateurs ont tenté de s'opposer à cet empire occulte avec des succès mitigés. New York met en lumière les avancées et les échecs des uns et des autres. Les changements de la période relatifs au crime organisé apparaissent clairement à travers les stratégies et les choix de deux maires new-yorkais, très différents l'un de l'autre, Fiorello La Guardia et William O'Dwyer.

La Guardia et le nouvel ordre ethnique

Jusqu'en 1930, la prééminence irlandaise sur les affaires politiques de New York était relativement incontestée. Lorsque George Olvany prend la tête de l'organisation démocrate de Tammany Hall en 1924, il observe que « les Irlandais sont des dirigeants-nés. La force de Limerick les maintient au sommet. Ils ont l'habitude de mener les hommes. Même les quartiers juifs ont des dirigeants irlandais »[1]. Mais avec la Dépression et les frustrations socio-économiques qu'elle engendre, les griefs à l'égard de la gestion irlandaise font surface, exprimant le désir des

1 Connable, Silberfarb, 1967, p. 274.

autres groupes d'une redistribution du pouvoir et d'une meilleure répartition des postes dans le secteur public. Une partie des Juifs exigeait d'obtenir des emplois municipaux en proportion de leur représentation dans la population

Certes, les Irlandais à la tête de Tammany avaient fait quelques concessions. Depuis 1909, le poste de Borough President à Manhattan allait en général à un Juif et en 1932, ce fut un gouverneur juif, Herbert H. Lehman qui fut élu à la tête de l'État de New York. Mais, en ce qui concerne les Italiens, ils n'avaient pas su politiquement s'organiser avant les années trente. Il n'y avait, par exemple, aucun juge italien à quelque échelon dans l'État de New York et la sous-représentation politique des Italiens dans la ville était flagrante. Ce fut le parti républicain qui le premier comprit leur importance à venir. Dès les années vingt, les clubs politiques républicains s'ouvrirent à eux et soutinrent comme candidat à la mairie de New York, La Guardia en 1929 et à nouveau, avec succès, en 1933. Il fallut attendre encore quelques années pour que le Sénat accueille Edward Corsi. En 1938, Charles Poletti accède au poste de gouverneur-adjoint de l'État de New York. La communauté italienne se mobilisa politiquement pour la première fois avec la candidature de La Guardia. Après sa victoire, *Il Progresso* dans l'édition du 8 novembre 1933 fit de sa « une » une affaire ethnique : « Il y a quelques années seulement, nous étions à la dernière place ; aujourd'hui, les Italiens sont capables de peser sur le résultat d'une grande échéance et d'amener Fiorello La Guardia à l'un des mandats les plus élevés et les plus recherchés de ce pays. » Pour la première fois, également, un Italien, Joseph A. Palma, candidat de fusion républicain, fut élu au poste de Borough President de Staten Island où les Italiens représentaient à cette époque un quart de la population.

Les mandats renouvelés de La Guardia à la mairie de New York (1933-1945) allaient être doublement décisifs pour le nouvel ordre ethnique. D'une part, le maire voulait manifester sa reconnaissance politique aux Juifs et aux Italiens. Six Juifs et un Italien prendraient la tête des commissions (au nombre de dix-neuf) en 1938 et au cours de son troisième mandat, parmi les magistrats municipaux destinés à siéger pendant dix ans, sept Italiens seraient nommés en 1944 (alors qu'on n'en comptait qu'un seul en 1925)[1]. L'importance de l'accession des Juifs et des Italiens à ces positions pour ce qui concerne le crime organisé était non négligeable. Le gouverneur Lehman en 1935 devait pour sa part nommer deux juges d'origine italienne, et le président F. D. Roosevelt, en 1936, approuver Matthew Abruzzo, comme premier juge fédéral

1 Bayor, 1978, p. 35.

d'origine italienne. Mais d'autre part, bien que tous les groupes ethniques aient participé d'une manière ou d'une autre au crime organisé, les gangsters juifs et italiens/siciliens surent à cette époque tirer de leurs alliances — y compris politiques — une grande force d'intimidation et une puissance d'action redoutable[1]. Un tournant devait en effet être opéré à l'intérieur du crime organisé. Plutôt que de favoriser l'ethnocentrisme italo-sicilien, un gangster comme Lucky Luciano allait comprendre que les alliances inter-ethniques lui seraient profitables. Meyer Lansky sera, par exemple, l'un de ses conseillers dans l'élimination des Mustache Petes et dans le lancement d'une commission nationale du crime.

Les liens de l'organisation démocrate new-yorkaise avec le crime organisé

On ne saurait comprendre l'importance qu'acquiert le crime organisé dans les villes américaines sans prendre en compte le fonctionnement des organisations partisanes, surnommées « machines politiques ». Elles doivent ce nom au fait qu'elles captent les votes des immigrants en échange de faveurs diverses — emplois, contrats, patentes, facilités administratives — (*input*) qu'elles transforment en position de pouvoir pour le parti en place à partir de ses bases clientélistes (*output*). Ce système s'est rapidement développé grâce à l'émergence d'un électorat de masse, de l'industrialisation et de l'urbanisation. Si en 1789, 5 % de la population masculine blanche bénéficie du droit de vote, en 1840, il est octroyé à 80 % des adultes masculins. L'élargissement du droit de vote coïncide avec l'arrivée de plus de trente millions d'immigrants qui pourront voter dès qu'ils auront la nationalité et souvent même sur simple promesse de l'acquérir (concession qui disparaîtra à la fin de la Première Guerre mondiale dans tous les États).

Entre 1870 et 1945, vingt-trois grandes villes industrielles sont gérées par des « machines[2] ». Le dirigeant le plus célèbre, William Marcy « Boss » Tweed détourne entre 1866 et 1871 un dixième des fonds publics de New York pour faire fonctionner la sienne à coups de dessous de table, de pots-de-vin et de faux contrats. Neuf maires à New York seront le produit de la machine démocrate, Tammany Hall constitué au

1 Thomas Dewey, procureur spécial nommé par le gouverneur Lehman, devenu par la suite procureur (District Attorney) de Manhattan en 1938 mettra fin à la carrière de Luciano en dévoilant son implication dans les réseaux de prostitution.

2 Body-Gendrot, 1997, p. 28-29.

départ comme une amicale, jusqu'à ce que l'élection en 1933 de Fiorello La Guardia, Italien de mère juive, ne symbolise une période charnière menaçant le fonctionnement de l'organisation politique démocrate occulte. Pour couper court aux pratiques de clientélisme largement bénéfiques pour les Irlandais au sein de la machine, La Guardia avait, par exemple, imposé un système de concours d'accès aux postes administratifs. Alors qu'en 1933, à peine plus de la moitié de ces postes s'obtenaient par concours, dix ans plus tard, la proportion était de 74 %. Ces postes exigeaient fréquemment un diplôme minimum, ce qui excluait un grand nombre d'Irlandais de première et de seconde génération et favorisait les Juifs dont La Guardia s'était fait des alliés [1].

L'opposition de la machine démocrate à l'esprit réformiste du New Deal avait affaibli les protections qu'elle recevait de l'échelon fédéral et de l'État de New York sous forme d'arrangements en matière d'application des lois, d'accords budgétaires, de placement et d'avancement de personnes à des postes de décision-clé. Restait l'échelon municipal, en particulier le système de justice au sein duquel les Irlandais contrôlaient encore un certain nombre de postes-clé, en particulier chez les magistrats municipaux. La position précaire de la machine devait la conduire à se rapprocher des hautes figures du crime organisé susceptibles de lui offrir les ressources dont elle avait besoin pour dispenser ses faveurs et ses protections.

Pendant des années, Tammany Hall avait offert sa protection au crime organisé à prix d'or et de nombreux dirigeants de la machine s'enrichirent de la protection qu'ils offraient aux gangsters. Désormais, c'est l'inverse qui devait se produire au cours des années trente-quarante, soit la gestion directe de la machine par les gangsters et la suppression des intermédiaires dans un certain nombre de quartiers.

En 1931, « Lucky » Luciano avait décidé de se débarrasser d'un dirigeant irlandais dans l'organisation démocrate de l'est de Manhattan pour y mettre un de ses hommes [2]. La même année, Albert Marinelli, poussé par Luciano, se présentait au 2nd Assembly District (AD) à l'ouest [3]. Il devint en 1932 le premier dirigeant italien au sein de la machine politique de Tammany Hall. En 1934, il fut également nommé secrétaire de comté, poste très important au sein de la machine.

Parallèlement, en 1934, le syndicat du crime fédéré par Luciano devenait un redoutable interlocuteur en incluant les grands noms de la

1 Bayor, 1978, p. 25 ; Body-Gendrot, 1993, p. 93-96.
2 Bell, 1962, p. 286.
3 Le district était alors dirigé par H. Perry, demi-frère de Christopher Sullivan, éminent dirigeant de Tammany. Perry fut obligé de se démettre sous la menace des hommes de Luciano.

pègre : Francesco (Frank Costello) Castiglia, Meyer Lansky, Louis (Lepke) Buchalter, Jacob (Gurrah) Shapiro, Benjamin (Bugsy) Siegel Joseph (Joe Adonis) Doto et Jack « Legs » Diamond. Ils étaient, hormis Luciano, au cœur des rackets industriels. Rothstein était le financier des opérations, le pionnier des entrepreneurs en matière de criminalité. Chacun des gangsters était spécialisé mais tous pouvaient coopérer sur de larges opérations. Politiques, gangsters et hommes d'affaires formaient un étroit maillage au sein du système de pouvoir local.

Luciano, Costello et la machine démocrate de Manhattan

La stratégie singulière de Frank Costello fut de miser sur la machine politique. Après s'être enrichi avec le trafic illicite d'alcool puis avec les machines à sous en Louisiane et avoir investi une partie de sa richesse dans l'immobilier à New York, il parvint grâce à des alliances ethniques diversifiées à maintenir des contacts étroits avec au moins dix dirigeants d'assemblées de districts (sur seize à Manhattan) et de ce fait, à faire nommer plusieurs juges italiens au sein du système pénal. Il fut surnommé le « premier ministre » du crime. Plutôt que d'acheter des protections comme à l'accoutumé, (il) décida de tout simplement prendre le contrôle. Dans certains secteurs, il utilisa l'intimidation par la force pour obliger les dirigeants de district à démissionner puis il mit à profit des tactiques similaires pour y placer des hommes à lui. Il fut bientôt notoire qu'à l'ouest de Manhattan, Jimmy Hines, dirigeant du 11e AD, acheté par Costello, « protégeait » aussi les activités d'Arthur (Dutch Schultz) Flegenheimer, de Luciano et de Lepke. F. Costello devait admettre ses liens de proximité avec A. Marinelli, ainsi qu'avec A. Toplitz du premier AD, avec J. de Salvio du 2nd AD, A. Rosenthal du 8e AD et C. Neal du 20e AD[1]. En 1937, Paul Santangelo prenait la tête du 1er AD dans un quartier largement peuplé d'Italiens et lorsqu'il fut battu en 1939, un autre Italien, Paul Sarubbi, assura la continuité.

Ainsi, de différentes manières, Luciano et Costello se sont-ils infiltrés dans le système de décision politique local jusqu'alors, à maints égards, monopole irlandais après avoir placé des hommes de main. Pour eux comme pour leur groupe, remarque D. Bell, « l'activité illégale organisée a joué un rôle d'accélérateur de mobilité sociale[2] ».

1 Moscow, 1971, p. 54.
2 Bell, 1962, p. 175.

La lutte contre la corruption

L'ascension politique des gangsters n'était toutefois pas sans obstacles. Un certain nombre d'enquêtes en profondeur avait mis en lumière la corruption qui, par cercles concentriques, avait touché le maire Walker (1925-1932). Le rapport du magistrat Seabury (1931-1932)[1] avait montré, par exemple, que des Borough Presidents utilisaient les fonds de commissions sur les travaux publics (réfection des routes, des bâtiments publics, des égouts) pour détourner l'argent des contribuables à leur profit. Il avait démontré qu'en 1931 des allocations de chômage avaient été allouées à des centaines d'électeurs ne répondant à aucun critère d'ayant-droit. Remontant plus avant dans le temps, le rapport Seabury avait pu prouver que lorsque le système policier était gangrené, les « incorruptibles » étaient non seulement mutés mais rétrogradés. Cela avait été le cas d'une équipe d'enquêteurs qui avait mis à jour les liens entre les associés du gangster Rothstein, de Monkey Reich et de sept clubs politiques. Or les clubs politiques rapportaient de nombreux profits à l'organisation partisane qui gérait les concessions accordées aux maisons de jeux et les pots-de-vin accordés aux policiers chargés de les protéger.

Le rapport Seabury avait eu le grand mérite de plonger dans le milieu des magistrats municipaux. Ces derniers étaient liés aux informateurs, aux policiers, aux avocats et aux financiers chargés de payer les amendes[2]. Ils avaient le pouvoir de poursuivre ou non une affaire, de fermer les yeux sur des faits incriminants, d'exiger des preuves ou non. Les réseaux d'influence entre magistrats, délinquants et avocats étaient tissés par les liens familiaux et amicaux, les relations clientélistes et l'argent. Des agents avec divers statuts mettaient ainsi en œuvre un vaste système de corruption qui retentissait sur les relations sociales dans la ville. Des services réciproques étaient ainsi échangés, en particulier avec le crime organisé, à partir d'influences achetées, vendues, manipulées et multipliées.

> Le rapport met en évidence la cupidité du maire Walker, de vingt-six dirigeants de district, incluant deux Borough Presidents, de quatre procureurs adjoints, de treize magistrats, d'un juge à la cour suprême et d'un sénateur de l'État de New York, de six sheriffs, de trois conseillers municipaux, de vingt présidents ou adjoints de commissions, de six membres de la police, incluant un gradé et d'un nombre impressionnant d'entrepreneurs et de sociétés avec leurs avocats sans compter les bootleggers et joueurs délinquants.

On peut dire que ce rapport a préparé la venue de Thomas Dewey et des réformes.

---

1 Seabury, 1932.
2 Block, 1980, p. 58.

Procureur spécial, Dewey avait commencé sa carrière comme procureur fédéral-adjoint en 1931 et établi sa notoriété en mettant en accusation deux gangsters notoires. Trois ans après la publication du rapport Seabury, il avait été nommé procureur spécial et était rapidement devenu District Attorney du comté de New York (il deviendra gouverneur en 1941). De grandes enquêtes lui permettront de mettre en lumière les liens entre machine et gangstérisme. Elles sont dirigées contre Lucky Luciano, Arthur Flegenheimer, Louis Buchalter, Jacob Shapiro, Dutch Schultz, Lepke et Gurrah. Les motifs d'inculpation sont divers. Luciano est lié aux réseaux de prostitution, Schultze, qui sera assassiné en 1935, est accusé d'extorsion dans l'industrie de la restauration, Shapiro et Buchalter pour association de malfaiteurs et ententes illicites. Ils seront condamnés à la prison. Lors de sa campagne pour le poste de District Attorney en 1937, Dewey accuse Marinelli d'association avec le crime organisé. Marinelli sera contraint de démissionner de son poste de secrétaire de comté mais il restera dirigeant du deuxième AD jusqu'en 1939, date à laquelle il est remplacé par John DeSalvio dans le 2nd AD, ouest. Ce fut ensuite au tour de J. Hines d'être accusé par Dewey d'avoir servi de protecteur aux activités de Dutch Schultz. Hines sera condamné à la prison en 1940.

Est-ce à dire que les réformateurs triomphent ? Il en est des réformateurs comme des gangsters : les victoires succèdent aux défaites et ne sont jamais acquises durablement. La neutralisation de Luciano, Marinelli et Hines ne pouvait que favoriser la montée en puissance de Costello. En 1941, il était en mesure de contrôler la plus grande partie des votes au sein du comité exécutif de Tammany[1]. En 1942, il réussit également à faire élire Michael Kennedy à la tête de Tammany Hall à la suite de la défaite de Christopher Sullivan. Puis ce fut le tour d'Hugo Rogers en 1948, lorsque Kennedy tomba en disgrâce[2]. Ce qui frappe ici, c'est tout autant les succès politiques des gangsters[3] que les turbulences de la vie politique new-yorkaise.

La faiblesse du parti démocrate et le rôle actif joué par les clubs républicains ont également contribué au changement. Au début des

1 Bayor, 1978, p. 44.

2 Anecdote souvent relatée, un enregistrement d'une conversation adressée à Costello révélait les liens d'allégeance entre un magistrat, Thomas Aurelio, récemment nommé grâce à lui et à M. Kennedy à la Cour suprême de l'État de New York. Lorsque cette conversation fut rendue public, Kennedy fit démissionner Aurelio. Décidé à montrer qui était le maître, Costello organisa la défaite de Kennedy à Tammany et le fit remplacer par E. Loughlin en 1943.

3 Costello ne fut pas le seul à avoir une influence décisive en terme de pouvoir. Un autre gangster new-yorkais, Generoso Pope, grâce à ses nombreuses alliances politiques et à sa richesse, devint propriétaire durant cette période des deux plus grands quotidiens en langue italienne à New York ainsi que d'une station de radio.

années quarante, les Démocrates se sont toutefois ressaisis et ont cherché à acquérir le soutien des Italiens en jouant de leur perception hostile à F. D. Roosevelt. Celui-ci avait en effet proféré une remarque sur l'invasion italienne de la France — « la main qui tenait le poignard a frappé sa voisine dans le dos » — qui fut largement exploitée politiquement. Les Démocrates souhaitaient également casser les liens de la communauté italienne new-yorkaise avec La Guardia, ce qui se produisit avec le temps, les Italiens estimant qu'en politique ils n'obtenaient pas assez de récompenses à leur loyauté.

Brooklyn présente une configuration particulière. Le soutien donné par les Démocrates de la machine au dirigeant Joe Adonis, lié à la pègre, montre les liens étroits entre machine et crime organisé à Brooklyn, en particulier sous les mandats successifs du maire O'Dwyer.

Le crime organisé à Brooklyn : O'Dwyer et la machine politique

La carrière politique de O'Dwyer, éminent personnage politique de la scène new-yorkaise dans les années quarante, est intimement liée aux changements qui ont affecté la perception du crime organisé. Associé à une croisade victorieuse contre les syndicats du crime au début de la décennie, O'Dwyer termina sa carrière de maire, discrédité par ses liens avec certaines hautes figures de la pègre, contraint de démissionner, ambassadeur en exil au Mexique, marqué d'infamie par la Commission Kefauver en 1951[1].

Né en Irlande, O'Dwyer arriva aux États-Unis en 1910 et s'engagea dans la police en 1917. Après avoir quitté celle-ci en 1924, il fut nommé quelques années plus tard, magistrat municipal. En 1934, il fut élu juge à Brooklyn où il devint District Attorney.

Sa renommée vint de son enquête sur les syndicats du crime, *Murder, Inc.* Murder, Inc. était une association de malfaiteurs financée par trois gangsters, Dutch Golberg, Frank Nitti et Joe Adonis. Elle procédait au placement des personnes lors d'opérations criminelles ponctuelles « incidental to the taking over, and control » d'entreprises. À la tête de l'association, Lepke Buchalter contrôlait plus d'entreprises et d'organisations syndicales que n'importe quel autre gangster contemporain. Il était associé à Jake Shapiro et à Hymie Holt et son nom était mêlé à une soixantaine de meurtres[2]. Dwyer réussit à faire condamner Buchalter

1 Moore, 1974, p. 199-200.
2 Smith, 1975, p. 84.

(qui mourut sur la chaise électrique en 1944) et à mener à bien cinquante-sept procès contre le crime organisé. Mais les années suivantes devaient marquer un changement d'attitude de sa part envers les *racketeers*[1]. Après avoir perdu contre La Guardia, il s'engagea dans l'armée où il consolida sa renommée. En 1945, en dépit d'une âpre enquête menée contre lui par le procureur intérimaire républicain George Bedlock, il fut élu maire de New York. Réélu à nouveau en 1949, il eut cette fois à faire face aux accusations du procureur de Brooklyn, Miles McDonald chargé d'enquêter sur les jeux clandestins et sur la corruption de la police. Face à des accusations grandissantes, O'Dwyer choisit de démissionner et d'accepter le poste d'Ambassadeur au Mexique que le *boss* du Bronx, Ed Flynn, lui avait réservé.

La commission fédérale Kefauver devait décider de placer les projecteurs sur deux personnalités d'envergure à New York : Frank Costello et William O'Dwyer. Costello avec Joe Adonis et Meyer Lansky était accusé d'être à la tête du crime organisé dans la ville, O'Dwyer, de l'avoir laissé parvenir à cette position de pouvoir.

> Durant son mandat de procureur à Kings County entre 1940 et 1942 et de maire de 1946 à 1950, ni M. O'Dwyer ni ses adjoints n'ont pris de mesures effectives contre les hauts échelons dans les rackets liés aux jeux, aux stupéfiants, au port, aux paris clandestins… Son échec à rechercher des preuves évidentes du crime organisé, particulièrement dans le cas de *Murder, Inc.* et du port, a contribué à faire prospérer le crime organisé, le racket et le gangstérisme à New York[2].

Est-ce si sûr ? L'historien William Moore tend à nuancer une accusation aussi formelle.

> En suggérant que l'existence et la tolérance de l'extorsion et des paris venaient de l'opportunisme politique d'un seul homme, la commission en visant la carrière d'O'Dwyer n'était pas seulement injuste personnellement mais elle obscurcissait des vérités fondamentales, à savoir que ces conditions transcendaient les cycles de réformes et qu'elles provenaient d'un certain nombre de problèmes de fond relatifs à la définition de la loi et de la morale et peut-être de l'administration elle-même[3].

Moore suggère que la Commission avait besoin de raviver une démonisation latente de la Mafia et qu'avec Costello et O'Dwyer, personnages hauts en couleur, elle avait trouvé des boucs émissaires adéquats pour le crime organisé.

---

1 Interrogé par un journaliste sur le problème que le rapprochement entre politique et crime organisé pouvait poser, le candidat à la mairie O'Dwyer aurait eu, en 1941, cette célèbre réplique : « Peu importe si c'est un banquier, un homme d'affaires ou un gangster, son portefeuille est toujours bon à prendre », Commission Kefauver, cité par Bayor, 1978, p. 42.

2 Kevauver Committee Report, 1951, p. 125.

3 Moore, 1974, p. 199-200.

La réalité se trouve sans doute à mi-chemin. Certes, O'Dwyer avait mené à bien ses enquêtes au cours des années trente et il avait fait condamner une cinquantaine de gangsters associés à des homicides. Mais il a été également prouvé qu'il était peu intervenu sur les affaires de rackets, en particulier celui du port de Brooklyn contrôlé par le gangster notoire Albert Anastasia, soupçonné d'avoir commis ou fait commettre une vingtaine de meurtres. La mort suspecte de l'indicateur Abe Reles, témoin capital chargé de témoigner dans le procès de Buchalter, Weiss et Capone fait partie des événements charnière de l'histoire du crime organisé et de la politique à New York : cette mort fait porter de graves soupçons sur l'intégrité d'O'Dwyer. Le procureur Bedlock de Brooklyn, chargé des affaires liées au syndicat du crime *Murder Inc.* (1940-1942) a plus ou moins suggéré dans son rapport au grand jury de Brooklyn en 1945 que Reles aurait délibérément été supprimé par l'équipe d'O'Dwyer pour épargner Anastasia. D'autres noms de gangsters protégés par O'Dwyer ont été également avancés : le gangster meurtrier Vito Genovese, associé à Lucky Luciano, réfugié en Italie, à la tête d'un large réseau de contrebande, n'a pu être inculpé, faute de preuves, son principal témoin ayant été empoisonné avant le procès. Il apparaît à peu près certain que le gouverneur Lehman ne souhaitait pas un autre Dewey, avide de gloire, à Brooklyn et qu'il n'a pas laissé les coudées franches au procureur spécial. Pour que le travail de celui-ci fût efficace, il devait être porté par un mouvement général de réforme. Limité à Brooklyn, il était impuissant à changer le cours des événements.

À nouveau, en 1949, O'Dwyer a été mis sur la sellette, cette fois par M. McDonald chargé de l'enquête sur la corruption de policiers liés aux bookmakers. Ceux-ci payaient deux fois par mois les policiers qui leur assuraient leur protection. Une vingtaine de policiers furent condamnés et une cinquantaine inculpés pour complicité. O'Dwyer commit sans doute une erreur politique en choisissant de stigmatiser la brutalité de l'enquête menée par McDonald, après qu'un policier se soit suicidé. Le grand jury décida pourtant de continuer son travail et peu après, O'Dwyer démissionna de ses fonctions de maire. Mais malgré les soupçons accumulés contre les racketteurs, le travail du Grand Jury fut suivi de peu d'effets.

Il est difficile encore maintenant de savoir quelle fut l'importance de l'implication d'O'Dwwyer dans le crime organisé, s'il reçut des pots-de-vin, par exemple et quel fut le degré de protections accordées. Il est peu probable qu'il activa une conspiration étrangère à la politique américaine, comme le sous-entendait la commission Kefauver.

3

La répression du crime organisé

« Should crime be organized or disorganized ? » telle est la question un peu désarçonnante mais qui se pose régulièrement aux États-Unis comme dans le cas de Virgil W. Peterson, à la tête de la Chicago Crime Commission pendant l'entre-deux-guerres[1]. Elle se pose avec la Prohibition et les conditions de son abrogation ; elle se pose ensuite juste après la Seconde Guerre mondiale, à propos des jeux de hasard, car le plein-emploi et la reprise des échanges de biens de consommation ont facilité le retour à la normale, aux paris mutuels et autres jeux d'argent. L'idée de décriminaliser le jeu, pour éviter de propager la criminalité acquiert, à l'époque qui nous concerne, une très grande résonance du fait de la Prohibition, qui a fait prendre conscience des coûts sociaux de certaines décisions légales et morales.

Les valeurs de la société fluctuent, ce qui est crime un jour peut changer selon les perceptions de l'opinion publique, et surtout la mise en place d'une loi peut à elle seule organiser une zone d'activité criminelle. La question de la répression du crime organisé se pose donc en termes d'équilibre entre coût social et coût moral, mais c'est l'argument moral qui tend à l'emporter, qui plaide pour la réglementation et le contrôle plutôt que la relaxation des mœurs.

Question très pragmatique et utilitariste aussi, qui consiste à peser le coût, soit de combattre le crime frontalement avec une éradication totale, soit d'affaiblir le crime pour qu'il ne déborde pas sur les zones légales de la société, par une sorte de *containment*. Ce sont les deux tendances qui caractérisent la répression du crime organisé aux États-Unis dans cette période. Il faut en voir les outils policiers, judiciaires et légaux, ainsi que les diverses échelles de gouvernance dans le cadre

1 Peterson, 1951.

desquels elle s'applique : la police (surtout niveau local et fédéré), le FBI (niveau fédéral), les commissions (niveau législatif et judiciaire).

Les gendarmes et les voleurs : le rôle de la police locale

La police est l'organe des forces du contrôle social qui se trouve à la frontière entre les deux mondes, *upperworld* et *underworld*. Dans cette position délicate, elle joue donc un rôle de sas d'échanges et peut mettre en place des relations « diplomatiques » avec la pègre, qui se caractérisent par une tendance à la corruption d'une part, une tendance au compromis d'autre part. Cette vulnérabilité sociale est aussi structurelle, dans la mesure où le recrutement des forces de l'ordre relève de l'échelon local et certaines positions clés (chef de la police) sont électives, ce qui peut mener à des pressions politiques et mafieuses.

Elle est aussi idéologique et fondée sur la défiance américaine à l'égard du *big government*, c'est-à-dire la centralisation des instances de régulation, et le choix préférentiel donné aux autorités locales pour le traitement du crime, perçu pendant longtemps comme un problème local. C'est le fait de constituer le crime en problème national (*interstate*) qui permettra à l'État fédéral d'avoir un droit de regard sur les développements locaux, avec un certain nombre de contraintes. Les limites majeures à la répression tiennent à l'individualisme américain et à la protection que lui donne le Bill of Rights dont pratiquement tous les amendements concourent aux protections de la liberté individuelle. Il pose la présomption d'innocence et l'impossibilité pour quelqu'un de se parjurer et de témoigner contre lui-même (le Cinquième amendement) tandis que le Quatrième amendement protège le citoyen de toute interception de ses communications et interdit la surveillance électronique (sauf sous certaines conditions, variables selon les États et selon les époques).

Autant d'obstacles qui ont deux conséquences : le crime est considéré comme une affaire individuelle (et pas collective, ce qui fait qu'il est difficile de conceptualiser le crime organisé, et d'amener tout un groupe au tribunal) ; les individus ont toutes sortes de recours (dont la libération sous caution) pour faire retarder les recherches, ce qui peut être vital pour l'obstruction et pour l'élimination de preuves compromettantes. La législation en vigueur crée donc des obstacles au processus de collecte des preuves (*evidence gathering process*) pour le crime organisé, comme dans le cas du Cinquième amendement, même s'il est possible de le déjouer par des stratégies de « contempt of court » ou par le statut d'« immunity grant », ce qui fait entrer les forces judiciaires et policières dans des négociations complexes avec la pègre. De sorte que le seul outil puissant contre le crime de groupe repose sur la « conspiracy theory[1] » qui a subi des hauts et des bas dans son application, selon les législations des États, les positions de la Cour suprême et les fluctuations de l'opinion publique (elle a en général été appliquée aux mouvements politiques radicaux). Ce qui explique aussi que pour faire bouger ces contraintes proches de la paralysie, il faut mener d'énormes croisades dans l'opinion publique, croisades qui doivent obligatoirement avoir une coloration morale, et reposer sur les principes du droit et du contrat, comme la Prohibition.

Ces obstacles imposent donc de grandes limites à la répression, notamment pendant la Prohibition. L'application de la Prohibition elle-même s'est avérée une tâche impossible, les contrebandiers bénéficiant de lignes frontalières si longues et si poreuses qu'ils pouvaient procéder en quasi-impunité. Même si certains États ont permis à la police d'effectuer des surveillances électroniques (*wiretapping*), c'est avec une relative méfiance de la population et des mises en garde de la Cour suprême, évoquant le Quatrième et le Cinquième amendement de la Constitution. Après la Prohibition, les autres formes de vice, qui ne sont pas fédéralement illégales ou illicites, comme la prostitution, la drogue et le jeu reprennent le dessus comme sources de financement de l'*underworld*. Les nouveaux moyens de communication (comme le téléphone et les services d'informations télégraphiques — *wire news*) permettent l'expansion du milieu des bookmakers, et des paris entre États, ce qui permet à des joueurs résidant dans des États ayant des lois strictes sur le jeu de jouer malgré tout.

Le morcellement de la législation et des moyens de répression permet au crime organisé de se couler dans un certain nombre de réseaux et de points faibles ou de vides juridiques (*loopholes*). Chaque municipalité et chaque État résolvent à leur manière leurs questions de criminalité, à des rythmes différents selon les États et selon les personnalités qui dominent le monde politique et policier. Ainsi New York, avec La Guardia dans les années trente, essaie de devenir une ville propre, avec quelques succès et des échecs retentissants (dans le domaine de la prostitution et des machines à sou). Chicago est de loin la plus tolérante à l'égard du crime organisé, et la plus corrompue pendant les années trente ; les villes de la Côte Ouest, qui se prétendent moins touchées par le vice, doivent admettre la corruption au cœur de leur police vers la fin de la décennie, et se battre contre les casinos flottants installés au large de Los Angeles et San Francisco.

1 Blakey, 1967, p. 81-83.

Les enquêtes locales de la Kefauver commission, remontant la piste du crime organisé dans le temps, ont montré à la fois la variété des formes locales de crime organisé et des degrés de corruption des forces de l'ordre. Le crime organisé existe dans chaque ville, avec des personnages hauts en couleur, aux noms dignes du roman noir, avec des connexions inter-ethniques variables et fluides et des activités illégales différentes, selon la présence ou pas de courses hippiques, de loteries, de groupes de vigilance citoyenne et religieuse, etc. C'est le jeu qui semble l'emporter dans bien des cas, à Miami et à Kansas City (*wire services* et paris clandestins) tandis que Philadelphie se distingue par les loteries clandestines (*numbers racket*) dominées par Harry Stromberg (« Nig » Rosen), qui est allié à Meyer Lansky et à la bande à Capone.

La Kefauver commission (et d'autres après elle) a aussi révélé l'état de délabrement de cette vieille institution dépassée, celle du Shériff. James Sullivan, shériff de Miami, est passé d'un compte en banque de 2 500 dollars à 90 000 dollars en cinq ans de service. Frank Clancy de Jefferson County (Louisiane) a ému l'opinion publique, dans son témoignage à Washington, expliquant comment il lui fallait jouer gagnant pour accroître ses bénéfices et arrondir son salaire de fin de mois[1]. La corruption de la police s'avère donc une des conditions nécessaires sinon suffisantes pour la présence du crime organisé, liée à l'assentiment silencieux ou complice de la population.

> The syndicate in Miami relied heavily on the police as their favorite instrument of intimidation. […] If the syndicate had had no other way of intimidating bookmakers, and if the police had been organized and disciplined as a monopoly, it would have been the police, not the syndicate, that we should put at the top of our organizational pyramid. […] Leadership came from the syndicate ; and, though collectively the police dispensed the power that intimidated the bookmakers, organizationally they were unable to exploit it on their own. Presumably […] the syndicate could have mobilized other techniques for intimidating the bookmakers ; the police were the chosen instrument only so long as the police share in the proceeds was competitive with alternative executors of the intimidating threats […]. One cannot easily infer that part of the « tax » paid by the bookmaker's customer subsidized the police force to the benefit of nonbetting taxpayers ; mainly it supported a more discriminatory and irregular earnings pattern among the police — besides contributing, unwittingly, to a demoralization of the police that would have made it a bad bargain for the taxpayer anyway[2].

Le *3rd interim report* de la Commission rapporte les activités des « vice squad », ces brigades du vice qui sont en fait un moyen pour la police de canaliser les profits de la corruption et de ne pas agir contre le

1 Woodiwiss, 1988, p. 117.
2 Schelling, 1967, p. 119.

crime organisé ou seulement par des « token "convenience arrests"», pour donner le change[1]. Michael McDonald, policier de Philadelphie, déclare que la police recueille jusqu'à 150 000 dollars par mois pour sa couverture du racket (*protection money*). Dans certains cas, la population locale estime que la police doit se focaliser davantage dans la résolution de meurtres que sur la poursuite de bookmakers (*bookies*) ou de prostituées, tant qu'ils ne font pas trop de tapage.

À l'échelon des États fédérés s'organisent de nombreuses commissions d'enquête (la première, en 1919, étant la Chicago Crime Commission), souvent auto-proclamées pour produire des statistiques sur la criminalité, financées par le monde des affaires, pour mobiliser l'opinion publique (tradition de veille citoyenne et milicienne du type « citizen crime watch » au niveau de la communauté). Quand la Wickersham commission ou National Crime Commission est convoquée en 1925 (et de nouveau en 1927), elle recoupe en fait une fédération de 26 commissions d'États. Peu d'États les maintiendront pendant la Dépression (sauf celles de l'Ohio, de l'Illinois et du Delaware). Chaque État émet régulièrement des données et la périodicité s'accroît à mesure que les moyens quantitatifs d'analyse et de statistique s'améliorent.

Mais ces rapports se présentent tous de manière quantitative, sans analyse socio-économique, sans attention particulière au crime organisé, qui souvent n'est pas une catégorie clairement identifiée. En tant que tel, le crime organisé n'est donc pas observé et n'existe pas, donc ne peut pas être réprimé. Il faut le reconstituer à partir de catégories tronquées en items par les statistiques, en particulier en observant les crimes contre la propriété, avec ou sans violence. Ce qui a pour vertu d'effacer beaucoup des crimes du vice (les statistiques sur la prostitution sont présentées séparément et notoirement sous-représentées, dans la mesure où elles sont rapportées à la police seulement s'il y a troubles notoires sur la voie publique).

Ces statistiques n'aident pas à donner une représentation précise de la pègre, de l'environnement spécifique que le crime organisé constitue, puisque sa meilleure définition tend à indiquer l'idée d'un réseau d'alliances et de dépendances. Même les lois anti-trust, qui pourraient retracer certains nœuds de réseaux sont inefficaces, car beaucoup d'États fédérés n'ont pas formulé leur propre application de la loi chez eux. Cela rend toute enquête impossible dans certains États, ce qui ne facilite pas la tâche des enquêteurs fédéraux. Beaucoup de petites entreprises sont considérées comme de l'ordre de l'État, comme la collecte des ordures notamment, et échappent de fait au regard fédéral. Outre la faiblesse de l'application des lois anti-trust, quand elles existaient cela

1 3rd interim report, p. 48.

ne signifiait pas nécessairement la présence d'un bureau ou d'une police spécialisée dans l'application de la loi (pas de sections anti-trust au niveau du *state attorney general*). Cette absence d'activité anti-trust dans les États et dans certains secteurs industriels n'a pu que tenter les racketteurs et faciliter leur pénétration de ces zones d'activité.

Le FBI ou comment ne pas combattre le crime organisé

À l'échelon fédéral, le FBI est caractéristique du New Deal et de sa *war on crime* : il s'agit de parer au plus pressé, au plus scandaleux, faire ce qui est faisable, ne pas chercher l'impossible. Pendant tout le New Deal, la *war on crime* confiée à l'Attorney General Homer Cummings ne s'est pas préoccupée du crime organisé, et ce malgré les enquêtes du sénateur de New York, Royal S. Copeland, sur le racket (en 1933-34), auxquelles aucune suite n'a été donnée[1]. Il faut s'y arrêter un moment, car les G-men ont été présentés comme l'anti-modèle, à la fois des policiers locaux corrompus et des gangsters rebelles et amis du peuple.

Les origines du FBI sont à situer dans le Progressisme et dans la Prohibition et dans le rôle joué par les femmes dans ces deux mouvements sociaux d'envergure[2].

L'historienne de la « guerre contre le crime », Claire Bond Potter a décrit les idées « féminines » liées à l'amélioration de la moralité de la société américaine et à la fin du cercle vicieux de la corruption des partis politiques établis (républicain et démocrate) et des hommes politiques véreux associés aux débits de boisson et aux machines urbaines[3]. Les femmes s'opposent à l'existence de lieux de masculinité dont elles sont exclues, comme les bars contestés par l'AntiSaloon League, tout en réclamant des réformes « maternalistes », comme la protection des mères et des enfants, la législation du travail, etc. Le soutien des groupes de femmes récemment affranchis (le Women's Christian Temperance Movement entre autres) devient essentiel aux hommes politiques, ce qui explique la nomination par Warren G. Harding d'une femme, Mabel Walker Willebrandt, comme Assistant Attorney General à la direction du *Bureau of Prohibition* avec la responsabilité des *Prohibition prosecutions* en 1922.

Mabel Walker Willebrandt a représenté le nouvel État américain, féminisé et moral, mais à l'intérieur d'un système de répression masculin,

1 Moore, 1974, p. 15.
2 Potter, 1998, le chapitre « Crude Methods of Enforcement : Prohibition, Crime and Federal Policing », p. 10-30.
3 Kingsdale, 1973.

violent, sous-équipé et notoirement corrompu. Elle disposait de 1 550 agents, soit un agent pour tous les vingt-quatre kilomètres de côtes et de frontière. Dans certains comtés de l'Ouest, un agent surveillait un espace aussi grand que l'État du Rhode Island. Ces hommes sans entraînement étaient en outre censés travailler avec les agents des autres ministères (*coast guard*, douane, trésor) et les polices des États fédérés et des municipalités locales, toutes jalouses de leurs prérogatives. Autant dire que la tâche de Willebrandt était d'avance vouée à l'échec, malgré sa réputation d'être la seule incorruptible à Washington[1].

L'arrivée au pouvoir du président Hoover sonne le glas de la Prohibition et l'échec de l'approche moralisatrice de la répression du crime. Il demande la démission de Willebrandt et lance une enquête sur le crime, avec George Wickersham, un ancien *Attorney General* à sa tête. La *Wickersham Commission*, ou *National Commission on Law Observance and Enforcement*, publie son rapport en 1931 : elle dénonce le manque de professionnalisme de la police, la présence de corruption et de pratiques illégales (subornation de témoins, menaces à l'égard de suspects, etc.) à tous les échelons du maintien de l'ordre. Elle propose un programme de réformes qui seront partiellement mises en place par la suite et elle est très critique du *Bureau of Prohibition*[2].

> Too often during the early years of prohibition were arrests made and prosecutions instituted without sufficient evidence to justify them [...] In very many instances, unwarranted searches and seizures were made, which resulted in the refusal by Commissioners to issue warrants of arrest, or in the dismissal of the prosecution by the courts. In many of the instances, the character and appearance of the prohibition agents were such that the United States attorney had no confidence in the case and juries paid little attention to the witnesses [...] The prohibition agents were more concerned to secure a large number of arrests or seizures than to bring to the District Attorneys carefully prepared cases of actual importance.[3]

L'échec de cette première police nationale est dû à des causes multiples : le manque de formation des agents et le manque de législation appropriée pour la poursuite des criminels entre États, la nécessité de produire des résultats rapidement, ce qui a mené à des procès mal préparés, une conception du crime très individualiste, incapable de criminaliser des activités organisées. Ce passif explique les paradoxes du Federal Bureau of Investigation, censé être la nouvelle police nationale : c'est une agence qui ignore le crime organisé pendant toute la période qui nous concerne, alors qu'il se répand partout ; c'est une agence qui ne s'en prend qu'à certains crimes et qui soigne l'apparence physique

1 Potter, 1998, p. 17.
2 Vila and Morris (eds), 1999, p. 134.
3 Potter, 1998, p. 27.

de ses hommes (toujours vêtus en costume et cravate jusqu'à la retraite de Hoover), pour marquer leur pureté et leur intégrité (d'autant que le FBI de Hoover ne pratique pas l'intégration ethnique)[1].

Ces faiblesses du FBI sont à lier à la personnalité de J. Edgar Hoover qui dirige longtemps l'agence et redéfinit sa mission. Nommé à ce poste en 1924, très jeune, il a déjà deux expériences qui lui serviront de leçon dans sa conduite de la répression du crime. L'une est la faillite de la Prohibition Agency, qu'il ne tient pas à renouveler. L'autre est le succès initial des activités anti-radicales de l'Investigation Bureau dirigé par A. Mitchell Palmer, qui démontre la nécessité d'arrêter des hommes ou des groupes détestés par l'opinion et sans appuis politiques, comme les membres de l'Union des Ouvriers Russes en 1919, déportés pour conspiration contre l'État[2]. Ces expériences dictent une ligne de conduite à Hoover : ne suivre que les affaires qui relèvent d'une législation claire et ont l'approbation du public (les crimes à scandale, les conspirations étrangères), maintenir de bonnes relations publiques avec la presse et l'opinion.

Dès sa promotion à la tête du FBI en 1924, il écarte son agence des activités de la Prohibition Agency, déconsidérée dans les cercles légaux et il se concentre sur les crimes bien définis par la loi fédérale, relevant de la stricte juridiction de sa police. Ils sont peu nombreux et relèvent de la clause du commerce entre États (*interstate commerce clause*) : le Mann Act de 1910 — qui interdit le déplacement des femmes non-mariées d'un État à un autre à des fins commerciales (pour parer à la prostitution) —, et le Dyer Act de 1919 — qui interdit le transport de voitures volées d'un État à un autre. Telles sont les activités principales du FBI pendant la carrière de Hoover. Elles ont l'avantage de présenter des statistiques nettes et en progression constante, donnant à l'agence une image de succès et d'efficacité dans sa lutte contre le crime[3]. Elles montrent que le FBI n'a pas une vision complexe du crime organisé et qu'il s'en prend à des activités proches du vice, relevant de l'illicite et de l'ordre du délictuel, et non au racket et à l'extorsion. Cette focalisation très partielle et partiale sur certaines activités criminelles a permis à l'agence de produire, année après année, des statistiques toujours en hausse sur ses performances et en baisse sur celles des criminels ciblés.

Hoover illustre le fonctionnement bureaucratique qui se met en place dans le libéralisme corporatiste de l'époque, avec une préoccupation particulière pour l'efficacité, l'esprit de système, la rationalité scientifique

---

1 Pour l'interprétation négative de l'apparence des agents, voir Cook, 1973, p. 157 ; pour une vision positive, voir Floherty, 1943 et Whitehead, 1956 (les deux avec préface de J. Edgar Hoover).
2 Countryman, 1973, p. 43.
3 Countryman, 1973, p. 38.

(dans les moyens d'enquête) et la quantification. Dès 1930, sous l'égide du FBI, il met en place les *Uniform Crime Reports*, qui regroupent les statistiques du crime jusqu'alors gérées par les États et les municipalités, avec des degrés de précision divers. Ces rapports sont utilisés pour améliorer les activités policières dans tout le pays et pour mesurer au plus près la criminalité ainsi que les succès du FBI. Et Hoover en gère la publication avec précision, faisant de la rétention d'information auprès de chercheurs ou de criminologues qui ne partagent pas ses vues, comme Sutherland[1]. En 1935, encore sous la direction du FBI, est créée la *National Police Academy*. Sa mission consiste à établir des normes et des procédures nationales applicables par les forces de police à tous les échelons, malgré les prérogatives des États. Sur un plan informel, cette école a créé un réseau de coopération et d'information entre des forces de l'ordre très décentralisées. En 1937, le FBI scelle cette union nouvelle des forces policières par le « Pledge for Law Enforcement Officers » qui présente les membres des forces de l'ordre comme des guerriers voués à la défense de la Constitution[2].

Sur le plan législatif, les forces de l'ordre ont également gagné en légitimité. Entre 1932 et 1934, le Congrès a voté toute une série de lois pour préciser la nature des crimes fédéraux, relevant tous par nécessité de l'*interstate commerce clause* de la Constitution. Désormais il est illégal, et donc sous la juridiction claire du FBI, de transporter les personnes kidnappées d'un État à un autre, d'envoyer des menaces par courrier entre deux États, de passer la frontière entre deux États pour éviter les poursuites, de voler une banque nationale, etc. Deux autres lois, quelque peu éloignées de la clause du commerce entre États, viennent protéger les forces de l'ordre : c'est un crime fédéral d'assassiner un agent du FBI et tout agent du FBI peut porter une arme dans l'exercice de ses fonctions.

Ces lois fixent les limites de l'action du FBI et expliquent en partie le fait, déploré par certains chercheurs, qu'il ignore les agissements du crime organisé dans les années vingt-cinquante, période fertile en événements scandaleux (Atlantic City Convention, St-Valentine's Massacre, *Murder Inc.*, etc.) et en développements nouveaux (rackets, infiltration dans les entreprises légales, etc.)[3]. C'est qu'à l'époque, ces activités du crime organisé n'étaient pas illégales au niveau fédéral : les activités clairement criminelles des familles mafieuses, des gangs et des *rings* se faisaient prudemment à l'intérieur d'un État, souvent avec la protection

1 Keen, 1999, surtout le chapitre « The Crimefighter and the Criminologist : The Case of Edwin H. Sutherland and J. Edgar Hoover », p. 187-202.
2 Vila and Morris (eds), 1999, p. 135.
3 Cook, 1973, p. 143-144, par exemple.

des organisations politiques locales, et donc à l'abri de la juridiction du FBI. Hoover, gardant en l'esprit la faillite du Prohibition Bureau, se garda de toute action téméraire et de toute tentation de croisade morale. Même les révélations de la commission Kefauver sur une conspiration mafieuse étrangère ne parviendront pas à l'émouvoir, malgré les accusations d'inaction portées à l'encontre du FBI.

Ainsi, les Charles (Lucky) Luciano, Frank Costello et autres Meyer Lansky, tous membres importants de diverses familles du crime organisé, ne figurent pas au palmarès du FBI. Les pages glorieuses du FBI sont remplies des histoires de captures rocambolesques d'individus isolés, comme John Dillinger, « Pretty Boy » Floyd, « Machine Gun » Kelly, Alvin Karpis et d'autres criminels hauts en couleur certes mais bien mineurs en comparaison de la puissance de feu des grands hommes du crime organisé.

Les limites de l'action de la police fédérale à l'encontre du crime organisé tiennent aussi en partie au fait qu'il est intégré verticalement, comme les entreprises industrielles ; les bénéfices de l'*underworld* sont partiellement dirigés vers l'*upperworld*, qui en retour protège une classe criminelle dont les chefs sont très visibles, voire tapageurs, mais inattaquables. Par contraste, dans les gangs de Dillinger ou de Karpis, l'organisation du crime et le partage des bénéfices se font horizontalement, ce qui rend les chefs vulnérables aux poursuites légitimes du FBI. L'utilisation de la violence, et notamment le meurtre de policiers, par ces criminels les a, en outre, désolidarisés de l'opinion publique et a attisé les désirs de vengeance des forces de l'ordre à leur encontre. Cependant, la poursuite de criminels notoires relève, obliquement, de la chasse au crime organisé, car ils ont recours au milieu de la pègre pour leur protection, leurs soins médicaux, l'écoulement des marchandises volées, etc. C'est une partie plus facilement jouable pour Hoover que le démantèlement plus ou moins illusoire des réseaux de la prostitution, du jeu ou de la drogue, pour lesquels la législation reste floue et ambiguë ; cette tâche ne manquerait pas de réveiller des souvenirs de réforme moralisante, peu soutenue par la partie masculine de la société, grosse consommatrice de ces services.

Il procédera avec la même précaution lors de la poursuite des organisations anti-communistes, avec le Smith Act de 1940, basé sur la « conspiracy theory », qui permet de condamner toute organisation qui complote contre le gouvernement des États-Unis (« forcible overthrow ») ou tout membre ayant connaissance de ces activités. Pendant la guerre, il obtient ainsi la condamnation de 18 membres du Workers Socialist Party tandis qu'en 1949, 11 leaders nationaux du Parti communiste sont condamnés. Mais il ralentit cette activité lorsque la Cour suprême commence à renverser certaines condamnations, suite aux mouvements de l'opinion publique après les excès du maccarthysme.

C'est dans sa relation à l'opinion publique que le FBI de Hoover se distingue le plus. Elle est illustrée par l'arrestation du gang familial Barker-karpis et son utilisation médiatique. Cette famille, en opération pendant plus de dix ans, avec deux générations en activité, ressemble à une organisation qui peut se reproduire et il est important qu'elle soit exterminée, pour montrer la puissance du FBI et conforter les vues de Hoover que les États-Unis ne nécessitent pas de réformes sociales ou de mesures de prévention dans leur répression du crime. En outre, comme le remarque Potter, « It also provided narrative opportunities to demonstrate the inevitable, unchangeable criminal consequences of heredity and environment, short-circuiting the attempts of the ABA (American Bar Association) to channel federal resources into decentralized, community-crime prevention programs[1] ».

Hoover se sert en effet des « narrative opportunities » de certains crimes pour produire sa propre version de la criminalité. Le crime était représenté dans la presse, la culture populaire, et même dans les statistiques, comme un fléau, avec certains événements et individus comme symptômes phares — le Massacre de la St-Valentin ou John Dillinger, par exemple. Les actions policières du FBI furent construites comme les combats héroïques et chevaleresques d'individus représentant le Bien contre le Mal. L'organisation des représentations du crime et de sa répression, au cinéma et dans les bandes dessinées, ainsi que dans les histoires officielles de l'agence, souvent soutenue par Hoover lui-même, est finalement beaucoup plus stable que l'organisation, soit du crime, soit de sa répression.

Selon Richard Gid Powers, les conditions sociales produites par la crise économique des années trente ont affaibli le mythe fédérateur de la loi comme entité abstraite et égalitaire, qui, jusque-là, a lié un peuple sans passé ou religion commune[2]. Hoover a contribué à produire un nouveau mythe fédérateur, quoique double : l'opposition entre l'homme hors-la-loi, qui prend en charge les injustices économiques pour protéger sa famille et ses voisins et l'homme actif dans-la-loi qui peut redresser le manque de respect du droit et les violences exagérées du premier. Le gangster et le G-Man se livrent ainsi un combat dans la fiction et dans la réalité privilégiée par Hoover (devenu lui-même prisonnier de ces images d'action selon Powers), pour rétablir la foi américaine en un destin commun. L'analyse des textes (films, romans, etc.) devient alors la seule façon de comprendre une période et une culture complexe.

1 Potter, 1998, p. 172.
2 Powers, 1983, xv.

La Kefauver Commission ou la lecture biaisée des événements de 1929-1950

Ce n'est qu'avec les enquêtes publiques de la Commission Kefauver que l'image du rebelle contre l'ordre établi se transforme en un autre aspect du mythe (qui était déjà présent implicitement depuis le meurtre de Hennessy), celui d'un groupe de conspirateurs étrangers, s'en prenant aux valeurs de la démocratie américaine. Elle est préparée par toute une montée en puissance de « citizen's crime commissions », efficacement soutenues par certaines municipalités et les mouvements réformateurs à tendance morale, comme the American Municipal Association. De ce point de vue, la Kefauver Commission n'est qu'un élément dans un long processus de contrôle social du crime aux États-Unis, avec l'intervention de la société civile par paliers successifs (du local au national).

Originaire d'une petite ville du Tennessee, Kefauver fut élu sénateur en 1948, après plusieurs mandats à la Chambre des représentants. Il est probable que son combat contre le crime organisé était destiné à donner de lui l'image d'un présidentiable, une motivation qui peut expliquer certains des biais de la Commission (notamment son acceptation facile des vices de la grande ville et du complot mafieux). Moore et Woodiwiss sont les plus critiques à l'égard de la Commission, même si le seul chercheur à réfuter ses conclusions à l'époque fut Daniel Bell avec son idée d'« ethnic succession ». Selon eux, les conclusions étaient prévisibles à l'avance, car déjà formulées dans les prémisses de la Commission.

Le but de la Commission consistait à examiner les activités de jeu entre États (*interstate gambling*), pour en renforcer la législation. Cela l'a conduite à se mettre des œillères sur d'autres réalités pourtant révélées dans ses documents préliminaires : ceux-ci montrent l'échec des tentatives d'organisation nationale des bookmakers, ils décrivent le bookmaking comme une activité décentralisée, ce qui est confirmé par les visites de la Commission dans différentes villes. Ces visites de ville en ville (de New Orleans à Chicago en passant par Philadelphie et New York) révèlent le poids des réseaux internes aux États et la corruption locale de la police et des autorités politiques. Alors même que Kefauver est très conscient de cela (et le mentionne dans son introduction au *Report on Organized Crime and Law Enforcement*, en 1951), il ne peut en faire état publiquement car trop de personnalités sont impliquées, et ce serait d'un effet déplorable en période de campagne présidentielle[1].

1 Woodiwiss, 1987, p. 166.

La Commission se focalise donc étroitement sur les cas de *racing-news wire services* et sur les *boss* de la pègre, comme Costello. Elle dresse même une liste de 50 secteurs industriels dans lesquels elle a trouvé des traces de « hoodlum infiltration ». En ce sens, son action consiste moins à promulguer une législation qu'un jugement moral du Bien contre le Mal, selon Moore, d'autant que l'argent dépensé dans le jeu était désinvesti du monde des affaires. (Le jeu était donc doublement nuisible : il était mauvais pour le business et il démoralisait les forces de l'ordre.) Elle s'élabore donc encore comme une forme de Prohibition déguisée sur le jeu de hasard, montré comme immoral et antisocial. Mais elle procède par la recherche d'un bouc émissaire et blâme la Mafia en la désignant spécifiquement comme un poison venu de l'étranger mettre en danger la vertueuse Amérique. Elle permet de mettre en avant un besoin de réglementation et d'application renforcée de la législation en vigueur (les *gambling laws* existaient déjà) sans poser la question des conditions socio-économiques du pays. Et elle s'efforce de prouver de manière convaincante l'existence d'une Mafia italo/sicilienne, dont l'organisation tentaculaire aurait envahi tout le pays[1].

La Commission a été dominée par trois hommes forts, Virgil Peterson, Harold Anslinger et, en son sein, Tobey. Peterson est un « moral crusader » et s'il pose la question de la légalisation du jeu, c'est pour mieux en combattre la tentation. À la tête de la Chicago Crime Commission, il met en avant la présence d'un réseau national de bookmakers avec des affiliations et des infiltrations d'Est en Ouest[2]. Il est aidé par the American Municipal Association (qu'il représente lors de l'enquête), qui veut faire baisser la criminalité locale et casser les machines électorales locales. Harold Anslinger, chef du Federal Bureau of Narcotics, impose quant à lui l'amalgame entre drogue, jeu et crime organisé comme la résultante d'une activité criminelle organisée et immorale[3]. Il a une approche délibérément criminelle et non médicale de la drogue et a fait passer le Marijuana Act de 1937. Le sénateur Tobey (républicain du New Hampshire) ne manque pas une occasion de transformer l'enquête en bataille de moralité, un « Puritan board of inquiry[4] ». Il essaie d'utiliser sa présence au comité pour se présenter comme un *crime fighter* et accuse Kefauver d'être trop mou. C'est lui qui mène la croisade au nom des valeurs protestantes et de la morale. Lors du point culminant de l'enquête à New York, il cite un poème de John Whittier

1 Albini, 1971 ; Smith 1975 ; Woodiwiss, 1987.
2 Investigation of organized crime in interstate commerce, *Hearings*, Part 2, June 22 to August 16 1950, témoignage de Virgil W. Peterson, p. 125-155.
3 Moore, 1974, p. 132, 237.
4 Smith, 1975, p. 141.

parlant du Christ comme du seul sauveur et ajoute : « When the hearts of men and women are touched, when they find their inspiration from the Master of Men, then we will have a righteous and a new America, and we will have in this nation a nation in which "dwelleth righteousness" and, before God, it is high time »[1]. C'est Tobey qui inscrit la Commission un peu comme un lieu de repentance publique pour les péchés de la communauté et pour lui, comme pour d'autres à son bord, la menace du péché est plus importante que celle de la corruption politique[2]. C'est pourquoi la Commission va favoriser l'explication par un poison étranger et l'*alien conspiracy*, surfant sur la vague du maccarthysme et de la chasse aux sorcières rouges. L'évaluation du crime organisé, par l'intermédiaire de Tobey, avec l'accord tacite de Kefauver, s'accorde avec ce que Bell, seul à l'époque, décrira comme la capacité américaine « for compromise in politics and extremism in morality »[3].

Le compromis politique tient au déroulement de la campagne électorale pour les présidentielles et Kefauver est soupçonné de chercher à ne pas embarrasser les Démocrates et à éviter certaines villes pour ne pas attirer l'attention sur les lieux où exercent les membres de son comité[4]. Kefauver en est sorti relativement indemne dans son image de combattant du crime et a pu briguer l'investiture démocrate (aux côtés d'Adlai Stevenson) sans pouvoir empêcher la victoire républicaine d'Eisenhower en 1952 (il meurt d'une crise cardiaque en 1963).

L'action de la Commission ne s'est pas révélée efficace, au sens où elle n'a pas éradiqué le crime organisé ni le goût du jeu chez les Américains. Ses propositions de loi (comme la *wire service bill*) et ses recommandations (22 au total) ne sont ni préventives ni sociales, elles sont policières et punitives. S'y ajoutent quelques propositions pour limiter l'immigration et assouplir les mesures de déportation. Elles sont mineures par rapport à l'énormité de la machinerie mise en place[5]. Et ce, d'autant que le programme n'est pas appliqué rapidement, selon Moore :

> [...] the entire thrust of the Committee's recommendations was within the narrow law enforcement perspective it had adopted at the outset... the Committee rejected the possibility of introducing any alternative and proposed instead a series of complicated acts tightening up the existing law enforcement approach. When Congress rejected these proposals and when state and local groups lost their enthusiasm for voluntarism in the mid-1950s, the very limited legislative and educative accomplishments of the Kefauver Committee became apparent[6].

1 Kefauver Committee, Hearings, 1039-40, cité par Woodiwiss, p. 123.
2 Smith, 1975, p. 142.
3 Bell, 1912, 141, cité par Smith, 1975, p. 145.
4 Moore, 1974, p. 152.
5 *Third interim report* ; Kefauver, 1951.
6 Moore, 1974, p. 234.

Mais elle a marqué durablement l'imaginaire de l'opinion publique en partie parce qu'elle a fait reprendre ses armes aux bataillons de moralité, en partie parce qu'elle a été le premier événement télévisuel (tout relatif, dans la mesure où il atteint une audience de quelque 20 à 30 millions de téléspectateurs) relayé par la grande presse écrite, qui a fait jouer la circularité des médias. La télévision a été utilisée pour les enquêtes lors des audiences à New Orleans, Saint Louis et à Detroit, puis en janvier et février 1951 à San Francisco et à New York. Pour la première fois, ce qui était montré comme une fiction à l'écran recevait une couverture *live*, d'une ampleur sans doute seulement égalée par le procès d'Al Capone. Donc c'est un « événement médiatique[1] », un des premiers où une partie de l'histoire peut s'écrire parce qu'elle est diffusée par les médias électroniques : l'écran semble venir à la ville. Et il n'est pas exclu que les membres de la Commission aient été influencés par les images d'Hollywood et surtout par une série d'enquêtes journalistiques menées par Jack Lait et Lee Mortimer, du Daily Mirror (New York). Leur série d'ouvrages sur le mode « confidential », comme *New York Confidential* (1948), *Chicago Confidential* (1950) et *USA Confidential* (1952) jouent sur le racisme latent du crime organisé et sur la paranoïa de l'étranger en période de guerre froide et de stratégie d'endiguement (*containment*) contre le communisme. L'influence de la série d'articles de J. Richard « Dixie » Davis dans la revue *Collier's* en juillet-août 1939, qui mentionne les purges des « Mustache Petes » par la bande à Lucky Luciano en 1931 et l'américanisation de la Mafia a pu aussi avoir un effet à retardement (dû à la guerre). Un autre journaliste, Harry Fenney du *World Telegram* à New York, aurait aussi propagé l'idée de *Murder Inc.*, avec des répercussions nationales sous la houlette de Henry « Dutch » Goldberg de Californie[2].

La Commission est construite comme un événement politique et médiatique, qui préfigure les grands débats présidentiels de 1952 et d'autres enquêtes sénatoriales (MacCarthy, Watergate). Dans l'analyse de Dayan et Katz, elle relève de la catégorie des événements du type « contests », c'est-à-dire de manifestations publiques qui servent de « training ground for the construction of social institutions based on rules[3] ». Elles suivent une orchestration et un script spécifique avec une cérémonialisation du témoignage qui leur donne une grande force de conviction d'autant plus qu'elle s'inscrit dans une période d'anticommunisme et de fragilité perçue du pays. C'est aussi un spectacle rituel à en croire Woodiwiss, qui y voit les États-Unis mettant en scène une fois

1 Dayan and Katz, 1992 ; Frau-Meigs, 2001.
2 Moore, 1974, p. 23.
3 Dayan and Katz, 1992, p. 28.

de plus leur tendance aux croisades morales, avec les mêmes ingrédients que lors de la Prohibition :

> On show, firstly, was the rigid determination to persevere with unenforceable laws and blindly resist alternative approaches to vice based on control and regulation. Having thus been presented with an unsolvable problem, on show, secondly, was the necessity to provide scapegoats for the public by pointing to alien conspiracies and individually corrupt, or allegedly corrupt, politicians. On show, finally was exploitation of the crime issue as a career vehicle for ambitious and opportunistic politicians[1].

La Commission a marqué l'opinion publique dans ses prolongements par la fiction, car elle a suscité des publications sur le mode « histoires de vie », qui se transposent aisément à l'écran. Les journalistes notamment se mettent à publier des biographies de gangsters, se basant sur leurs enquêtes et leur imagination. Robert Prall et Norton Mockridge sortent *This is Costello* dès 1951, et *The Big Fix* en 1954, tandis que Sid Feder publie *The Luciano Story* en 1954. Ed Reid publie *Mafia* en 1952, en exploitation directe de la commission Kefauver[2]. Les seuls journalistes à mettre en doute les conclusions de la Commission sont Burton B. Turkus et Sid Feder, dans *Murder Inc. : The Story of the "Syndicate"*, sorti en 1953, où ils adoptent une approche de l'ordre de la succession ethnique[3]. Le manque de critique venant de la part du monde des chercheurs et, à l'inverse, le grand écho donné au sujet dans la presse, ont contribué à prolonger les malentendus sur la Mafia et l'interprétation sans preuves réelles de la Commission Kefauver.

L'après-Kefauver poursuit sur la lancée de la conspiration mafieuse étrangère, relancée par l'Apalachin Convention en 1957 (réunion de *racketeers* notoires, venant de Detroit, Philadelphie, et New York surtout), qui fait écho à celle de Atlantic City en 1929 (sorte de convention du crime, multiethnique puisque s'y côtoyèrent Al Capone et Enoch « Nocky » Johnson). Les activités fédérales s'intensifient sous le ministère de la justice de Robert F. Kennedy qui passe quatre lois contre le jeu ; elles se pérennisent avec le McClellan Committee, qui est une référence au Permanent Subcommittee on Investigations of the Senate Committee on Government Operations, que le sénateur John McClellan a présidé pendant deux décennies (à partir de 1956). Il a mené une série d'enquêtes publiques (*hearings*) sur les activités du crime organisé (*labor racketeering*, *narcotics distribution*, etc.). Le McClellan committee fait téléviser le témoignage de Joe Valachi en 1963, qui fait écho à celui de Costello pour Kefauver et conforte une fois de plus l'existence

1 Woodiwiss, 1987, p. 121-122.
2 Reynolds, p. 108.
3 Moore, 1974, p. 250.

de la Mafia (ou Cosa Nostra, selon Valachi, c'est-à-dire « notre cause », autre terme renforçant la thèse de la conspiration étrangère)[1].

Cela contraint le FBI pour la première fois à se joindre à la lutte anti-crime de Kennedy, mais c'est surtout le Bureau des Narcotiques et Anslinger qui l'ont emporté en pouvoir et en visibilité auprès de l'opinion publique dans les années soixante. D'autres commissions s'installent ainsi que d'autres agences de contrôle, comme le National Council on Crime and Delinquency, dès 1962-1963, la Federal Strike Force et la President's Commission on Law Enforcement and the Administration of Justice en 1967, la National Commission on the Causes and Prevention of Violence en 1968 ainsi que le National Advisory Commission on Criminal Justice Standards and Goals en 1973.

En 1970, deux mesures importantes sont prises contre le crime organisé : the Racketeer-Influenced and Corrupt Organizations (RICO provisions of title IX of the Organized Crime Control Act) et le Continuing Criminal Enterprise (CCE provisions of Title II du Comprehensive Drug Abuse Prevention and Control Act). Ce n'est qu'à partir des années soixante-dix que la société américaine relaxera ses positions sur la drogue (douce, comme la marijuana, tolérée) et sur le jeu dans un certain nombre d'États du Nord-Est. Quant à l'image italo-sicilienne de la Mafia, elle ne se transformera que vers la fin des années quatre-vingt, avec une attention plus grande portée aux gangs portoricains et aux phalanges asiatiques.

Ainsi au cours du XXe siècle, les États-Unis vont développer un *modus vivendi* avec le crime organisé. Ils vont tantôt s'engager dans des déclarations de guerres totales, qui vont s'avérer être des échecs cuisants. Ils vont tantôt se focaliser sur des secteurs spécifiques de l'activité criminelle, plus viables, par la mise en place d'agences de régulation et de réglementation (sur *illegal labor practices*, *tax evasion*, *conspiracy of restraint of trade,…*). Cela implique un certain nombre de compromis avec les lobbies et une situation de négociation au sein du triangle de fer. Il faut créer la confiance dans le marché et son fonctionnement régulé et régulier. Ainsi, comme le fait remarquer Schelling, « The greatest gambling enterprise in the United States has not been significantly touched by organized crime. That is the stockmarket[2] ».

Ils vont aussi procéder par traitement différentiel des activités du crime organisé : les entreprises qui traitent du vice sont traitées différemment de celles qui visent le pouvoir (extorsion). D'une certaine manière, le moral et le social ne sont pas traités de la même façon : même si les frontières entre les deux sont poreuses, la société civile autorise la cigarette mais pas la drogue, l'érotisme mais pas la porno-

1 Albanese, 1989, p. 43-46.
2 Schelling, 1967, p. 124.

graphie, le boursicotage mais pas le jeu de hasard, etc. Les Américains ont pu jouer sur la législation avec les industries du vice, parce qu'elles sont constituées en partie par la loi qui les rend plus ou moins légales en fonction du plus ou moins grand activisme moral de la société civile, comme dans le cas de la Prohibition (si la loi est supprimée, le vice disparaît et les occasions de monopole pour le crime organisé disparaissent). Les relations entre les forces de répression et les criminels sont alors diverses et variées selon les régions et les niveaux de collusion et de corruption des forces de la loi, qui permettent ou pas l'établissement de certains monopoles ou cartels du crime. Pour ce qui est de crimes sur lesquels le consensus est à la fois moral et social comme l'extorsion, l'élimination de la concurrence de manière criminelle, et le vol (*robbery*), l'application de la loi se fait plus ferme et plus punitive, même au niveau des forces de police et de justice (*law enforcement*). Elle est plus précise et plus surveillée et les manières de rendre des comptes sont bien établies (statistiques, prisons, etc.).

Mais pour beaucoup, le coût social de la Prohibition et ses répercussions sont énormes sur tout le siècle : « It may have given the underworld business in the United States what economic developers call the takeoff into self-sustained growth[1]. » De sorte qu'une réponse très utilitariste émerge peu à peu sur la question de savoir s'il faut organiser ou désorganiser le crime :

> It may be that modern society « contracts out » some of its regulatory functions to the criminals themselves. Surely some of the interests of organized crime coincide with those of society itself — minimization of gangland feuds, minimization of all those violent byproducts of crime, even a kind of negotiated avoidance of certain classes of crime. If society has no legal means of policing some kinds of crime, or lacks the political authority to compromise directly with the criminals, maybe what society does is to let the underworld itself provide some of the necessary discipline [...] Just as in war one may hope that the enemy government remains intact, thus assuring that there is an authority to negotiate with and to discipline the enemy troops themselves, maybe in the war on crime it is better that there be a « command and control » system intact on the other side. If so, it should not be taken for granted that we want all crime to be less organized. It may even be that we should prefer that some kinds of crime be better organized than they are [...] a choice might arise between acquiescing in a degree of organization and preventing it[2].

Il faut donc à la fois construire et déconstruire le crime organisé… ce que nous allons voir dans les interprétations successives qui en ont été données.

1 Schelling, 1967, p. 125.
2 Schelling, 1967, p. 123.

4

L'apport de la recherche

La société américaine est-elle criminogène ? Difficile question aux États-Unis où la croyance en la responsabilité individuelle et en la liberté de l'homme crée le ciment social. L'individualisme américain se fonde sur l'intérêt personnel (*self-interest*), chez un être conçu comme rationnel et tendu vers le progrès et le changement, qui se méfie de la société, conservatrice de l'ordre établi et méfiante à l'égard des innovations. Ainsi la base morale du libéralisme pose que, pour que l'individu s'exprime en toute liberté en société, l'intérêt personnel doit l'emporter sur l'intérêt collectif, et l'espace privé sur l'espace public. Le moi émerge alors des actions individuelles pour lesquelles l'individu est responsable et la paix sociale est possible sur la base du contrat, dans un État de droit. L'utilitarisme s'allie donc à une philosophie de l'action sociale.

La présence du crime en général et du crime organisé en particulier, pose donc problème car elle questionne la justice de cet utilitarisme ainsi que les fondements de la liberté de l'homme. Ces questionnements sont d'autant plus perturbateurs lorsqu'ils semblent émaner d'éléments non-protestants de la société (juifs, catholiques irlandais, italiens et polonais,…). La tension entre liberté et déterminisme inhérente à toute analyse du crime se heurte aux États-Unis à la volonté protestante de dominer ce déterminisme par la liberté et la poursuite du bonheur. D'un point de vue américain, le crime, et surtout le crime organisé, est un scandale : il va à l'encontre du projet de société américain. Si on ne comprend pas la violence que ce scandale fait à la liberté, au *self-interest* et à l'État de droit, on ne comprend pas l'énergie, les ressources humaines (et notamment la convocation de toutes les sciences sociales), financières, légales et institutionnelles dépensées pour le combattre, à l'époque comme de nos jours. On ne comprend pas non plus l'étrange aveuglement sur son approche qui caractérise la recherche pendant toute la période, aveuglement qui tient du déni.

Entre 1929 et 1951, il n'y a pas d'étude majeure du crime organisé, ni en sociologie ni en histoire. Dans la période qui suit, à partir des années soixante, l'approche sociologique se précise et prête à controverse. La difficulté du sujet tient à cette absence, à ce difficile traitement du crime organisé, qu'il faut déchiffrer en filigrane, dans les marges des études sur le crime et la déviance. Trois phases se dégagent : au cours de la première, les historiens et les spécialistes du travail social hésitent entre déterminisme et relativisme par rapport au crime, à la ville, à l'immigration. La seconde phase, celle des années vingt-quarante, vise, avec l'École de Chicago, à moins responsabiliser l'individu délinquant et à blâmer son environnement, d'où une focalisation sur les analyses urbaines. L'apport fonctionnaliste et structuraliste du sociologue Merton n'est pas éloigné de ce courant de recherche. Dans la troisième phase, celle des années soixante à nos jours, des critiques sont adressées aux apports des précédentes périodes ; les nouvelles recherches tendent à les transcender en posant de plus larges questionnements et en reliant la criminalité à d'autres aspects spécifiques du fonctionnement de la société américaine.

Les Américains, pendant toute cette partie du XXe siècle, semblent s'évertuer à inscrire la liberté comme une virtualité présente dans le psychisme de l'homme, destinée à dominer les déterminismes de la société. Paradoxalement, l'étude du crime se présente comme une « science de la liberté » ; mais pour susciter la mobilisation des pouvoirs publics et de l'opinion, le crime est introduit comme une maladie morale, qui peut être soignée.

Le déterminisme biologique et culturel

Pour les tenants du déterminisme biologique, l'individu peut naître « mauvais » et la tentation du crime s'exerce alors sur des êtres psychiquement fragiles, qui ne peuvent y résister. C'est une tendance qui au XIXe siècle a été alimentée par le darwinisme social et l'idée que les pauvres sont en état d'échec personnel (et non structurel), dans un système où tout le monde peut en principe aller « from rags to riches ».

Au tournant du siècle, les explications du crime et de la délinquance étaient dans l'ensemble fondées sur le modèle biologique, à savoir que la criminalité est propre à l'individu et que certains naissent condamnés à être des criminels. Cette approche morale, assez simpliste, tend à créer de la discrimination et elle s'inscrit dans une conception raciste et eugéniste à la fin du XIXe siècle. L'approche marxiste, qui se pose alors comme son alternative sur le continent européen, relie quant à elle la criminalité à une réponse par l'agressivité à l'oppression des classes favorisées, suivant les idées de Engels dans sa description des conditions de la classe ouvrière en Angleterre. Elle implique une redistribution du pouvoir et des moyens de production et du capital pour redonner de la participation à ceux qui sont par trop démunis. Dans la période qui nous concerne, quelques rares recherches américaines relient frustration à agression dans un schéma critique, mais elles passent inaperçues car elles s'inscrivent mal dans la visée démocratique américaine[1].

Le mouvement progressiste série les problèmes et se focalise sur des pathologies urbaines (alcoolisme, délinquance juvénile, relations familiales dégradées, race et ethnicité, etc.). Très utilitariste, il cherche à définir des maladies, pour pouvoir y appliquer des remèdes et par là guérir le corps social, d'où une certaine étiologie du crime, une tendance à la rechercher chez l'individu, sans prendre en compte les structures qui dépassent la communauté. Une des explications que certains critiques lui donnent, c'est le fait que la faisabilité de la réforme pouvait s'appliquer davantage au jeune qu'à l'adulte et que donc les criminologues réformistes se sont attaqués à la délinquance juvénile parce qu'il était plus facile de transformer les jeunes et de les remettre dans le droit chemin que les adultes professionnels du crime. C'est l'approche américaine du *problem-solving* autour de questions d'intérêt spécifique (*issues*), étroitement définies. Les ambitions du projet progressiste sont donc limitées par leur perspective de faisabilité et cela permet de ne pas interroger l'ensemble de la structure sociale. Les chercheurs et experts peuvent ainsi se prêter aux idées socio-libérales du New Deal sans remettre en cause les lois du libéralisme corporatiste.

Les motivations progressistes étaient doubles : éduquer et socialiser les masses immigrantes (par américanisation brutale ou par insertion sociale), contrôler les excès du marché qui tend à fermer les options de mobilité sociale. Le contexte de la Dépression et du New Deal (avec ses politiques de loi anti-trust et d'aide sociale aux démunis) les aidait à établir ce consensus, cet équilibre, qui rejette la confrontation de classe tout en rendant acceptable un certain interventionnisme d'État. L'utilisation des sciences sociales, « inventées » à l'époque, tendait à instrumentaliser et à rationaliser ces fins de réforme politique.

Ces théories réformistes suscitèrent des oppositions : celles de la police et des juges confrontés quotidiennement à des criminels endurcis, celles des conservateurs réticents à les « comprendre », celle, enfin, de l'opinion lorsque, dans les années trente et quarante, des forfaits extraordinaires perpétrés par le crime organisé suscitèrent des demandes de retour à la moralité et au châtiment exemplaire.

---

1 Dollard, 1939.

L'École de Chicago et l'influence de la ville

À l'approche classique morale et figée, les sociologues américains, notamment ceux de l'École de Chicago, vont opposer une alternative plus souple, plus fluide et plus complexe, celle d'un déterminisme sociologique très relatif. Pour eux, c'est la morphologie sociale qui procure les occasions de passage à l'acte délictueux. Le développement économique accéléré et l'urbanisation (avec ses territoires urbains ségrégés et ses groupes minoritaires ghettoïsés) sont des facteurs d'inadaptation de l'individu à la société et le crime s'explique comme une résultante du progrès matériel en décalage avec les mentalités. Ils se placent dans une perspective progressiste d'analyse de la déviance comme partiellement causée par la société (et non choisie librement), ce qui implique des mesures de réinsertion (*rehabilitation policies*) pour remettre les individus libres sur le droit chemin. Cette approche apporte une alternative aux explications biologiques ou de libre arbitre pures.

L'explication sociologique américaine du crime prend plus de temps à se développer et caractérise la période qui nous concerne. Elle aussi, au début, est assez morale et simpliste, puis elle se complexifie, autour des travaux de l'École de Chicago qui domine le champ. Or cette école, comme toutes celles de l'époque aux États-Unis, s'oppose à tout déterminisme, surtout économique, et elle répugne à faire une analyse de classe[1]. Elle cherche à établir un équilibre qui se veut rationnel et positiviste, ni moral ni idéologique, entre les différentes interprétations du crime et ses implications sur la société. Elle s'inscrit profondément dans la mouvance progressiste, qui essaie de réconcilier la présence croissante des immigrants et la puissance montante des corporations, par peur qu'une révolution communiste ou socialiste ne renverse les institutions démocratiques du pays jugées bonnes et justes.

Selon Park, Burgess et McKenzie le crime organisé a une assise territoriale. La territorialisation ethnique de la ville américaine dans les années vingt-quarante a été minutieusement étudiée par les sociologues de l'École de Chicago. La ville, nous dit Robert Park, plonge ses racines dans les habitudes et les coutumes de sa population[2]. Le quartier d'immigration est un fait social dont émane un ordre « moral » : il lie en effet les processus du passé à la dynamique du présent en vue d'une œuvre collective à accomplir. Il a son propre mouvement, plus ou moins autonome par rapport aux forces extérieures auxquelles il réagit. Analyser les quartiers de Chicago dans la première partie du vingtième siècle vise à restituer la mentalité sociale des immigrants et celle des

1 Greenberg.
2 Park et Burgess, 1925.

aires ségréguées où ils résident, comme s'y emploiera E. Burgess qui représentera la ville sous forme de vaste diagramme concentrique afin de montrer les logiques territoriales et sociales de mobilité à l'œuvre[1].

Les travaux des sociologues Park, Burgess, McKenzie insistent sur la désorganisation individuelle et collective produite par la rupture de l'émigration et par l'installation des immigrants dans un nouvel environnement urbain peu accueillant et peu pacifique ; ils mettent en lumière la marginalité de l'étranger et le conflit qui sont au cœur des relations ethno-raciales.

> Tous ces facteurs : les changements dans la population, les logements en mauvais état, la proportion d'immigrés et de Noirs, la fréquence de la tuberculose, la criminalité, les maladies mentales —, y compris la délinquance juvénile, peuvent être considérés comme des manifestations d'un facteur général de base. Cet élément commun est la désorganisation sociale ou l'absence d'effort du voisinage pour s'occuper de cette question[2].

L'apogée de la vogue du concept de désorganisation sociale se situe à la fin des années trente. Il sert à évoquer la pathologie sociale que les sociologues lient à des phénomènes très divers : pauvreté, criminalité, prostitution, jeu, corruption politique, etc., mais surtout à l'affaiblissement de l'ordre moral et des normes qui régnaient dans la société rurale et qui sont mis à mal par l'urbanisation et l'émigration. « C'est probablement la rupture des attachements locaux et l'affaiblissement des contraintes et inhibitions des groupes primaires sous l'influence de l'environnement urbain qui sont largement responsables de la croissance de l'immoralité et de la délinquance dans les grandes villes », observe Park[3]. Les structures d'autorité traditionnelle perdent leur pouvoir et les structures nouvelles de la ville — tribunal pour enfants, clubs de loisirs, associations de parents — apparaissent intimidantes aux immigrants.

L'ordre spatial est à l'image de l'écologie végétale : invasion, résistance, point de crise et succession caractérisent à cette époque la dynamique de mobilité à Chicago, avec un temps plus long exigé des migrants noirs. Toutefois, la dynamique de mobilité, vérifiable dans le cas de New York, de Chicago et de quelques autres métropoles, ne s'est pas appliquée à toutes les villes américaines ni à tous les groupes. La faible proportion d'immigrants criminels a parfois fait partie de la première génération, plus souvent de la seconde (voir chapitre 5). La criminalité et la corruption étaient pour eux un moyen rapide comme un autre d'aller « from the gutters to the stars »[4].

---

1 Burgess, *Préface*, in Shaw, McKay, 1942, XI.
2 Voir sur ce thème Hannerz, 1983.
3 Park, Burgess, McKenzie, 1925, p. 25.
4 Selon l'expression de Ellroy, 1995, p. 5.

Merton : « social structure and anomie »

Robert K. Merton imprime sa marque à toute la recherche de cette période, avec sa théorie de la déviance et sa définition de celle-ci comme une forme de « social disorganization ». Le crime serait donc en fait une désorganisation sociale, une déviance par rapport aux normes. Il s'inspire des travaux d'Émile Durkheim sur l'anomie, définie comme une propriété de la société et non de l'individu, lorsque la structure sociale ne fournit plus à l'individu les repères et les codes nécessaires pour son intégration et la satisfaction de ses besoins. Il s'inspire de Talcott Parsons[1] qui engage les sciences sociales dans le fonctionnalisme-structuraliste qui s'affirmera jusque dans les années soixante et qui ne dément pas l'utilitarisme et les pragmatistes de l'action américains.

Merton applique la théorie de l'anomie à la société américaine en la raccrochant à l'individualisme, et la définit comme étant dominée par le succès matériel. Il propose une explication socio-culturelle de la déviance, non liée à l'idée de classe[2] : selon lui, toutes les classes de la société américaine souscrivent au but du succès matériel ; celles qui ne peuvent l'atteindre par des moyens légitimes le font alors par des moyens illégitimes.

Pour Merton, la relation entre pauvreté et criminalité n'est pas linéaire. Il faut des conditions culturelles spéciales pour que cette corrélation existe, et les États-Unis de la fin du XIXe et début du XXe siècle les réunissent :

> It is only when the full configuration is considered, poverty, limited opportunity and a commonly shared system of success symbols, that we can explain the higher association between poverty and crime in our society than in others where rigidified class structure is coupled with differential class symbols of achievement[3].

Donc, c'est parce que la société américaine est moins rigide en termes de classe et plus égalitaire dans ses opportunités que se crée une sorte de relation entre criminalité et pauvreté, qui n'apparaît pas dans le sud de l'Europe.

Cette approche de la déviance comme « socially derived sin » s'oppose à l'explication déterministe. Merton veut prendre en compte les éléments sociologiques qui mènent à la déviance, en tenant compte de la liberté individuelle comme prémisse. Il cherche les causes socio-culturelles de la non-conformité aux normes sociales et considère les rapports entre

1 Parsons, 1937.
2 Merton, 1938, p. 672-682.
3 Merton, 1938, p. 681.

« culture goals » et « institutional norms »[1]. Pour lui, l'innovation dans les comportements et les moyens technologiques sont pertinents avec la criminalité, surtout à une période où l'efficacité est mise en avant plutôt que les normes morales. Ce serait le cas des États-Unis des années trente et quarante : la signification donnée à l'argent devient changeante dans une société urbaine, où il est anonyme, où ses sources ne peuvent être retracées et où il permet de se procurer les mêmes biens et services, qu'il soit licite ou illicite dans ses origines.

Il pose aussi la question en termes de participation à la société : selon lui, s'il n'y a pas de participation possible ou si elle ne donne pas de récompense sociale, alors des conduites « aberrantes » vont apparaître du fait de la « dissociation between culturally defined aspirations and socially structured means »[2]. Pour lui, les zones de criminalité qui se créent dans les villes sont dues à l'écart entre l'évangile de la prospérité et du succès et le manque de moyens de l'atteindre par des voies légitimes et acceptables. Et c'est selon lui une « normal response ». Les revenus élevés fournis par le crime organisé ne peuvent combattre avec les revenus bas ou inexistants des ouvriers non-qualifiés. C'est dans cet écart entre les buts, les normes et les récompenses que Merton situe le processus d'« anomie » : « the process whereby exaltation of the end generates a *literal demoralization*, i.e., a deinstitutionalization, of the means »[3]. Cette définition de l'anomie qu'il reformule comme « cultural chaos »[4] ne peut que faire écho au contexte de la Prohibition, du Crash Boursier et de la Dépression. Le libre choix de l'individu dans ce contexte social s'exerce alors par défaut, dans le divorce entre les buts culturels de *self-interest* et l'inefficacité des moyens.

Du coup, l'innovation peut se produire dans la déviance et dans le crime, puisqu'elle est conçue comme une adaptation au stress du milieu. Cela permet de dire que l'anomie existe dans toutes les classes et de ne pas opérer spécifiquement des distinctions de classe dans la déviance. Cette conception ouverte des structures de classe (*classless society*) explique que Merton se préoccupe de la mobilité sociale et de sa possible fermeture. C'est la fermeture de la mobilité sociale pour certains groupes qui mène à des comportements basés sur les expédients du vice et du crime. Il justifie les entraves au libre arbitre par le non-choix laissé à certains, dans une société où le manque de mobilité est perçu comme un phénomène nouveau et en hausse. Dans le contexte américain d'alors, cette perception est confirmée par les transformations

1 Merton, 1938, p. 673.
2 Merton, X, p. 674.
3 Merton, X, p. 675.
4 Merton, X, p. 682.

du capitalisme vers le corporatisme libéral, qui perturbe les forces du marché traditionnel, dans la mesure où les trusts et les cartels réduisent les possibilités de concurrence des derniers venus dans le monde des affaires.

Les théories de la transmission culturelle

D'autres théories de l'époque viennent, soit de l'urbanisme comme la « cultural transmission » (Shaw, Landesco, influencés par les travaux de Park et Burgess), soit de l'anthropologie sociale comme la « differential association » (Sutherland). La théorie de la transmission culturelle pose que certains lieux, dans les ghettos urbains, sont criminogènes, non seulement parce que la présence des gangs y est traditionnelle, mais aussi parce que s'y produit, de génération en génération, une transmission des mêmes valeurs, les jeunes étant progressivement incorporés dans l'illégalité, et formés par les adultes[1].

Cette théorie est proche de Sutherland, qui observe surtout les opportunités offertes aux individus dans la société américaine. Selon lui, c'est à travers l'interaction sociale et les relations interpersonnelles que se développe l'apprentissage d'un métier, qu'il soit légitime ou pas, conventionnel ou pas[2]. Il s'appuie sur les travaux d'une autre école de l'École de Chicago, celle du « symbolic interactionism », nourrie de la psychologie et de l'anthropologie sociale, inspirée des travaux de George Herbert Mead dans les années vingt. L'association différentielle implique que l'individu choisira la délinquance si l'entourage dans lequel il vit en propose des images positives et négatives de la loi ; un peu comme pour l'apprentissage de tout autre métier, un individu apprend le crime par l'interaction et les modèles qui l'entourent. Ces relations lui inculquent les attentes sociales, les codes ordinaires et extraordinaires ainsi que les moyens de les contourner ; elles peuvent se trouver dans diverses classes sociales et diverses appartenances ethniques. C'est donc une façon d'expliquer la socialisation, qui permet d'incriminer certaines déficiences dans les milieux observés, déficiences en éducation ou en cohésion familiale, qui pervertissent l'individu et sa liberté.

L'approche de Sutherland peut se compléter des théories de Sellin, Taussig et Joslyn, qui relèvent d'une approche fondée sur les opportunités économiques, qui relèverait de « differential opportunity », c'est-à-dire l'offre du marché à un moment donné et son impact sur la criminalité.

1 Landesco, 1929 ; Shaw, McKay, 1931.
2 Sutherland, 1939 ; 1949.

Comme Merton, ils explorent les conséquences du libéralisme du marché et s'inquiètent de sa fermeture croissante (voir chapitre 8).

Ces théories se ressemblent toutes dans l'idée de transmission et non d'héritage, mais elles créent un déterminisme partiel, dans la mesure où le gangster tend à devenir un pur produit de son environnement. Elles inscrivent la liberté dans un non-choix, et n'envisagent pas que certaines personnes des classes aisées puissent faire le choix d'une carrière dans le crime ou qu'inversement une grande partie des classes défavorisées préfère ne pas s'adonner au crime.

Dans l'ensemble, l'École de Chicago — et les différentes théories qui en ont émané — est progressiste dans la mesure où elle ne croit pas au déterminisme biologique du crime. La criminalité n'est pas un héritage inné et cette École émet des réserves sur le seul facteur de la succession ethnique, montrant que la race n'est pas un facteur aussi fort que la transmission culturelle ou l'association différentielle. C'est davantage les modes d'insertion au groupe et à la communauté qui produisent le crime organisé, d'où la focalisation de cette École sur les jeunes et la délinquance juvénile plutôt que sur les adultes et le crime organisé.

Les criminologues de l'École de Chicago

Criminalité et criminalité organisée ne sont pas synonymes, l'élément spécialisé, rationnel et efficace faisant défaut à la criminalité ordinaire. Pourtant, il n'est pas inutile de comprendre comment celle-ci a été analysée dans les villes américaines au cours de la période qui nous concerne puisque des passerelles existent entre l'une et l'autre, du point de vue des quartiers, de l'entrée dans la délinquance et des profils délinquants. Les monographies effectuées par les chercheurs de l'École de Chicago permettent d'approfondir la relation entre ville et délinquance au sens large.

J.-M. Chapoulie distingue plusieurs types de travaux[1] : un premier groupe de chercheurs s'est consacré aux bandes de jeunes[2], aux dancing halls[3], à la prostitution[4], à la criminalité organisée[5]. Cette dernière recherche réalisée pour une commission d'enquête fut longtemps la seule consacrée à cette question et on ne peut que déplorer que Landesco ait abandonné sa thèse et que le travail de Saul Alinsky sur un

1 Chapoulie, 2001, p. 255.
2 Thrasher, 1927.
3 Cressey, 1932.
4 Reckless, 1933.
5 Landesco, 1929.

meurtrier soit resté inachevé[1]. La seconde étude la plus en prise sur la question du crime organisé dans ce groupe est sans conteste celle de Thrasher. Il a dénombré environ 1 300 gangs à Chicago dont les membres se regroupent pour être plus efficaces, restreindre les risques et réaliser davantage de profits. On les remarque au coin des rues, dans les salles de billard, dans les clubs : là circulent les informations, s'élaborent les combines et se montent les alliances. L'étude présente une carte de la délinquance juvénile à Chicago, localisant les bandes de jeunes à proximité des implantations industrielles, des terrains vagues et des quartiers d'immigration, « zones interstitielles » à la marge des zones les mieux organisées dans la ville. Cette délinquance de jeunes alimente, selon Thrasher, la criminalité organisée et contribue à l'organisation politique de la ville. Les bandes pourvoient un apprentissage des techniques criminelles et des attitudes favorisant le passage à l'acte.

Un second groupe de recherches, d'orientation criminologique et centré sur la délinquance juvénile, connut une diffusion plus large. Clifford Shaw et ses associés publient, en 1929, une étude de la délinquance urbaine à Chicago, après avoir recensé les domiciles d'environ 60 000 « truands, criminels et délinquants[2] ». E. Burgess influence ces travaux. Les sociologues démontrent que les taux de criminalité et de délinquance sont variables d'un quartier de la ville à l'autre. Les bas quartiers situés près du centre commercial et des affaires sont les plus criminogènes.

En 1942, C. Shaw et H. McKay développent une théorie de l'écologie de la délinquance et du crime. En comparant une poignée de grandes villes (Philadelphie, Boston, Cleveland, Chicago, etc.) et en se fondant sur des calculs statistiques établis par petites zones urbaines, ils dévoilent sous forme de cartes l'évolution de la délinquance et de la criminalité associées à la structure physique de la ville. Ils identifient pauvreté, hétérogénéité ethnique et instabilité résidentielle comme prédicteurs de délinquance. La corrélation entre un fort taux d'immigration dans un quartier et un taux élevé de délinquance n'entraîne pas pour autant une relation causale.

> S'il ne fait pas de doute que la proportion d'étrangers et de Noirs est plus élevée dans les quartiers où la délinquance est forte, les délinquants traduits devant les tribunaux ne le sont pas, parce qu'ils sont fils d'immigrants ou parce qu'ils sont noirs de peau, mais pour d'autres raisons qui tiennent à l'environnement dans lequel ils vivent[3].

Ces auteurs font voler là un mythe en éclats, celui de la délinquance, poison venu de l'extérieur, destiné à infecter l'Amérique, mythe sur

1 Reynolds, 1995.
2 Shaw, Zorbaugh, Cottrell, McKay, 1929.
3 Shaw, McKay 1942, p. 163-164.

lequel nous reviendrons plus loin. Ils s'élèvent contre l'infériorité biologique ou culturelle attribuée à certaines populations. Pour Shaw et McKay, la délinquance n'est pas un facteur isolé, elle est associée à de nombreuses dysfonctions sociales et sanitaires caractérisant un quartier. Dans les aires criminogènes, tous les indicateurs de mortalité infantile, de maladies contagieuses, d'absentéisme scolaire, de violence domestique sont au rouge. La délinquance persiste après le départ des familles à problèmes, comme si le quartier lui-même avec sa désorganisation et sa marginalité transmettait des modèles de socialisation délinquante aux nouveaux groupes installés. Le quartier criminogène semble incapable de maintenir des contrôles sociaux efficaces, selon les normes des classes moyennes américaines, de lutter contre l'absentéisme scolaire ou contre l'économie souterraine. Les associations légales y sont peu représentées, les problèmes collectifs constitués par des adolescents oisifs ne sont pas pris en charge par des services sociaux, perçus comme « extérieurs » au quartier.

D'un autre point de vue, le quartier criminogène apparaît au contraire comme exceptionnellement bien organisé, reproduisant à l'identique l'organisation sociale du pays d'origine selon des critères spécifiques, complexes, fondés sur des obligations réciproques, des hiérarchies implicites, des loyautés ancrées dans le passé du groupe. Shaw et McKay observent que là, les valeurs déviantes sont mises en évidence par des groupes et par des institutions allant des gangs de cambrioleurs vivant de rapines et de reventes de biens volés aux rackets et aux affaires quasi légitimes grâce auxquels s'exerce parfois un contrôle partiel ou total d'affaires légales. Le vol est considéré comme un moyen accepté de survie économique. Des actions risquées et audacieuses apportent richesse et prestige aux gangsters qui les entreprennent.

> La preuve de la réussite dans le monde criminel se voit à la présence d'adultes dont les vêtements et les automobiles indiquent sans l'ombre d'un doute qu'ils ont prospéré dans le secteur qu'ils ont choisi. Les adolescents élevés dans ces quartiers doivent décrypter le double standard de valeurs. Ils savent où se procurer les biens volés et les marchandises pour lesquelles il y a un marché. Ils connaissent les rackets et ils voient chaque jour quelle richesse l'illégalité peut procurer. Ils agissent collectivement. Or les actes tacitement approuvés par la communauté à laquelle ils appartiennent sont passibles d'emprisonnement devant le juge[1].

Selon une étude de la justice des mineurs à Chicago en 1928, 89 % des garçons jugés pour vol ont été traduits devant le juge en tant que membres de gangs. Le quartier joue un rôle dans la mesure où les tech-

1 Shaw, McKay 1942, p. 172-173.

niques délinquantes sont transmises aux pré-délinquants au cours des contacts entre générations.

À aucun moment cependant, un groupe immigrant ou ethnique ne présente un taux de délinquance uniformément réparti sur l'ensemble de la ville, c'est quartier par quartier que son profil doit être analysé. Les juges voient défiler les fils des nouveaux arrivants dans le quartier criminogène remplaçant les fils des groupes en voie de mobilité ascendante. L'aspiration à la respectabilité finit par saisir toutes les familles, y compris celles des gangsters. Bell observe que ceux qui survivent

> apprennent à s'adapter. Ils sont à présent des hommes d'âge moyen ou plus âgés. Ils perçoivent l'intérêt de s'habiller comme il faut. Ils vivent dans de respectables banlieues. Ils envoient leurs enfants dans de bonnes écoles et fuient la publicité. F. Costello consulta même un psychiatre afin de surmonter un pénible sentiment d'infériorité dans le beau monde[1].

Cartographie des quartiers criminogènes

Les quartiers de Chicago à plus forte concentration de délinquance sont situés au nord et au nord-est du quartier des affaires, à l'ouest et au sud ou encore dans le quartier industriel, *Back of the Yards*. Dans les quartiers nord, les délinquants d'origine italienne sont sur-représentés au cours de la période couverte ainsi que dans le West side (avec les Noirs), autour de Humboldt Park (avec les Polonais, les Suédois et les juifs originaires de Russie) et au sud (avec les Polonais, Hongrois, Mexicains et Yougoslaves). L'appartenance des délinquants à tous les groupes d'immigration caractérise le début du siècle à Chicago, mais c'est au cours des années trente que s'affirme la sur-représentation italienne.

> Les groupes à plus forte délinquance sont, à chaque fois, ceux qui ont été le plus récemment ségrégués dans des bas quartiers, selon le processus habituel de la société urbaine américaine. Il est significatif que lorsque la plupart des familles d'une nationalité donnée s'éloignent du quartier de première entrée, celles qui restent produisent proportionnellement moins de délinquants que l'on pourrait s'y attendre sur la base de leur proportion dans la population[2].

La géographie des quartiers criminogènes de Chicago corrobore celle de New York[3]. Une étude sur les homicides des années trente et quarante donne les profils suivants : Brooklyn 77 (42,5 %) ; Manhattan 71 (39,2 %) ; Bronx 15 (8,3 %) ; Queens 8 (4,4 %) ; New Jersey 10 (5,5 %).

1 Bell, 1962, p. 176.
2 Shaw, McKay, 1942, p. 53 ; p. 157.
3 Block, 1980, p. 215-217.

À Manhattan, on distingue deux zones de forte criminalité — de la 104ᵉ à la 119ᵉ rue sur l'East Side (M1) et le quartier formé par Little Italy, Chinatown et une partie du Lower East Side (M2) — et deux zones mineures dans le quartier de la confection, soit autour de la 7ᵉ Avenue et de la 34ᵉ rue et les quais du West Side. À Brooklyn, trois quartiers sont dangereux, Brownsville et East New York (B1), Red Hook avec ses quais au nord (B2) et Bath Beach, Bensonhurst et Borough Park (B3) auxquels il faudrait ajouter Williamsburg. Pour qui connaît Brooklyn aujourd'hui, la théorie de Shaw et McKay est corroborée : ces quartiers sont demeurés criminogènes[1]. Nos hypothèses sur l'ethnicité sont également vérifiées. Les victimes de la zone M1 sont en majorité italiennes ; connues comme *bootleggers*, puis dealers de stupéfiants, elles appartiennent au crime organisé. La zone M2 est plus diverse, les victimes sont en général des serveurs chinois dans les années trente ou des gangsters juifs dans les années quarante, ce sont des *bootleggers* et des *racketeers* italiens. À Brooklyn, dans la zone 1, la plupart des assassinés sont des gangsters juifs. L'année la plus meurtrière est 1935 ; dans les deux autres zones, en 1930 et en 1931, la plupart des victimes sont des gangsters italiens. Ces observations induisent les propositions suivantes : les gangsters juifs et italiens sont sur-représentés dans les homicides ; les Italiens ont tendance à se tuer entre eux en 1930 et en 1931 tandis que les meurtres juifs se produisent surtout dans la seconde moitié des années trente. La situation s'apaise dans les années quarante, sans doute en raison du conflit mondial, des changements dans les méthodes de résolution des conflits parmi les gangsters, des nouvelles politiques et peut-être des erreurs dans les recueils de statistiques. Si ces meurtres sont spectaculaires, il faut se rappeler qu'ils ne constituent pas le problème social le plus pressant de ces zones défavorisées.

L'entrée dans la criminalité organisée

Un certain nombre de récits autobiographiques de délinquants écrits à l'instigation de Shaw et McKay dévoilent comment les adolescents débutent une carrière criminelle[2]. Cela n'a rien d'exceptionnel, sinon que le sociologue prend à la fois en compte une dynamique biographique et un contexte urbain.

---

1 Body-Gendrot, 2001, p. 115, 153, 154.

2 On estime à quatre-vingt le nombre d'autobiographies recueillies à l'Institute of Juvenile Research, visant à faire comprendre le point de vue des mineurs délinquants. Celle de *Jack the Roller*, publiée en 1930 par Shaw se vendit à 23 000 exemplaires.

> Mes débuts de délinquant comme pour beaucoup d'autres ont commencé quand j'ai fait l'école buissonnière. Puis on m'a montré comment obtenir des biscuits, des gâteaux et autres choses qui embellissent la journée d'un petit sauvageon. Ensuite j'ai volé de l'argent à ma mère. j'ai volé sur les chantiers. Mes vols ont augmenté en fréquence et en valeur jusqu'à ce que j'acquière une arme[1].

La présence de frères plus âgés dans la délinquance et l'appartenance à des gangs plus mûrs accélèrent l'ancrage dans la criminalité organisée. Le pragmatisme guide les choix de l'individu. Ce sont ensuite les circonstances qui favorisent l'entrée dans la criminalité organisée. Ainsi, la Prohibition accélère le glissement de gangs de jeunes vers les activités illicites menées par les *bootleggers*. Les biographies de Capone et de Luciano illustrent ces observations[2].

La pensée des criminologues s'inscrit dans la doctrine libérale américaine, qui pense que la démocratie américaine est bonne, et que l'individu est libre. Ici, l'explication des causes de la criminalité ne peut être trouvée ni dans l'individu, ni dans la société, donc elle se focalise sur certaines zones urbaines désorganisées, et montre que là, l'individu est contraint par son environnement. Cet environnement est conçu comme détaché du reste de la société, hors des normes du politique, de l'économique, du légal — ce qui donne une version du crime qui n'est ni historique, ni institutionnelle, ni classiste, ni même raciste. Il est en effet important de noter que tous les chercheurs des années trente-quarante mentionnés sont des hommes blancs et anglo-saxons, libéraux sans être socialistes, et qu'ils ne font pas rentrer la classe ou la race dans leurs modèles explicatifs. Leur but est de ne pas alimenter une opinion publique aux tendances nativistes, et de ne pas s'attaquer au rêve américain auquel ils croient. Ils ne peuvent donc que se focaliser sur certaines zones définies comme hors-normes, sans s'autoriser à des relations avec la société *mainstream*. Ce qui rend certaines de leurs positions inconfortables, car leur démonstration tend à prouver que c'est l'environnement qui est criminogène, dans une structure sociale par ailleurs saine. Ce n'est qu'en 1945 que Sutherland, considéré comme un des pères fondateurs de la criminologie, se met à traiter du « white collar crime » comme une forme totalement incluse dans le crime organisé, c'est-à-dire qu'il ose dire que les bons citoyens commettent aussi des exactions nuisibles à la société.

1 Shaw & McKay, 1942, p. 176.
2 Kobler, 1992 ; Powell, 2000.

Les travaux des années soixante-soixante-dix

Entre 1940 et 1950, très peu de recherches sociologiques (théoriques ou empiriques) sont menées sur le crime organisé. C'est la Kefauver commission et surtout la President's Crime Commission de 1967, qui génèrent toute une série de rapports faisant apparaître le besoin de recherches, et dégageant les crédits pour les conduire, ce qui mène aux ouvrages de la fin des années soixante et des années soixante-dix sur la question. Deux théories dominent à ce moment-là, celle de Cressey sur « alien conspiracy » et celle de Bell et Ianni sur « ethnic succession » (voir chapitre 5). Ce sont les seules qui se focalisent sur l'univers des adultes et sur la criminalité professionnelle. La théorie qui domine le champ et qui fait controverse, c'est celle de l'« alien conspiracy » de Cressey, qui essaie de donner une explication sur la nature du crime organisé[1]. Les travaux de Cressey s'imposent en partie du fait de sa liaison avec la commission d'enquête sur le crime organisé dont il est un des principaux rapporteurs. Dans *Theft of the Nation*, issu de ses travaux au sein de la commission, il reformule le crime organisé comme le fait de 24 familles d'origine italienne et sicilienne, réunies dans un corps de décision national qu'il appelle la « commission ». Il donne la structure hiérarchique de la « typical organized crime family », dans un organigramme monolithique reproduit depuis par tous les manuels de criminologie, avec *boss*, *underboss*, *consigliere*, *caporegima*, *soldiers*, etc. Son organigramme situe également les activités illégales et légales de ces familles. Dans l'illégal, il place : « alcohol, arson, assaults, blackmail, bombings, corruption, extortion, gambling, hijacking (trucks), intimidation (witnesses), labor racketeering, loan sharking, murder, narcotics, prostitution, robbery, securities fraud, theft » ; en miroir, dans le légal, il cite « banking, bars, clubs, casinos, food products, garbage/sanitation, labor unions, produce, securities, waterfront activities, cleaners/laundries, uniforms, towels and hotel supplies, real estate, restaurants, entertainment, vending machines ».

Cette définition très réductrice s'inspire de très près des enquêtes officielles et ne les remet pas en cause. Il a une approche alignée sur l'application de la loi, et sur la diabolisation de la Mafia et des Italiens qui satisfait aux attentes du public et du Federal Bureau of Narcotics. Cependant il lance une nouvelle piste de recherche, celle qui consiste à ne plus considérer l'individu mais le groupe, non plus le gangster mais l'organisation à laquelle il appartient, tout en reconnaissant que les

1 Cressey, 1969.

sociologues sont mal équipés pour ce genre de recherche car le crime est par essence secret.

Toute une série de chercheurs s'inscrivent alors pour ou contre les idées développées plus haut, d'où une série de travaux qui s'interrogent sur l'ancrage américain du crime organisé et reconsidèrent de manière plus radicale les liens structurels entre société et économie. Ces travaux liés à la Mafia et à son existence plus ou moins mythique aux États-Unis se situent dans un contexte de montée en puissance du mouvement des droits civiques et impliquent une relecture des années trente dont les enjeux se situent dans les années soixante.

Suite aux travaux de Cressey, la relève s'organise et un certain nombre d'auteurs font des recherches de terrain, soit de type anthropologique (Ianni et Ianni), soit de type sociologique (Albini). Albini critique Cressey pour son approche réductrice, et surtout a-historique, qui fait croire que le crime organisé arrive aux États-Unis avec la Cosa Nostra sicilienne et que rien sur le sol américain ne l'y prépare [1]. Dans son approche structurelle et fonctionnaliste, il s'appuie sur l'analyse structuraliste et fonctionnaliste du mythe émanant de Levi-Strauss dans les années soixante [2]. Pour lui, le crime organisé (*syndicate crime*) existe du fait de la demande de la population pour certaines denrées rares et illicites, ce qui explique aussi sa relation de co-dépendance avec les autorités qui le protègent, comme une sorte de tolérance sociale nécessaire pour des déviances mineures. Il fait une analyse historique pour démontrer son existence dès le XIXe siècle à New York et à Chicago (par les Irlandais). Les relations entre les membres se font sur la base du « patron-client », qui organise la structure sociale de manière quelque peu hiérarchique mais fluide et « overlapping » [3].

Les anthropologues pour leur part parlent de « kinship ». Ianni et Ianni en 1972 procèdent à une observation participante (!) poussée d'une famille italo-américaine installée à New York et ils détruisent aussi l'idée de la conspiration et de l'extension fédérale ; pour eux, le crime organisé est une organisation informelle, interpersonnelle où les relations entre individus l'emportent sur la rationalité de l'organisation [4].

Chambliss aussi mène une recherche participative dans son étude de la corruption à Rainfall West (Seattle) [5]. Dans son enquête il révèle les liens étroits entre la pègre et la police, entre les employés dans l'industrie du vice et ceux de l'ordre établi, parfois une seule et même

---

1 Albini, 1979 ; Arlacchi, 1986.
2 Levi-Strauss, 1963.
3 Albini, 1971.
4 Ianni and Reuss-Ianni, 1972, Homer ;1974.
5 Chambliss, 1973.

personne : le vice s'inscrit dans les structures politiques et économiques d'une communauté (notamment par la corruption des fonctionnaires) et l'appartenance ethnique de ses membres est variée.

En 1974, Moore revient sur les inégalités socio-économiques comme facteur explicatif du crime organisé[1]. Il dériverait moins de choix individuels que de l'environnement et des forces sociales en tension dans la société américaine, ainsi que du contrôle exercé par ceux qui ont le pouvoir. Ces circonstances créent une loi du milieu, qui s'impose à l'individu.

Peu après, Smith retrace l'apparition du mot « Mafia » sur la scène américaine en le faisant remonter à 1890, au meurtre de David Hennessy, à La Nouvelle-Orléans[2]. Le terme aurait disparu du vocabulaire pendant l'entre-deux-guerres, où ce sont les mots « gangster » et « racketeer » qui sont monnaie courante, montrant par là une perception du phénomène comme plus américaine et plus structurellement liée à la société. L'expression « organized crime » fait partie de ce vocabulaire mais ne prend sa forme et sa connexion avec la Mafia comme conspiration qu'avec la Commission Kefauver et surtout après. Selon Smith, à une vision de la Mafia relevant d'individus rebelles se battant contre l'injustice de l'ordre établi se substitue celle d'une conspiration étrangère, se nourrissant de la paranoia américaine de la guerre froide et de l'invasion immigrante irrespectueuse des valeurs de la démocratie.

Smith et Alba, en 1979, démontrent que la perception que le public se fait du crime organisé est liée à des angoisses profondes au sein de la société américaine. Ils voient aussi une co-dépendance entre activités légitimes et activités illégitimes, faisant du gangster un businessman parmi d'autres, utilisant la corruption et l'extorsion à des fins de succès. Ils ne nient pas la question de « ethnic succession », mais poussent pour une approche multiethnique, qui ne concerne pas que les Italiens, et insistent sur le fait que la succession ethnique n'est pas nécessairement criminelle et que les immigrants peuvent avoir accès à la mobilité sociale par des voies légitimes. Selon eux, le crime organisé n'est pas « an alien, parasitic force », mais « nurtured and shaped by American circumstances[3] ». Ils insistent sur l'impératif économique du crime organisé, allant jusqu'à l'appeler « illicit enterprise » et sur les liens que les groupes ethniques créent en dehors de leurs ghettos, vers les milieux légitimes du politique et de l'entreprise, un peu à la manière évoquée par Landesco dans les années vingt.

1 Moore, 1974, p. 200 et suivantes.
2 Smith, 1975, p. 20 et suivantes.
3 Smith and Alba, 1979, p. 32-38, ici page 35.

Howard Abadinsky en 1981 et 1983 a quant à lui étudié deux familles italiennes (les Gambino et les Genovese) pour conclure avec d'autres que ce sont les relations paternalistes et clientélistes qui l'emportent dans le crime organisé, tout en confirmant l'importance ethnique des Italiens, ce qui peut être dû au fait que ses observations portent sur la fin des années soixante[1]. Abadinsky semble dire qu'à partir des années cinquante, l'« ethnic succession » s'arrête aux Italiens, qui ne sortent pas du crime organisé pour laisser la place à d'autres groupes, ce qui tient peu compte des formes plus récentes de succession (asiatiques et hispaniques).

LiPuma, en 1989, se préoccupe de la construction culturelle du crime organisé et essaie de régler son sort à la « *Mafia mystique* » (expression de Smith qu'il reprend) en s'appuyant lui aussi sur l'approche structuraliste. Il établit un lien entre signification symbolique, société américaine et idéologie, pour dénoncer l'usage de la Mafia à différentes étapes de son mythe, usage qui consiste à dissocier la société de l'économie et à faire croire que les chances de l'individu dépendent d'une trajectoire économique qu'il s'est choisie. Il fait une lecture de la Mafia comme nostalgie de la famille et de la communauté aux États-Unis, au moment de l'urbanisation et de l'industrialisation rapide, qui a défait les liens sociaux traditionnels et déraciné des milliers de migrants de l'intérieur et de l'extérieur. Elle est construite comme une version profane et profanatique des valeurs de l'Amérique, comme un gouvernement de l'ombre qui prend à revers les valeurs économiques, politiques et légales du pays. Contrairement aux corporations du capitalisme qui n'ont plus aucun lien avec leur communauté d'ouvriers et leur implantation locale, la Mafia conserve et resserre ces liens.

LiPuma dénonce « the quasi-science of the Mafia », le fait que ce soit une mythologie séculaire, qui s'appuie sur les sciences sociales pour légitimer le mythe, un mythe dont l'idéologie vise au maintien du *statu quo*. Il s'appuie sur les récits de vie rapportés par les journalistes et les témoignages ethnographiques pour montrer que ce sont des histoires qui adoptent le point de vue d'un narrateur omniscient (*third person omnipotent narrator*), plus proche de la mythologie que de la scientificité. Selon lui, le mythe servirait à dire que le crime organisé pollue la société, créant des tentations de lucre et de luxe, enfreignant les systèmes légaux par ses pratiques de corruption et « giving capitalism a bad name[2] ». Les thèmes de la famille et du capitalisme et d'un monde des affaires ouvert en opposition à un monde des affaires fermé sont liés structurellement : il s'agit de faire de la Mafia un bouc émissaire pour fournir un alibi à une société qui

1 Abadinsky, 1981 ; 1983.
2 LiPuma, 1989, p. 6.

doit opérer de grandes mutations et se refuse à les faire, en blâmant l'étranger pour ses propres déficiences.

Cette mythologie est renforcée par les médias (romans, biographies, films, etc.) et par les institutions (grand nombre d'enquêtes et de commissions), qui ont pour effet de rendre officiel le mythe et de le conforter dans l'opinion publique. L'étude des représentations filmiques du gangster et du crime organisé à Hollywood, cette machine à mythes, peut alors être vue comme un moyen de sublimer les tensions entre individualisme et famille, entre appartenance ethnique et américanité.

Un certain nombre de chercheurs explorent les liens au pouvoir, une tendance qui va s'affirmer dans les années quatre-vingts mais qui est déjà apparue une décennie plus tôt. Dès 1972, Michael Dorman ou George Amick ont insisté sur le rôle des grandes entreprises et de certains syndicats dans l'organisation du crime, tandis que les recherches de Herbert Alexander se focalisent sur le financement des partis politiques[1]. L'historien Alan Block, en 1980, poursuit quant à lui une analyse politique, insistant sur le fait que les structures locales sont tout aussi importantes à identifier que les individus (voir chapitre 6) tandis que David Rothman mène une pénétrante analyse de l'imagerie populaire de la criminalité sur laquelle reposeront les réformes en matière pénale[2]. Les travaux de Gus Tyler, eux, revendiquent l'ancrage américain du crime organisé dans la culture des gangs et les placent dans une lignée économique : « The line of development (of organized crime) from buccaneers to businessman, from fisticuffs to finance parallels the contour of American economy[3]. » Il inscrit le crime dans « a native matrix of lawlessness » qui fournit des opportunités à tous les groupes, ethniques ou « native » (par lesquels il faut entendre aussi bien les Blancs protestants que les Noirs).

Les limites de ces théories

De quelques silences…

Les approches des années trente sont donc, d'une certaine manière, hors sujet par rapport au crime organisé. Elles traitent du crime individuel, faisant des incursions dans « street crime » qui peuvent intégrer la délinquance juvénile et les gangs mais sans s'autoriser à aller plus loin, restant dans un certain localisme proche de l'isolationnisme, sans géné-

1 Dorman, Payoff, 1972. Amick, 1979.
2 Block, 1980 ; 1983 ; Rothman, 1986.
3 Tyler, 1962, p. 89 et suivantes.

ralisations (ce qui correspond aussi à une volonté méthodologique basée sur l'empirisme et l'étude de cas monographique). L'idée d'anomie a été appliquée à la délinquance juvénile en grande partie, et tout le prisme d'examen de la criminalité adulte s'en est trouvé faussé. Pas d'étude longitudinale pour connaître l'avenir professionnel de ces jeunes par exemple… Cela empêche d'étendre leurs conclusions à une vision plus organique de la société américaine.

Les théories du crime qui se focalisent sur les phénomènes de la déviance, de l'anomie, de la « social disorganization » se préoccupent du comportement individuel (même lorsqu'elles prennent en compte l'environnement). Elles ne tiennent pas compte du comportement collectif, organisationnel du crime. À quoi tient cette ignorance ou cet aveuglement volontaire de l'École de Chicago notamment ? Cet aveuglement est d'autant plus paradoxal qu'il s'oppose aux perceptions de l'opinion publique de l'époque, préoccupée par les « crime waves » et que l'École de Chicago se développe dans une ville qui incarne à elle seule toute l'imagerie populaire du crime organisé.

Les raisons, outre les difficultés méthodologiques (et le parti pris de rationnalisme positiviste), sont à la fois théoriques et idéologiques. Une approche sociologique qui se focalise sur le comportement individuel tend à être a-historique, et par contrecoup, a-politique : on ne questionne pas les normes sociales, même si parfois on en vient à dire qu'elles produisent de la déviance. Cela permet de ne pas toucher à certains aspects de la société, comme la corruption des hommes politiques et leur association au crime et au vice, l'association de malfaiteurs et d'hommes d'affaires aux confins de la légalité. À cela s'ajoute sans doute aussi la culture scientifique et universitaire américaine, financée par des capitaux privés, mobilisés pour des enquêtes sur certains problèmes spécifiques ou sociaux pré-déterminés et laissant peu d'initiative aux chercheurs sur la définition des sujets de recherche[1]. Ce qui peut expliquer l'étrange silence de la recherche sur le Volstead Act, ou sur le système carcéral ou encore le système légal. C'est une recherche qui ignore certains domaines institutionnels. Cela vient en partie du parti pris d'empirisme américain, très efficace pour la recherche sur le terrain et répugnant à des généralisations ou à des extensions. En outre, le climat politique et culturel de l'époque est à la réforme et à la « rehabilitation » et donc il est difficile de critiquer les instances censées mener à bien ces réformes, ce qui peut provoquer une auto-censure plus ou moins consciente. D'où l'intérêt pour le criminel, et ensuite l'intérêt

1 Frau-Meigs, 1995, p. 85-97 ; Reynolds, 1995.

pour la victime plutôt que pour la structure sociale. Celle-ci ne sera examinée que plus tard, en fait sous l'influence de Durkheim et de Weber[1].

Sutherland fait apparaître une autre raison de la négligence ou du déni à l'égard du crime organisé, qui est méthodologique autant que politique. Le fait de considérer les faits rapportés ou officiels néglige tout le reste du crime, celui qui est organisé justement. Ce sont les jeunes et les amateurs qui se font prendre. Ceux qui bénéficient d'appuis ou qui ont pignon sur rue comme les criminels en col-blanc trouvent le moyen d'échapper à la prison et à l'opprobre public. L'observation de la population des prisons ou de certains groupes de jeunes délinquants ne permet donc pas de rendre compte de l'organisation du crime. Elle tend aussi à enfermer la criminalité au sein des classes sociales défavorisées, ce qui ne peut que conforter le sentiment de supériorité des élites.

Bien que l'apport des criminologues de Chicago reste inestimable en termes de ville et de criminalité, les chercheurs rassemblés autour de Sutherland se refusent à associer quartier populaire d'immigration et désorganisation sociale menant à la délinquance, association qui, selon eux, cache des jugements de valeurs. Ils relèvent la conception normative de l'ordre social de protestants de classe moyenne venus de petites villes. Allant plus loin, Willliam Whyte dénonce une sorte d'ethnocentrisme de classe moyenne :

> Le sociologue qui écarte les rackets et les organisations politiques comme étant des déviations par rapport aux normes désirables néglige par là même certains des éléments essentiels de la vie dans les taudis [...]. Il ignore les fonctions que ces organisations remplissent pour les habitants [...]. La politique et le racket ont fourni un moyen important de mobilité sociale à des individus qui, à cause de leur origine ethnique et de leur appartenance aux classes populaires, voyaient leur avancement bloqué dans les carrières « respectables »[2].

Du fait d'un parti pris de *classless society*, par lequel quiconque n'appartient pas à la classe moyenne et à ses valeurs, est en état de déviance, les criminologues de l'École de Chicago ont négligé de voir que le crime organisé est une question de pouvoir, ou ils ont préféré ne pas regarder le crime organisé pour ne pas avoir à interroger l'origine de ce pouvoir. C'est le gros reproche que des chercheurs contemporains d'inspiration néo-marxiste font à cette école, qui semble avoir adopté la vision corporatiste de la société des années trente, sans en questionner les structures sociales, économiques et institutionnelles[3].

---

1 Weber, 1958.
2 Whyte, 1943, p. 38 cité par Chapoulie, 2001, p. 277. On trouve aussi cette citation dans Merton, 1965, p. 133.
3 Quinney, 1974.

Pour ce qui est des approches des années soixante, elles ont été critiquées, surtout celle de Cressey, pour leur parti pris sur la Mafia et son rôle conspirateur, d'autant que les idées de Smith et d'Albini ont longtemps été disqualifiées car elles ne cadraient pas avec la perspective criminologique de Cressey. La critique la plus forte vient sans doute du fait que la majorité des recherches officielles s'est concentrée sur l'activité criminelle (type de vol, etc.), donc sur une approche empirique, statistique et quantifiable, pour laquelle des politiques concrètes pouvaient être élaborées et des règlements appliqués. Les questions tendant à comprendre le fonctionnement lui-même de l'organisation et ses motivations, l'organisation du crime organisé en un mot, n'ont pas été posées. Sans réponses à ces questions, il devient difficile de comprendre comment il perdure. Les critiques faites à l'École de Chicago restent encore en grande partie valable. L'idée de « ethnic succession » perpétue aussi le modèle fonctionnaliste de l'offre et de la demande et de l'intégration (plus ou moins réussie) des immigrants dans la société américaine. Elle empêche, elle aussi, d'analyser les causes, d'observer de près les mécanismes et de porter un regard critique sur cette société. Le fonctionnalisme de l'offre et de la demande est très puissant aux États-Unis, pays du commerce et de l'échange : si le crime organisé est présenté rationnellement comme un « service » apporté à un public demandeur, il est difficile de s'en prendre à lui et d'y voir de la nocivité pour l'ordre social[1].

La critique contemporaine

C'est en fait la vague de chercheurs plus radicaux issus du mouvement des droits civiques qui va s'autoriser à observer le crime organisé et à présenter des points de vue divergents, moins positivistes, moins réformateurs et moraux, à partir des années quatre-vingts. Les uns vont oser poser la question de la liberté de choix des individus et leur motivation personnelle pour s'engager dans la voie du crime avec plus de rationalité que de déterminisme, les autres vont oser regarder les crimes des puissants. Émergent alors les ouvrages critiques comme ceux de Quinney, de Pearce[2], d'Alexander et de Caiden[3], et de Kelly, dans un contexte social américain propice, celui de la Nouvelle Gauche. Ce sont des chercheurs qui questionnent les relations de pouvoir et les structures raciales, politiques et économiques du pays, s'inspirant des travaux de

1 Lupsha, 1981, p. 3-24.
2 Pearce, 1976.
3 Alexander and Cain, 1985.

Foucault et de la « French Theory » en général, et ensuite des « cultural studies » anglo-américaines. Ces ouvrages ont abordé la question des Noirs et du crime organisé, des femmes dans la répression du crime organisé, etc. Ils politisent l'étude de la déviance et son instrumentalisation par les forces au pouvoir ; ils redéfinissent la notion de victime, proposent une critique du contrôle social par une élite ; ils insistent sur les inégalités structurelles au niveau macro du pays tout entier et non plus de la micro-analyse locale ; ils analysent les représentations médiatiques du crime organisé (films, bandes dessinées, etc.) pour montrer qu'elles tendent à envoyer un message consensuel et répressif sur le crime. Mais ce sont des recherches qui s'appliquent davantage au crime organisé de leur époque, avec peu de retours en arrière sur les années vingt-quarante et elles ne peuvent ne nous servir qu'indirectement, dans le pointage qu'elles font des relations entre gouvernement, grandes entreprises, monde du travail et crime organisé.

Les critiques plus récentes de la criminologie de l'époque, inspirées par la Nouvelle Gauche et par les penseurs des *cultural studies*, la présentent comme asservie au pouvoir en place. Son manque de questionnement du système légal américain, de la définition même du crime, son alignement sur le positivisme et le fonctionnalisme de la société américaine des années trente-quarante est dénoncé par des auteurs comme Reynolds, Quinney ou Greenberg[1]. S'y adjoint une critique du capitalisme et de ses effets anti-libéraux, même dans ses productions populaires, et un point de vue sur le traitement des criminels qui pose la question des droits de l'homme.

À la question initiale « la société américaine est-elle criminogène ? », on peut donc répondre que cette société a le crime qu'elle mérite. La criminalité aux États-Unis s'inscrit dans et non contre le système économique de laisser-faire, l'individualisme, la quête du bonheur par l'argent, la méfiance à l'égard du gouvernement centralisé… Le crime organisé s'insère dans une constellation de trois « *c* » décrits par les chercheurs comme Pearce ou Kelly, à savoir la *c*ollusion, la *c*orruption et une (coupable ou pas) *c*omplaisance confiante dans le système du marché américain et de ses mécanismes auto-régulateurs. Pour répondre à la demande de personnes respectables et de classes sociales favorisées, il offre des services illégitimes comme le jeu, la boisson, la prostitution, la drogue, etc. On pourrait y rajouter le « *c* » de *c*ooptation, car le crime ne se reproduit pas de façon biologique mais se perpétue par inclusion de nou-

1 Greenberg, 1981.

veaux membres et de nouveaux réseaux d'influence, un peu comme la société américaine se renouvelle par les vagues de l'immigration.

Ce que les sociologues américains des années trente-cinquante ont apporté dans leur vision singulière du crime organisé, c'est une immense réflexion, progressiste, sur la nature de la déviance dans la ville américaine et ils ont su proposer une alternative viable, sinon complète, au double déterminisme d'une liberté illimitée et d'une fatalité trop étroite. Grâce à eux, plusieurs récits sociologiques (avec des variantes) sont entrés en compétition. Celui de l'anomie est un récit liminal d'une Amérique qui cherche et teste les limites du faisable et de l'infaisable, du tolérable et de l'intolérable. Le récit du crime organisé raconte alors le test des limites et des seuils franchis ; il s'incarne dans l'idée des gangs, des groupes multi-ethniques en compétition pour les mêmes territoires urbains, pour les mêmes marchandises rares. Il s'oppose au récit des bandits isolés (voire en couple, tels Bonnie and Clyde), inscrit dans la mouvance individualiste, et montre les difficultés de l'assimilation aux nouvelles conditions et structures économiques. La réponse des gangsters est perçue comme non-américaine (*un-American*) car elle est « collective », « familiale », pas nécessairement violente, pas nécessairement confrontationnelle, plus mêlée de corruption et de compromission que de conflit ouvert. Le récit de la conspiration étrangère, qui assimile crime organisé et Mafia italienne, dévoile une volonté d'externaliser le crime, comme *un-American* une fois de plus, et de le rejeter sur un ennemi extérieur, tendance parallèle au traitement du communisme et de son *containment* en politique extérieure. D'une certaine manière ces deux récits, à des degrés divers, marquent le triomphe de l'angélisme américain et le rejet ou la réduction de la responsabilité des effets destructeurs du libéralisme. Ils préservent ainsi toutes ses chances à la liberté.

5
Villes et ethnicité

Contestée par la recherche et contestable, la dimension ethnique ne peut toutefois être éludée dans une étude portant sur le crime organisé dans la ville américaine entre les deux Guerres. Il importe en effet de montrer d'une part sa portée conflictuelle puisqu'elle correspond au « vécu » des individus et des groupes et d'exposer ensuite, avant peut-être de le déconstruire, ce que l'on appelle le phénomène de « succession ethnique ».

Toutes les Mafias recrutent sur une base ethnique à base familiale et clanique. Pour qui n'est pas Sicilien inutile de chercher à pénétrer dans la Cosa Nostra à New York ou à Chicago. Comment les mafiosi sont-ils arrivés aux États-Unis ? Peut-être pour certains, avec les deux millions cent mille Italiens pour la plupart issus du Mezzogiorno qui sont passés par les services d'immigration entre 1900 et 1910, mais plus sûrement à la fin des années vingt et au début des années trente, lorsque Mussolini et son préfet Cesare Mori décidèrent d'exécuter les présumés *mafiosi*. La Mafia n'a jamais émigré aux États-Unis en tant qu'organisation et dans un esprit de conquête. Pourquoi des hommes dotés de biens et de pouvoir auraient-ils décidé de quitter l'Europe du Sud ? Il a fallu des circonstances très particulières pour les pousser à l'exil.

Une fois arrivés, ils n'ont pas ressuscité de prime abord un pouvoir latent de commandement, car ils sont venus en Amérique à titre individuel. Mais ce qu'ils ont apporté avec eux, c'est, selon l'expression de Barzini, un « certain sens primitif de la Mafia ». Comme le rapporte le repenti Joseph Valachi devant la commission Kefauver, ils ont reconstitué un groupe, retrouvé des règles immémoriales pour se rendre invincibles face à des bandes rivales. Il explique que :

> dans les bas-fonds américains, un homme seul est un homme mort, qu'il lui faut donc appartenir à une famille, la sienne ou une qui l'accepte, que ces familles se réunissent en vastes groupes, les groupes en unions et les unions en une ample fédération appelée Cosa Nostra, gouvernée par un code non écrit[1].

1 Barzini, 1964, p. 273.

Dans les villes américaines, les Siciliens bannis de la terre d'origine ont été cooptés par des membres de leur famille ou par des proches qui les ont aidés à s'installer, les ont initiés et leur ont rendu des services à partir d'une solidarité ethnique à base territoriale[1]. Le Sicilien Vito Ferro, par exemple, membre de la Main Noire et recherché pour meurtre, après s'être enfui des États-Unis, y envoya ses hommes afin de tirer parti d'un marché noir lucratif.

On a quelques raisons de croire que certains *mafiosi* émigrés sont devenus par la suite des spécialistes de l'extorsion de fonds. Enrico Alfano fut l'un d'eux, avant d'être arrêté par le sergent Pétrosino, plus tard assassiné à Palerme lors d'une enquête sur la Main Noire. Mais en aucun cas ne peut-on souscrire à l'idée d'une simple reproduction de la Mafia sicilienne ou calabraise sur le sol américain. Comment aurait-on pu imaginer qu'en vingt ans se reproduise une culture pluri-séculaire ? L'interaction avec le Nouveau Monde pouvait-elle conduire des individus dépourvus des relations sociales et des normes d'autorité antérieures à retrouver un système à l'identique ? Si des formes de Mafia se sont constituées, il apparaît clairement qu'elles ont su tirer parti du contexte américain.

Les conditions du conflit ethnique

Compétition

Dans les villes américaines, formées par vagues successives d'immigrants, les critères de race et d'ethnicité, plutôt que ceux de classe, organisent en effet les principes d'altérité et de compétition entre les groupes. La confrontation autour de frontières qui marquent les territoires réels ou symboliques entre les groupes fait de l'ethnicité un processus dynamique et conjoncturel dans la ville américaine.

L'idéologie américaine diffusant l'idée d'un rêve américain accessible à tous, fondé sur un système de récompenses ouvert, a créé l'obligation de compétition. L'absence d'un État-providence à l'européenne ou de structures municipales efficaces qui auraient pu atténuer les chocs entre groupes anciens et nouveaux ou même encore d'une aristocratie légitimée par l'histoire, susceptible de jouer comme dans certains des pays d'origine un rôle régulateur, laisse la compétition réguler la vie sociale américaine. Des formes de darwinisme social prévalent et les

1 À titre d'exemple, Al Capone était le neveu de « Big Johnny » Torrio. Le « Don » est un patriarche qui veille, protège et punit ses « enfants ».

individus et les groupes dotés des meilleures ressources, contacts, réseaux, protections s'assurent une place enviable, rendant obligatoire pour leur survie, l'auto-organisation des autres groupes qui défieront les dominants le moment venu.

L'organisation de la ville en sous-quartiers refermés sur eux-mêmes a renforcé l'isolement des groupes d'immigrants. Ainsi, la première génération d'Italo-Siciliens vivait dans des rues calabraises ou siciliennes de bout en bout au sein d'aires marginalisées. Ils s'entassaient dans les mêmes immeubles comme à Palerme et reproduisaient les normes d'origine. Ils ne travaillaient pas à titre individuel mais comme partie d'un groupe avec d'autres *paesani*[1]. Le catalyseur de la dynamique ethnique déviante est venu des inégalités, de la pauvreté intolérable aux premiers temps de l'arrivée et des frustrations autant que des perceptions d'améliorations potentielles offertes par le contexte américain de libéralisme. La plupart des immigrants arrivés à la fin du XIXe et au début du XXe siècle d'Europe centrale et du Sud ne parlaient pas l'anglais, ils étaient pauvres et illettrés. Nombre d'entre eux étaient accoutumés à des systèmes quasi-féodaux d'autorité parcellaire. Aucune structure n'était prévue pour leur accueil ni pour leur survie minimale dans les métropoles américaines. Ils ne faisaient guère la différence entre bien public et bien privé. Mépris, xénophobie, eugénisme, mode de pensée racialisant renforçaient leur sentiment de rejet, leur misère, leur insécurité et la nécessité de resserrer leurs rangs et de chercher appui au sein de leur propre communauté.

Des données empiriques sur la situation des immigrants italiens à New York confirment cette perception. Selon un rapport de la commission d'immigration en 1903, moins de 0,2 % des immigrants italiens admis aux États-Unis avaient un travail qualifié en Italie et 65 % d'entre eux étaient occupés dans l'agriculture. Les autres étaient des ouvriers, des femmes ou des enfants[2]. Après leur arrivée, ils devenaient vendeurs ambulants, ouvriers du bâtiment, barbiers ou cordonniers. Un grand nombre d'entre eux, sans qualification, travaillait comme dockers sur le port ou encore tenait de petits commerces. Un historien comparant la mobilité des Juifs et des Italiens à New York entre 1880 et 1915 notait que les premiers occupaient rapidement des emplois de cols blancs, compte tenu de leur formation initiale[3].

Des chercheurs ont observé que la culture italo-sicilienne du début du XXe siècle n'était pas portée sur la scolarité. En contexte rural, les tâches physiques remplies par l'enfant étaient considérées comme indispensables. De plus, comme en France à cette époque, le travail intellectuel

1 Ianni, 1972, chapitre 3.
2 Covello, 1944, p. 437.
3 Kessner, 1975, p. 101, p. 103, p. 143-144.

était délégitimé dans les campagnes. Parvenus en Amérique, les immigrants d'Europe orientale et méditerranéenne n'ont pas modifié leurs attitudes : l'école empêchait les enfants de rapporter de l'argent, elle risquait de les éloigner de la famille, de les socialiser dans une autre culture (or, entre 1908 et 1916, plus d'un million d'immigrants italiens, soit 40 % de ceux arrivés entre 1900 et 1910 sont retournés en Italie[1]). L'absentéisme scolaire, comme l'ont relevé les sociologues de l'École de Chicago, était élevé parmi les enfants italiens. Une étude estimait en 1926 que seuls 11 % de ces enfants sortiraient de l'école avec un diplôme[2]. La situation ne devait évoluer que très lentement. En 1935, une enquête du bureau social menée sur un échantillon de 15-24 ans notait que « les enfants de parents italiens sont considérablement différents des jeunes nés de parents américains en ce qui concerne la durée de scolarité [...] Qu'il s'agisse des filles ou des garçons d'origine italienne, ils sont, parmi les Blancs, les moins présents à l'école » tandis qu'on ne relève aucune différence chez les Juifs, qu'ils soient ou non nés de parents étrangers[3].

Ce contexte compétitif devait avoir des conséquences aggravantes pendant la Dépression. Près de la moitié des pères nés italiens occupait en 1931 des emplois frappés de plein fouet par la récession, en particulier dans la construction, ce qui les plaçait en position défavorable par rapport à des groupes ethniques plus mobiles. Leurs enfants seraient particulièrement frappés par le chômage (21 % d'entre eux seraient secourus par l'aide publique en 1935, contre 12 % des Juifs et 15 % des autres jeunes de race blanche)[4].

Outre la dureté de l'existence pour les premiers immigrants, le climat d'anarchie qui régnait dans les quartiers n'était régulé par aucune institution. Les dossiers de journaux de n'importe quelle grande ville témoignent de la fréquence avec laquelle la violence faisait irruption entre gangs rivaux de Napolitains ou de Siciliens, causant parfois des morts, comme à La Nouvelle-Orléans en 1890. La police américaine restait généralement en dehors de ces bagarres, aussi les groupes en étaient-ils réduits à se faire justice eux-mêmes et à recourir à l'intimidation pour être respectés. Un homme qui commande le respect, généralement un *padrone*, redressait les torts et refroidissait les hostilités. Ce pouvoir interne de contrôle social autogéré se retrouve dans la plupart des ghettos où les habitants s'aventurent rarement en dehors de leur territoire. Il en

---

1 Dinnerstein, 1979, p. 130.
2 Covello, p. 450. Les mêmes observations s'appliquaient à la communauté juive mais à un moindre degré.
3 McGill and Matthews, 1940, p. 62.
4 McGill, 1937, p. 258.

va différemment pour leurs enfants, partiellement socialisés par la société américaine, plus individualistes et moins inféodés à la structure familiale.

Ethnocentrisme

L'ethnocentrisme a constitué l'une des ressources que les immigrants ont mobilisées pour s'assurer la cohésion de leurs membres et pour maintenir, fortifier ou améliorer leur position dans une société en flux. Ce sont les États-Unis qui ont donné aux Siciliens, aux Napolitains et aux autres groupes du sud de l'Italie la conscience d'être des Italiens[1]. L'ethnicité est en effet autant constituée de l'intérieur que du regard que les autres portent sur l'individu et sur son groupe d'appartenance. Les Siciliens tout comme les « Italiens », sont arrivés dans les villes américaines, après que les Irlandais eussent pris en main le contrôle des structures politiques locales et que, dans les années trente, une poignée d'entrepreneurs juifs se soit introduite dans ces mêmes structures, accumulant les signes et la matérialité de richesses tangibles. La capacité du système local à se laisser corrompre a suscité des vocations et un entreprenariat ethnique déviant s'est développé dans la plupart des colonies d'immigration. Le stéréotype selon lequel les Juifs étaient les entrepreneurs du vice et les Italiens les entrepreneurs de la violence n'a jamais été justifié. Dans quelle mesure y avait-il spécialisation ethnique du crime organisé ? Dans quelle mesure y avait-il compétition et coopération ethnique à l'intérieur et entre les syndicats du crime ? Y a-t-il eu à ce sujet une évolution, c'est-à-dire une succession ethnique, avec le passage du temps[2] ? Certains des cas examinés plus loin tenteront d'élucider ces questions.

Présence d'entrepreneurs ethniques

Dans chacun des groupes, la présence d'entrepreneurs, qu'il s'agisse de « bosses », de parrains ou autres *padrones*, a été utile pour susciter la mobilisation en clan, activer le réseau des alliances et maintenir les frontières[3]. Dans le quartier italien, le *padrone* était généralement un homme du village d'origine qui savait assez d'anglais pour que des employeurs achètent le travail des Italiens. Il négociait leurs salaires,

1 Lopeato, 1970, p. 171.
2 Block, 1980, p. 131.
3 Voir sur ce sujet Body-Gendrot, 1995.

extorquait un pourcentage de leurs maigres profits et en retour, leur offrait sa protection et leur servait d'intermédiaire. La Prohibition a offert à ce type d'entrepreneurs la première occasion de travailler *ensemble* pour conquérir pouvoir et profit[1]. Ils savaient produire leur vin, il ne leur fut pas difficile de passer avec le *bootlegging* à une échelle supérieure. Elle apporta non seulement une source de revenu, mais fournit une organisation à ces immigrants. Il leur répugnait de sortir de leurs quartiers : la seconde génération socialisée dans le monde non-italien des gangsters servit d'intermédiaire entre les immigrants et les distributeurs multi-ethniques.

Ce sont les enfants des immigrants, la seconde et la troisième générations américanisées, qui ont développé tout un arsenal de méthodes plus ou moins expéditives pour se hisser dans les années trente aux plus hauts rangs du pouvoir local. « Cette seconde génération, coupée du passé sans être vraiment adaptée à la culture présente, était en situation conflictuelle », rapporte Ianni.

> Comme les Irlandais et les Juifs avant eux, les jeunes Italiens formèrent des bandes de voyous des rues, tant pour échapper à leurs foyers surpeuplés que pour établir des règles de compatibilité au sein d'un groupe. L'une des fonctions importante de ces bandes était de protéger « leurs territoires » contre des bandes d'Irlandais et les jeunes Italiens entrèrent en conflit avec les uns et les autres… Ces liens noués pendant l'enfance persistèrent chez les adultes… et représentèrent un élément important dans le développement des syndicats criminels italo-américains[2].

Les voies illégales ont accéléré la mobilité d'une partie d'entre eux[3]. De nouveaux juges, avocats, procureurs, conseillers juridiques et même des policiers avaient été élevés dans les « Little Italy » en même temps que les nouveaux chefs du crime organisé. Alliances de pouvoir, amitiés et liens de parenté s'amalgamèrent. Chacun utilisait autant les voies officielles que les méthodes illégales pour s'assurer une place, obtenir des contrats lucratifs, des franchises et des patentes pour ses compatriotes, contrôler des secteurs d'activité économique, bénéficier de protections politiques, saisir les moyens les plus rapides d'acquérir ce que le Nouveau Monde avait de mieux à offrir. Certes, dans cette course effrénée, ils étaient stigmatisés par des stéréotypes visant à les disqualifier pour ces méthodes au sein de la bourgeoisie protestante dominante, l'enjeu caché étant celui du pouvoir au sein de la société urbaine, le pouvoir des anciens à protéger de l'intrusion des nouveaux venus.

1 Ianni, 1972, p. 86.
2 Ianni, 1972, p. 84.
3 Bell, 1962, p. 143.

En contexte de rivalité par rapport à des ressources raréfiées, les élites dans les colonies d'immigration ont activé des réseaux de loyauté et, dans la ville, les informations, circulant rapidement, ont offert des points de référence sur les modes d'opération informels et occultes à mettre en œuvre pour y accéder, eux et les leurs. Chaque groupe ethnique a aspiré à améliorer sa position, à maximiser ses actions et à en tirer des profits matériels ou symboliques, voire à provoquer une redistribution du jeu politique et économique en sa faveur. Le système politique et économique local de la première moitié du vingtième siècle, inefficace et corrompu, a favorisé un jeu de chaises musicales ouvert à la mobilité politico-économique.

Le phénomène de « succession ethnique » ?

Les représentations

Les représentations dominantes de l'époque tendaient à faire accroire que les immigrants avaient apporté avec eux la criminalité. Ainsi peut-on lire dans une historiographie de New York publiée en 1909 que dans le Lower East Side à New York, peuplé d'immigrants juifs, abondaient petits voleurs, prostituées et cambrioleurs. « Les instincts criminels que l'on trouve si naturellement chez les Juifs russes et polonais se révèlent ici de telle sorte que l'on ne peut douter que ces gens soient la pire composante de la vie new-yorkaise » relevait l'avocat F. Moss. « La moitié des criminels sont juifs. » Le journal *McClure's* publiait des articles sensationnels sur la traite des blanches (juives) et jouait sur les peurs diffuses en présentant les étrangers comme catégories à haut risque pour les villes d'immigration[1]. Pour autant, le débat relatif aux Juifs et au crime organisé s'estompera en partie grâce aux efforts des organisations juives dénonçant vigoureusement l'antisémitisme et il ne refera surface que lorsque des historiens et des sociologues contemporains redécouvriront le syndicat juif du crime organisé… Le travail de Mark Haller sur le jeu clandestin et le trafic illégal d'alcool publié en 1976 suggère à cet égard que ce dernier était principalement aux mains des entrepreneurs juifs, italiens et irlandais, jeunes et nouveaux venus dans le métier.

> Ceux qui, au milieu des années vingt, se sont imposés comme entrepreneurs de premier plan étaient généralement nés entre 1892 et 1900 et avaient donc entre 20 et 28 ans au début de la Prohibition. La Prohibition a débuté juste au moment où la première génération de jeunes Juifs d'Europe de l'Est et

1 Block, 1980, p. 23.

> d'Italiens élevés en Amérique arrivait à maturité. Les données sur ceux qui étaient à la tête des trafics d'alcool à la fin des années vingt indiquent qu'environ 50 % d'entre eux étaient juifs, 25 % d'origine italienne et le reste principalement d'origines irlandaise et polonaise [...] Nombre d'entre eux sont passés des gangs d'adolescents directement au *bootlegging*[1].

Un autre rapport retrouvé dans les papiers du maire O'Dwyer à New York sur les distilleries dirigées par le syndicat juif entre 1928 et 1933 indique, en revanche, qu'une partie des entrepreneurs était plus expérimentée que ne laisse entendre Haller.

L'apport de Daniel Bell

Un certain nombre de spécialistes des sciences sociales, Daniel Bell, par exemple, ont décrit le transfert entre une vague d'immigrants européens et une autre, d'une « étrange échelle de mobilité sociale » qui commence aux taudis et dont les premiers échelons se situent dans le monde du crime organisé. Seraient donc venus d'abord les Irlandais qui, une fois la main mise sur la richesse, le pouvoir et la respectabilité et les emplois dans les transports, les services, la construction et les ports auraient laissé la place aux Juifs. Certes, pendant dix ans, les noms d'Arnold Rothstein, de Lepke Buchalter et de Gurrah Shapiro ont défrayé la chronique criminelle[2]. Serait ensuite venu le tour des Italiens qui ont capté l'imagination populaire. Doit-on souscrire à cette saga ? Est-ce aussi simple ?

Comme le remarque l'historien Alan Block, les chercheurs mettront plusieurs décennies à « déconstruire » l'image du crime organisé comme exclusivement lié aux Italiens/Siciliens et à faire émerger les parties cachées de l'iceberg en étudiant les autres groupes qui avaient plus ou moins soutenu délibérément des activités criminelles, les protestants de race blanche inclus. La puissance de l'imaginaire lié à la Mafia se consolidera dans l'opinion sans que l'on y prête attention jusqu'à ce que ses turpitudes soient révélées au grand jour au début des années cinquante lors des débats télévisés de la commission Kefauver. Explorer les stéréotypes ethniques présente l'intérêt de dévoiler comment l'ignorance d'un type de stéréotype masque d'importants aspects de l'histoire sociale du crime organisé tandis que l'exaltation de l'autre — la Mafia — la déforme[3].

1 Block, 1980, p. 131-132.
2 Ianni, 1972, p. 77-78.
3 Block, *1980*, p. 26.

Pendant des décennies du milieu du XIXe siècle au milieu du XXe siècle, à des degrés divers selon les villes, les Irlandais ont été aux commandes de la politique locale, accumulant privilèges et richesses puis mandats officiels dans la ville. Jeux et prostitution leur offraient une base comfortable de revenus venus du crime organisé. Mais les gangsters irlandais ne bénéficiaient pas d'un statut reconnu au sein de la communauté d'émigration irlandaise et ils étaient souvent davantage des intermédiaires entre les hommes politiques et leurs clients que des notables dotés de pouvoir. L'histoire populaire se souvient de « Lucky » Luciano, de Frank Costello et d'Al Capone mais leurs équivalents irlandais sont inconnus, qu'il s'agisse d'hommes puissants à l'image de Dan O'Banion du gang de George « Bugs » Moran, tué lors du Massacre de la Saint-Valentin, le 14 février 1929 à Chicago ou de T. V. O'Connor et de Joseph Patrick Ryan, à la tête du syndicat des dockers (International Longshore Association).

L'idée de « succession ethnique » se justifie en ce que, au tournant du siècle, des gangsters juifs et italiens sont apparus qui, dans un premier temps, ne tentèrent pas de modifier le cours des choses mais s'adaptèrent au contexte. Ainsi à New York, le gang Five Points de Paul Kelly comprenait les futurs caïds, Al Capone, Lucky Luciano, Frankie Yale et Johnny Torrio. Un gang rival, les Eastmans, était sous la coupe du gangster juif Monk Eastman. Rackets ou meurtres de joueurs malchanceux ne défrayaient pas la chronique au-delà des quartiers d'immigration. Un double concours de circonstances allait permettre aux gangsters italiens de s'affirmer dans la sphère du pouvoir : d'une part la Prohibition, déjà évoquée et d'autre part, les changements politiques à l'échelon d'une ville, d'un comté, d'un État ou même du gouvernement fédéral. En quelque sorte, corruption et prébendes auraient eu un rôle fonctionnel d'intégration pour les gangsters italiens, à une époque où le monde des affaires, opérant désormais à l'échelon national, ne nourrissait plus les campagnes politiques ni le fonctionnement de la vie municipale.

Un concept contesté

Le conditionnel est ici nécessaire car il est toujours plus facile de proposer a posteriori un récit linéaire d'une histoire marquée par les ruptures et les turbulences. Ce que masque le terme de « succession ethnique », c'est la capacité pour la seconde génération de gangsters, Lucky Luciano, Al Capone et bien d'autres, de travailler avec des équipes multi-ethniques. Contrairement aux Pete Mustaches — Guiseppe « Joe the Boss » Masseria et Salvatore Manzano — qui ne recrutaient que parmi les Siciliens et Italiens du Sud, la seconde génération socialisée avec des non-Italiens dans les bas quartiers s'est montrée infiniment moins ethnocentrique. De plus, ce qu'occulte ce concept, c'est la dynamique du brouillage. Les gangsters ne se sont pas cantonnés uniquement dans des affaires criminelles, ils ont progressivement acquis des affaires légitimes et se sont acheté une « respectabilité » de ce fait. Ceci explique en partie pourquoi il était parfois difficile de les inculper. Comme c'est le cas de nos jours, nombre de sociétés-écran légitimes masquaient des activités plus frauduleuses.

Le succès du concept de « succession ethnique » vulgarisé par le sociologue Daniel Bell[1] tient à ce qu'il colle étroitement au mythe du rêve américain. À l'idée que, à la manière des histoires d'Horatio Alger, des garçons pauvres peuvent réussir en utilisant les occasions qui se présentent à eux et en révélant leur courage (typiquement, le héros sauve de la noyade la fille d'un riche industriel et reçoit un emploi en récompense de son acte de bravoure), Bell substitue celle des immigrants désireux de s'insérer à tout prix et le plus rapidement possible dans la société américaine. Il suggère que si les voies légitimes de succès sont bloquées, d'autres voies moins officielles sont susceptibles d'être empruntées pour parvenir au pouvoir économique et politique. Dans tous les cas, chacun est responsable de son destin et ne doit compter que sur lui-même pour réussir. Une vague d'immigrants chasse l'autre et promeut la précédente selon les mêmes voies. Or cette mythologie de la chance et du succès est problématique et ne résiste pas à l'examen des faits. Pour quelques personnages couverts de paillettes, défiant l'ordre établi, combien ont été pris dans de doubles contraintes (*double bind*), ont sombré devant les obstacles et ont été engloutis dans l'abîme de la D/dépression ?

1 Bell, 1962, chapitre 7.

6

Criminalité organisée et politique locale

Notre propos est à présent de savoir si la criminalité organisée a joué un rôle fonctionnel dans les villes américaines au cours des années trente et quarante et si, loin d'être « un complot monolithique venu de l'étranger » ou encore une monstrueuse excroissance que la bonne santé américaine éradiquerait, elle fait intégralement partie du mode de fonctionnement des institutions locales américaines, de l'économie urbaine, des mœurs et de la culture locales[1]. Selon l'approche fonctionnaliste (cf. chapitre 4), le crime organisé serait inhérent à un système caractérisé par la corruption, c'est-à-dire par des services mutuels échangés entre une classe politique, des gangsters et des clients. La période considérée est intéressante à plus d'un titre, car elle constitue une époque charnière entre la fin d'un système particulièrement florissant pour les Mafias dans les années vingt et l'amorce de réformes locales destinées à le combattre, au cours du New Deal et de la décennie suivante.

Machines politiques et corruption dans les villes américaines

Afin de conduire à bien cette démonstration, arrêtons-nous un instant sur cette institution si caractéristique de la politique urbaine américaine, celle des machines politiques sans lesquelles le crime organisé et les groupes qui y participent n'auraient pu rencontrer un tel succès.

Nous aborderons les machines politiques sous leur angle clientéliste dans une perspective à la fois historique et sociologique[2]. De nombreuses

1 Telle est la thèse de Merton, 1965, p. 126-138.
2 Voir à ce sujet Seurin, 1953 ; Weber, 1963.

métropoles (Philadelphie, Boston, La Nouvelle-Orléans, San Francisco, Cincinnati, Pittsburgh, Minneapolis, etc.) ont été régies par des machines, en particulier les villes industrielles à forte densité immigrante dont New York et Chicago sont les exemples les plus significatifs.

Rappelons la définition de la machine : une organisation informelle, urbaine, émanant du parti démocrate ou du parti républicain, disciplinée et hiérarchisée à l'image d'une pyramide dont le premier objectif est le pouvoir politique. Grâce aux élections nombreuses à différentes positions administratives de brève durée, à la dispersion des pouvoirs, au système des dépouilles et au clientélisme, le réseau occulte et corrompu de la machine permet au parti gagnant d'octroyer des faveurs, en particulier des emplois municipaux — dont ceux de juges et de policiers — à ceux qui lui sont loyaux et qui travaillent pour le parti. La machine donne de la cohérence et de l'efficacité à des rouages municipaux inadaptés à leur époque, elle comble les lacunes, elle apporte de la souplesse dans les transactions. Les votes des immigrants autorisent la machine à se maintenir au pouvoir ; ils en reçoivent en retour des faveurs. Pour les mêmes raisons, l'intérêt des hommes d'affaires est de soutenir la machine.

La machine est organisée selon trois pôles : des élus, des immigrants et des hommes d'affaires. Selon Simon, deux types de systèmes politiques différents sont alors imbriqués : l'un, officiel et dysfonctionnel, incapable de répondre aux besoins tant des milliers d'immigrants que de l'économie urbaine en pleine mutation, l'autre, occulte et clientéliste, brouillant la frontière entre public et privé et comblant les lacunes du premier[1]. Pour Merton, « les déficiences fonctionnelles de la structure officielle engendrent une structure de remplacement (non officielle) pour satisfaire plus efficacement les besoins existants »[2].

La période où le crime organisé explose dans les villes américaines correspond à celle où l'imposition d'une oligarchie économique et de trusts sur les municipalités et les assemblées des États fausse le processus démocratique. La ploutocratie et la corruption qui lui est corrélée sont au fondement du système occulte et parallèle constitué par la machine.

À la tête de la machine politique, le « boss » exerce une fonction de courtier politique et de relais entre des immigrants complètement dépaysés par la vie urbaine américaine et le système de pouvoir en place dont ils ne saisissent guère les règles. Son influence repose d'une part sur les liens d'allégeance que les immigrants lui témoignent en contrepartie de biens et de services — une dinde à Noël, un sac de charbon en hiver, selon l'imagerie populaire. Lui-même ou ses adjoints vivent dans les mêmes quartiers que les immigrants et cette présence-relais est

1 Simon, 1962 ; Body-Gendrot, 1984, ch. 2.
2 Merton, 1965, p. 127-128.

fondamentale pour familiariser les nouveaux arrivés avec le fonctionnement de la ville américaine. D'autre part, l'extrême décentralisation du système municipal organisé en *wards*, en *precincts*, en clubs politiques, en assemblées de district et encadré à chaque échelon d'autorité par des cadres intermédiaires rapportant au *boss* favorise le clientélisme ethnique.

> La fonction clé du *boss* consiste à organiser, centraliser et maintenir en condition de marche « les parcelles de pouvoir disséminées » présentement dans toute notre organisation politique. Avec cette centralisation du pouvoir politique, le *boss* et son appareil peuvent satisfaire les besoins de divers sous-groupes de la communauté que satisfont mal les structures sociales conformes à la loi et à la morale[1].

Le *boss* est lui-même fréquemment un fils d'immigrant, ayant placé aux positions clés menant au pouvoir local (*precinct*, *county*, postes administratifs électifs) d'autres fils d'immigrants et comme le montre une étude menée sur une vingtaine de *bosses*, en osmose avec la capacité de son groupe à chercher à devenir majoritaire dans la ville[2].

Le *boss* est également l'interlocuteur du monde des affaires, des employeurs comme des syndicats. Le système est tellement lourd, rigide et dysfonctionnel en raison de l'éparpillement et du chevauchement des pouvoirs que seule, la corruption permet d'accélérer la marche des événements, d'obtenir des protections, de contourner les règlements en mettant dans la balance le crédit, l'honneur, la réputation du *boss* mais également les dettes contractées à son égard et les loyautés qui lui reviennent après service.

Dans un article intitulé « Une apologie du pot-de-vin », le journaliste Steffens explique que la corruption fait partie du système. Il vient de se livrer à une grande enquête dans six villes et publiera en 1904 *The Shame of the Cities* qui recueillera un immense succès. On lui doit le départ du mouvement de réformes municipales. Steffens s'interroge sur les mécanismes de la corruption de la démocratie. Les compromissions des élus constituent des trahisons majeures. Elles contribuent à détériorer l'esprit public et à privatiser les démarches, à mercantiliser la vie municipale. Dans une conférence à Los Angeles, il ajoute :

> Vous ne pouvez ni fonder, ni faire marcher une ligne de chemin de fer ou une compagnie de distribution d'eau, de gaz ou d'électricité, ni ouvrir ou exploiter une mine, ni abattre des forêts, bref diriger n'importe quelle affaire privilégiée sans corrompre le gouvernement ou participer à sa corruption… Notre société est organisée de telle sorte que, *pour une raison ou pour une autre*, elle dresse obligatoirement contre elle, contre ses lois et son fonctionnement harmonieux, vous et vos semblables, les dirigeants les plus capables, les plus imaginatifs, les plus entreprenants, les plus débrouillards[3].

---

1 Merton, p. 126.
2 Zink, 1930, 2e ed. 1968.
3 Cité par Merton, p. 131.

Machines politiques et crime organisé

L'explication du contexte local régi par la machine est nécessaire pour comprendre à présent les liens étroits qui se sont soudés entre les organisations partisanes locales et le crime organisé au cours des années trente. La machine constituait un mécanisme d'intégration et de mobilité sociale, elle offrait des possibilités de carrière aux immigrants et à leurs enfants, des places en vue et, grâce à la corruption, l'accès aux richesses. La réussite d'un *boss* ou d'un cadre intermédiaire profitait à tout son groupe. C'est ainsi qu'en 1933, le journal *Sons of Italy* écrivait à propos de la candidature de La Guardia à la municipalité de New York : « En aidant l'un de notre race à s'élever à un poste public important, il faut se souvenir que nous nous aidons nous-mêmes ainsi que nos aspirations individuelles à réussir notre avenir[1]. »

Les Italiens/Siciliens arrivés tardivement sur le sol américain ont su s'adapter au système local urbain en reconstituant progressivement les ressources clientélistes qui leur étaient familières et en les utilisant ensuite avec profit.

Il est possible que dans certaines villes, New York, Chicago, La Nouvelle-Orléans, une osmose se soit réalisée entre la machine, les *bosses* et la Mafia. « Dans la mesure où la Mafia a toujours eu besoin de complicités politiques pour exister, la complicité d'une machine urbaine est tout à fait pensable », suggère Simon. « La confusion fréquente entre ces deux organisations occultes est renforcée par le terme *boss* appliqué aussi bien à un chef de la Mafia qu'à celui d'une machine politique[2]. » Elle remarque que la Sicile, longtemps occupée par des pouvoirs étrangers, n'avait pas de tradition de participation au pouvoir central, lequel était méprisé par le peuple tout comme le concept de bien public. La Mafia s'y est développée dans des conditions qui rappellent à bien des égards, celles des villes américaines : anarchie économique, antagonismes sociaux violents, discrédit du pouvoir politique laissant une large place à des organisations non officielles, corruption de la police, de la justice et de l'administration locales, défaillances des services sociaux et de l'État-Providence. À ces facteurs de comparaison il faut ajouter la légitimité de la violence et de la loi du plus fort et la capacité du suffrage électoral à offrir à la Mafia tout comme aux machines politiques une force d'intimidation et de négociation.

Comme la machine politique, les Mafias et leurs parrains ont joué un rôle de tampon entre les immigrants siciliens et italiens, les autres groupes et la société protestante dominante. « Aux yeux de la masse

1 Cité par Mann, 1965, p. 136.
2 Simon, 1962, p. 31-32.

apeurée et sans défense des immigrants, l'embryon de la Mafia reconstituée devient d'abord, comme au village sicilien, une sorte de société de secours mutuel qui octroie protection, assistance et emploi et qui permet au flot de nouveaux venus de s'insérer dans la société américaine. Contre écot, redevance que chacun doit payer[1]. » La fonction sociale de la Mafia est de personnaliser les échanges, non pas seulement de rendre des services mais de savoir comment les rendre. Alors qu'il y a un abîme entre l'assistance sociale dont la classe sociale, l'instruction et l'origine ethnique est différente de celle de l'immigrant, les agents du parrain sont « des types comme nous », qui comprennent de quoi il retourne.

Par ailleurs, Merton note :

> le sous-groupe des criminels, des joueurs, des racketeers professionnels a dans son organisation, son fonctionnement et ses besoins, des analogies de base avec le groupe des industriels, des hommes d'affaires et des spéculateurs… La fonction particulière de la machine politique pour sa clientèle du crime, du vice et du racket, c'est de lui permettre de satisfaire les demandes d'un vaste marché sans intervention du gouvernement. Les grosses affaires fournissent des fonds au trésor de guerre du parti politique en vue de réduire au minimum l'intervention du gouvernement et le gros crime et le gros racket en font autant[2].

Les limites de la comparaison

S'il est tentant à certaines périodes et dans certaines villes de dresser un parallèle entre le mode de fonctionnement de la machine politique et celui du crime organisé, et plus précisément de la Mafia, on ne saurait perdre de vue les limites de la comparaison. Tout d'abord, les machines politiques existaient bien avant que la Mafia ne se développe sur le sol américain, soit, pour certains chercheurs, à la fin de la guerre de Sécession à La Nouvelle-Orléans. L'époque des Barons voleurs évoque davantage la mainmise de l'immigration irlandaise sur les institutions locales américaines que celle de la Sicile. Mais même en dépassant le cadre de la Mafia italo-sicilienne fonctionnant selon des liens claniques pour traiter celui, pluriethnique du crime organisé, la différence la plus visible tient à ce que le crime organisé n'est pas subversif de nature, il ne veut pas le pouvoir politique en soi, il est opportuniste : que ce soient les Républicains ou les Démocrates au pouvoir, peu importe, il souhaite les contrôler à distance par le truchement de nominations de personnes qui lui sont dévouées et qui se trouvent à des postes clés. Il n'hésite pas à

1 Oms, 1972, p. 66.
2 Merton, 1965, p. 134 et 136.

recourir à des méthodes de violence et de terreur pour parvenir à tout prix à ses fins. Tout manquement à la discipline des gangsters, à l'omerta et à la loyauté soudant les membres du clan mafieux est susceptible d'entraîner la mort dans les conditions les plus cruelles. Par comparaison, « le terrorisme et la coercition ne constituent en aucun cas le fondement du système de la machine politique », du moins dans son fonctionnement politique, rappelle Simon[1]. Enfin, le système de corruption, d'extorsion et de *racket* est infiniment plus étendu dans le cas du crime organisé, mais la confusion entre les deux systèmes a été fréquente, en particulier dans le domaine économique[2]. Il est évident que l'on manque de recherches sur ce sujet. Comme le remarquaient en 1978 J. G. Peters et S. Welch, « If political corruption is the mainstream of American politics, why is it not in the mainstream of American political research[3] ? ».

Crime organisé et rackets

Comment les valeurs américaines puritaines se sont-elles accommodées des pratiques de corruption permettant tant aux machines qu'au crime organisé de prospérer dans le secteur économique ? Évoquer le dilemme américain, c'est aborder les contradictions entre idéaux et pratiques.

La période marquée par le capitalisme sauvage et par ses excès a imposé sans retenue des valeurs de réussite qui sont au cœur du Rêve américain. À l'origine, le *boss* est un entrepreneur capitaliste. Qu'est-ce qu'un *boss* ? Selon Max Weber :

> [...] à l'origine, il est avocat, tenancier de bar ou propriétaire d'établissements de ce genre ou encore créancier, c'est-à-dire qu'il fait un métier qui lui donne des possibilités de poser les premiers jalons et qui lui permet d'étendre ses filets jusqu'à contrôler un certain nombre de voix [...] C'est lui qui procure en très grande partie les moyens financiers [...] partiellement par les cotisations des membres mais avant tout par une taxe dont il frappe les traitements des fonctionnaires qui, grâce à lui et à son parti, ont trouvé une situation. De plus, il y a également les pots-de-vin et les pourboires [...] (Il) est l'homme indispensable pour recueillir directement les fonds que les grands magnats de la finance versent à son organisation [...] à cause de sa prudence et de sa discrétion en matière d'argent, (il) est évidemment l'homme des milieux capitalistes qui financent les élections [...] Il ne diffère guère d'un très grand nombre de nos capitalistes qui, en cette

1 Simon, 1962, p. 34.
2 Il n'est pas fortuit que dans les villes industrielles en mutation, l'organisation dirigée par un boss, qu'elle soit mafieuse ou simplement occulte, ait recours à une terminologie industrielle Voir à ce sujet, Jackson et Schultz, 1972.
3 Cité par Lascoumes, 1999, p. 112.

époque d'accapareurs, n'agissent pas autrement dans le domaine de la morale économique[1].

Les grosses sociétés, entre autres les services publics (chemins de fer, compagnies locales de transport, communications, électricité) sont les premières à rechercher des faveurs politiques spéciales qui leur permettront d'asseoir leur situation et de réaliser le maximum de profit. Elles cherchent en général à échapper à la libre concurrence et à sécuriser leur environnement économique.

De ce point de vue, la corruption qui régnait dans les mœurs économiques de cette époque, et qui était tolérée, a favorisé le syncrétisme entre des entrepreneurs avides de s'enrichir et le crime organisé. L'opinion n'était pas portée à examiner d'un œil critique les moyens par lesquels certains réussissaient dans la société américaine. Le pillage des biens publics, la fraude, le détournement de la loi semblaient moins répréhensibles que l'ingérence du gouvernement dans les affaires des entreprises[2]. On a souvent noté ce paradoxe selon lequel la machine politique était soutenue à la fois par des gens respectables et par les membres de la pègre. Il arrivait en effet qu'

> un juge ait à juger le *racketeer* à côté duquel il était assis la nuit précédente à un dîner de gros bonnets politiques. Le procureur de district se heurte à l'accusé qu'il vient d'acquitter, en allant dans l'arrière-salle à une réunion du *boss*. Le grand homme d'affaires se plaint aussi amèrement que le grand *racketeer* des conditions exorbitantes demandées par le *boss* pour la caisse du parti. Mais en termes fonctionnels, tout cela perd son apparence paradoxale. Des services sont rendus avec efficacité aux uns et aux autres. La structure affecte la fonction et réciproquement[3].

De plus, les inégalités ont pu apparaître tolérables aux démunis dans la mesure où les plus riches, les *bosses* comme les parrains se livraient à une redistribution, voire à une philantropie sélectives. Enfin, l'inorganisation sociale des plus pauvres et donc la dépendance qui les liait au système clientéliste permettaient les abus les plus éhontés, comme le montre l'exemple très éclairant du racket lié au port de New York impliquant machine et Mafia, étudié en détail par Bell et Block.

L'exemple du port de New York

Dans son essai sur l'extorsion des dockers du port de New York, le sociologue Daniel Bell situe le cœur de l'activité portuaire le long des six kilomètres de quais à l'ouest de Manhattan[4]. La congestion des rues avoisinant les

---

1 Weber, 1963, p. 152-154.
2 Commager, 1965, p. 15.
3 Merton, 1965, p. 138.
4 Bell, 1962, ch. 9, p. 178.

quais est telle et le temps d'attente si long pour les transporteurs, observe-t-il, que les coûts de chargement et de déchargement représentent 50 % des dépenses totales de frêt. Pour réduire les dépenses, il faut donc une extrême mobilité que fournit une main-d'œuvre docile prête à charger et à décharger en un temps record. Aussi les grandes compagnies de transport maritime confient-elles à une soixantaine d'entreprises de sous-traitance (*stevedoring*) leurs chargements et déchargements. La New York Shipping Association est constituée des compagnies de transport et des sous-traitants et elle négocie avec le syndicat des dockers les salaires et les conditions de travail.

Historiquement et jusqu'à la Seconde Guerre mondiale, sans règlements préétablis (*open shape*) de conditions de travail, les journaliers avaient l'habitude de se presser sur les docks dans l'espoir d'être engagés ponctuellement. Des détenteurs d'emplois réguliers trouvaient de cette manière un moyen d'arrondir leurs fins de mois. L'information passait de bouche à oreille, elle était parfois affichée ou annoncée dans les journaux. Chaque dock toutefois tendait à utiliser les mêmes dockers et les mêmes camionneurs, ce qui faussait les règles du libre accès au marché du travail. En 1942, le gouvernement fédéral tenta de réformer ces pratiques « sauvages » et de réguler la main-d'œuvre sur les docks situés le long de l'Hudson River. Mais les dirigeants syndicaux de l'East River et du port de Brooklyn se refusèrent à introduire ces changements. Il va de soi que les compagnies de transport maritime avaient tout intérêt à conserver une main-d'œuvre « flottante ». En 1946, elles utilisaient 60 000 dockers, nombre retombé à 40 000 en 1950, tandis qu'un noyau dur, permanent, oscillait autour de 20 000 [1].

Pour réduire les incertitudes créées par le système de *l'open shape*, tout un système mafieux s'était mis en place et corrompait la plupart des pratiques. « Corruption involves spoliation of union funds, payoffs, bribes, shakedowns, etc. It is a form of abuse of office or extortion from others for the personal gain of the malefactor » [2]. Nombre de dockers possédaient deux cartes de sécurité sociale de manière à toucher les indemnités de chômage avec l'une et à se faire engager avec l'autre. Des cartes de travail fictives circulaient et l'argent payé pour des travaux non effectués était ensuite réparti entre mafieux.

> Control of « loading » and its lucrative revenues was the major prize over which the bloody pier wars was fought on the New York docks for thirty years. The loading racket was the key to criminal infiltration and baronial domination of sections of the ILA, and its intricate political and economic accommodations among the power elements in New York waterfront history reveals all the facets[3].

1 Bell, 1962, p. 180.
2 Bell, 1962, p. 176.
3 Bell, 1962, p. 183.

Les hommes clés sur les docks étaient les *bosses* recruteurs. Tous faisaient partie du syndicat ILA (*International Longshoremen's Association*) et ils avaient été recrutés par la branche locale en raison de leur pouvoir d'intimidation : « If I have a choice of hiring a tough ex-convict or a man without a criminal record, I am more inclined to take the ex-convict. Know why ? Because if he is in a boss job, he'll keep the men in line and get the maximum work out of them. They would be afraid of him[1]. »

Le port de Brooklyn était connu pour de telles pratiques. Par ses docks transitait plus de la moitié des activités maritimes de New York, puisqu'ils traitaient également celles de la côte métropolitaine du New Jersey. On estime à un million six cent soixante mille dollars le volume annuel des transactions au cours de la seconde moitié des années quarante[2]. Or, les *racketeers* avaient acquis une totale maîtrise sur les dockers légitimes et sur tous ceux dont la survie économique dépendait des docks. Selon le Grand Jury chargé de l'enquête sur la corruption du port, la situation sociale sur les quais rappelait une forme de « hopeless peonage ». Étaient en cause l'extrême incompétence de l'ILA à protéger la main-d'œuvre du racket et la « soumission abjecte » des armateurs et des entreprises sous-traitantes aux *racketeers,* soumission qui était, en réalité, une manière efficace de faire gérer les docks par des gangsters. Les compagnies avaient toujours décliné la proposition de traiter directement avec les transporteurs et leur accord avec les branches syndicales reposait sur un intérêt bien compris. Quant à celles-ci, «… they have gone out of their way to diffuse the collective strength of honest union labor in such a way as to make it easier for the criminals and gangsters to take control. This has been done so systematically and so expertly as to leave no doubt of the planned premeditated strategy behind it ». Est mise en cause par le Grand Jury la désorganisation syndicale amenant trente et un responsables à se conduire comme des seigneurs de guerre de la Chine impériale, chacun gérant son turf, c'est-à-dire son dock avec une petite clique de loyalistes destinés à recevoir les emplois réguliers, les élections n'étant jamais faites à bulletin secret (hormis dans sept sections). Aussi les accords syndicaux ont-ils été violés en toute impunité et des voleurs aux casiers judiciaires chargés ont-ils pu occuper des postes de responsabilité.

Dans son Quatrième rapport, la commission de l'État de New York chargée d'enquêter sur la criminalité du port relève qu'il existait une collusion entre les compagnies maritimes et les entreprises de transport d'une part et les syndicalistes d'autre part ; qu'il n'était pas inhabituel

1 Cité par Bell, 1962, p. 181.
2 Block, 1980, p. 184.

pour les entreprises sous-traitantes d'offrir des pots-de-vin aux compagnies maritimes pour obtenir des contrats et que tous les tarifs étaient truqués. Un exemple manifeste est offert par la compagnie Jarka. Son entreprise de transport était dirigée par le frère du gangster Albert Anastasia. Le président de l'ILA avait manœuvré pour lui obtenir cet emploi. Cette même année, la compagnie Jarka avait réalisé un chiffre d'affaires de 25 millions de dollars. Or cette compagnie était liée au crime organisé depuis les années vingt, comme l'avait montré l'enquête du magistrat Seabury. Au sein du réseau de *racketeers*, elle avait joué un rôle central avec ses alliés politiques en exerçant des pressions sur la North German Lloyd afin que celle-ci paie 50 000 dollars au président du National Democratic Club afin de s'assurer une place sur le dock que Brooklyn devait acquérir[1].

Les docks bordant le quartier italien Red Hook à Brooklyn étaient renommés pour leur corruption généralisée. Ils employaient environ quatre mille dockers sous la férule de six délégués syndicaux « extraordinairement corrompus », selon le rapport de la Commission déjà cité. Ils formaient un maillage serré grâce à leurs liens familiaux, à leur insertion politique dans le club démocrate local et à leurs entrées à l'ILA. Pendant les années trente, ils se rencontraient régulièrement dans le même local. Emil Camarda était le personnage le plus influent le plus visible, vice-président de l'ILA et syndicaliste de Brooklyn, mais il était probablement aux ordres de John Guistra qui fut assassiné en 1931 (Camarda fut lui-même tué en 1941). Le groupe comptait également Albert Anastasia. Camarda était entouré de ses quatre frères et d'autres membres de sa famille dans les sections syndicales concernées.

Le club démocrate fondé en 1929 dans ce quartier était le quartier général du syndicat. L'un comme l'autre ne comptait que des Italiens aux postes influents, la plupart avec un casier judiciaire. Au début des années trente, une mobilisation de la base d'environ mille deux cents dockers chercha à casser la domination des *racketeers*-gangsters. Peter Panto se trouvait à la tête de cet exceptionnel mouvement social. Il devait cruellement disparaître en 1939, sans doute assassiné par G. Parisi et son corps ne fut retrouvé que deux ans plus tard dans une carrière du New Jersey. L'enquête révéla qu'Albert Anastasia, l'un des dirigeants de *Murder Inc.*, n'était pas étranger à ce meurtre. Amen le procureur spécial de Brooklyn saisit alors des documents dans les locaux syndicaux et les six dirigeants furent assignés en justice. Ils tentèrent en vain de se défendre sur les conseils de Paul O'Dwyer, frère du District Attorney et

1 Ce dock d'une valeur de plus de 600 000 dollars avait été proposé à la ville par le cabinet d'avocats de George Olavany, dirigeant de Tammany Hall pour la somme de 3 millions de dollars.

allaient être condamnés quand, selon la commission Kefauver, grâce à une surprenante manœuvre, le District Attorney O'Dwyer, futur maire, fut à même d'étouffer l'enquête et de lever les inculpations des *racketeers* après s'être concerté avec J. Ryan (de l'ILA) et E. Camarda. « And so it went. Panto was long dead ; insurgency had failed miserably, betrayed not only by the ILA but more importantly the Brooklyn political and criminal justice systems which, it appears, had crawled into bed with the waterfront racketeers and had the covers tucked by the O'Dwyer brothers », conclut sobrement Block[1]. Il distingue quatre caractéristiques dans ce développement : la corruption sans limite de l'ILA dans la mesure où elle n'était pas connue du public et restait cantonnée dans le port ; la privatisation de l'espace que représentaient les quais dans la ville ; l'extrême pouvoir d'influence du club politique démocrate italo-américain, principalement dans le 3e et le 8e district qui couvraient Red Hook (pendant vingt ans, il gagna toutes les élections). La territorialisation du crime organisé et sa mainmise sur le pouvoir politique local sont essentielles pour saisir sa puissance. « What the waterfront racketeers had accomplished to a much greater degree than Buchalter, Shapiro and most of the others, was to ground their influence in a fixed geographical area and then to create themselves a political unit of importance[2]. » Il fut à même de subvertir l'enquête du procureur spécial sur le port qui aurait pu introduire les innovations que Dewey fut capable de mettre en place à Manhattan. Le dernier facteur tient à l'attitude des armateurs, conscients des dérives mafieuses mais poursuivant leur logique propre : « terror and squalor experienced by thousands of waterfront families were simply not part of the calculus of business »[3].

En conclusion, la connivence entre le système politique local et le crime organisé montre que celui-ci à un moment donné a fait intégralement partie du mode de fonctionnement de l'économie, des mœurs et de la culture locale. Chacun à sa façon — classe politique, police, système judiciaire, milieux d'affaires, syndicats, clients — s'en est accommodé car il était de son intérêt d'ignorer les déviances. Les réformes n'ont eu un impact que lorsqu'elles ont été portées par une vaste dynamique, comme a su en jouer avec habileté Dewey à Manhattan. Elles ont poussé alors le crime organisé à agir autrement. Ailleurs, la balkanisation du système urbain a favorisé des entrepreneurs criminels agissant de manière localement centralisée.

1 Block, 1980, p. 189-191.
2 Block, 1980, p. 194.
3 Block, 1980, p. 195.

7

Les mutations du crime et de l'économie

Ce qui frappe l'opinion publique et les chercheurs dans la période qui nous concerne, ce sont les changements structurels de la déviance et du crime. Ces changements exigent non seulement une explication sociale de la nature du crime (*anomie*, *ethnic succession*, *conspiracy*, etc.) mais aussi une explication structurelle, sous-tendue par la question « le crime organisé du milieu de la pègre est-il organisé comme les corporations du milieu des affaires ? ».

De l'artisanat à l'industrialisation

Ce qui est indéniable, c'est que depuis le XIXe siècle, de grands changements sont à l'œuvre dans l'organisation du crime, qui voient le passage d'un artisanat du crime à son industrialisation. Ce qui est moins clair, c'est le type d'organisation que prend le crime dans ce nouveau contexte industriel, et le rôle des facteurs internes et externes dans cette mutation. Au XIXe siècle, les crimes de type artisanal comme le vol à la tire (*pickpocketing*), le cambriolage (*burglary*), la contrefaçon de faux billets (*counterfeiting money*), se conformaient à une routine bien établie, avec une certaine division du travail. Ils comportaient peu de violence, et la volonté de réduire les risques d'être pris forçait la pègre (*underworld*) à une recherche de gains petits mais relativement stables. Cette sous-culture criminelle possédait son propre système régulateur, avec son langage et ses codes d'alliance, de protection et de mise à mort. Il facilitait la communication entre les divers membres du groupe et l'extérieur, notamment les grands centres urbains, où se produisait l'écoulement des biens acquis illégalement. Il était relativement toléré par les forces du contrôle social, dans la mesure où les ponctions se faisaient à petites doses, et sans usage immodéré de la violence.

Par contraste avec cette situation artisanale, les formes de criminalité qui émergent dans les années vingt sont beaucoup plus violentes et entraînent beaucoup plus de prise de risque. Elles provoquent notamment la confrontation avec la police ou les agents de protection des biens (porteurs d'avoirs bancaires, portiers, gardiens de nuit,...), avec des dangers de reconnaissance et de représailles (*retaliation*). Les sommes et les biens considérés deviennent trop énormes pour être traités comme des vols à la petite semaine. Ce sont les attaques pendant les périodes de transport de ces biens (fourgons en déplacement, transport de bouteilles d'alcool,...) qui dominent car c'est le moment où ils sont le moins bien protégés. Elles supposent une planification élaborée et préparée à l'avance, avec un certain nombre d'experts amenés sur le terrain ; elles ne relèvent pas du travail régulier entre quelques voleurs, mais plutôt de « jobs » pour lesquels un ou plusieurs experts s'adjoignent au gang[1].

Cette nouvelle criminalité conforte l'idée qu'il y a quelqu'un de sinistre qui travaille dans l'ombre, un « master mind » qui planifie et organise toutes les activités et les coordonne. C'est alors qu'émerge le rôle de l'« entrepreneur », comme meneur de bande, au sens de celui qui constitue le groupe, même si souvent il fait le travail avec les autres. Ces changements rendent l'*underworld* de moins en moins homogène ; des personnes extérieures jouent un rôle de plus en plus important (informateurs, policiers corrompus, hommes politiques véreux, etc.). Les criminels peuvent à la fois faire alliance avec une sous-culture, — un gang et son leader — et avec un groupe spécifiquement créé pour les besoins d'un projet criminel particulier. Se créent des liens de différenciation et de complémentarité nouveaux qui rendent les forces du contrôle social et de la société civile plus véhémentes et moins tolérantes à leur égard.

Ce schéma de mutation de la pègre s'explique en grande partie par des mutations plus larges au sein de la société américaine, l'urbanisation et l'industrialisation à grande échelle. Elles ont non seulement modifié l'organisation sociale du milieu, mais aussi créé de nouvelles opportunités pour le crime organisé et modifié les modalités du conflit entre gendarmes et voleurs ainsi que les techniques d'infraction. Ces changements se caractérisent par la hausse de l'utilisation de la violence, le recours à de nouvelles technologies (la voiture, le téléphone) et à des outils militaires (la mitrailleuse) pour des travaux de précision, la banalisation de certaines tâches (observation, information) et la corruption accrue d'employés ou de policiers, voire d'hommes politiques.

1 Voir les descriptions données à ce sujet par Everett Debaun, 1950, p. 71-72 (témoignage d'un voleur) et Gibbons, p. 257 et suivantes.

Cette mutation ne s'explique pas dans un simple rapport de cause à effet car d'autres facteurs sociaux sont à prendre en considération (immigration, ségrégation,...) qui expliquent la montée massive du crime organisé et des rapports qui se déclinent sur le mode de la réciprocité et de l'échange plutôt que de la causalité. Pour certains, ces changements sont dus à une baisse des valeurs sociales (*anomie*, *social disorganization*), pour d'autres ils marquent seulement la transformation de ces valeurs pour s'adapter à la société. Ils sont alors surtout reliés à la nature du marché et de la propriété aux États-Unis à l'époque, qui s'est transformée par rapport au XIXe siècle, avec l'émergence de grandes fortunes et un écart croissant entre gros et petits revenus. En conséquence, la protection de la propriété s'est modifiée aussi (coffres, voitures blindées, forces de gardiennage, etc.). Or, plus la propriété se cache et se protège, plus le crime raffine ses moyens de pénétration et de perpétration.

Certaines des caractéristiques des changements corporatistes sont importantes à retracer, d'autant qu'il existe un réel consensus chez les historiens pour marquer la période 1880-1920 comme celle qui a vu le passage d'une économie de petites entreprises semi-artisanales (*cottage industries*) à un regroupement de ces entreprises au sein de cartels et de trusts, donnant naissance à ce que Chandler appelle un « capitalisme industriel », fondé sur un libéralisme corporatiste[1]. Cette période se caractérise par la recherche de l'efficacité, le fonctionnalisme technologique, l'esprit de système et de contrôle, la professionalisation et la spécialisation des tâches, etc. Ces modifications présentées comme des modernisations sous le sceau du progrès et de la science positiviste s'inscrivent dans les valeurs américaines liées à la liberté dans le marché, à l'individualisme et à l'État de droit et de contrat.

Toutefois, plusieurs contradictions existent entre la représentation idéologique de la libre-entreprise et sa réalité. En surface, l'idée prévaut que le système n'a pas été altéré depuis sa constitution par les *Founding Fathers* alors que ses mutations sont profondes. En surface, l'idée domine d'une bataille entre l'élite du monde des affaires et les réformateurs sociaux pour limiter les excès du marché par l'intervention du gouvernement, alors que cette dichotomie entre secteur industriel et gouvernement est en fait voulue par les entreprises pour mieux canaliser les forces sociales de la base. Selon Sklar, la réorganisation corporatiste « is better understood not simply as an "external force" or an "objective" economic or organizational phenomenon but as a social movement, no less than populism, trade unionism, feminism, Afro-American equalitarianism, or socialism »[2].

1 Les travaux américains les plus sérieux sur la période sont ceux de Wiebe, 1967 ; Chandler, 1977 ; Noble, 1977 ; Mayr and Post, 1981 ; Sklar, 1988 et Zunz, 1990.
2 Sklar, 1988, p. 13.

Tous les chercheurs s'entendent pour décrire la nouvelle économie politique comme marquée par l'apparition d'un « organizational sector » qui circule transversalement entre le secteur industriel et le gouvernement, sous la forme d'une technocratie d'experts, de professionnels et de bureaucrates, par le biais d'une structure intermédiaire nouvelle, celle des agences fédérales en relation directe avec les corporations. Noble fournit un résumé saisissant de la logique organisationnelle en marche pendant ces années-là et jusqu'à mi-siècle :

> (the corporate liberals) sought above all to reconcile traditional liberal democratic notions of individualism, self-reliance, free enterprise and anti-statism with corporate-capitalist and scientific-technological demands for order, stability and social efficiency [...] Through reform bodies like the National Civic Federation they promoted social-welfare legislation in order to reduce the burdens and antagonisms of working people, and strove to enlist the labor unions as voluntary partners in the corporate industrial system, thereby hoping to substitute orderly and predictable negotiation for industrial warfare[1].

La grande innovation de la période qui précède celle qui nous concerne est donc celle de l'émergence d'un secteur organisationnel. Le mot est dans l'air, il se met en place dans les agences et les commissions du début du XXe siècle, il ne tardera pas à s'appliquer au crime. L'ère de Hoover et de Roosevelt verra fleurir ce genre d'agences, rendues acceptables socialement par la Dépression et le New Deal.

Ce nouvel ordre économique (inscrit dans la mouvance utilitariste américaine) ne se fait pas sans tensions et contradictions, et il faut se demander dans quelle mesure il a instrumentalisé le crime, notamment certaines formes du crime organisé pour résoudre certaines de ses difficultés. La tentation est grande d'établir des parallélismes entre le milieu des corporations et le milieu des familles mafieuses, d'autant que certains gangsters, tels Al Capone, le font, disant à la fois qu'ils occupent un emploi dans le secteur du « business » et remplissent un « public service ». Parmi les citations fréquemment juxtaposées par la presse et reprises dans les manuels d'histoire ou de criminologie, on trouve :

> I'm a businessman. I've made my money supplying a popular demand. If I break the law, my customers are as guilty as I am.

et

> Ninety percent of the people of Cook County [Chicago] drink and gamble, and my offense has been to furnish them with those amusements. Whatever else they may say, my booze has been good and my games have been on the square. Public service has been my motto[2].

---

1 Noble, 1977, p. 61.
2 Helmer and Mattix, 1998, p. 44.

Ces deux termes rendent compte de la perception que les mutations du capitalisme américain depuis la fin du XIXe siècle heurtent les valeurs de l'espace public et donnent un primat énorme à l'espace privé de l'entreprise, de l'offre et de la demande. L'utilitarisme américain, les valeurs individualistes de *self-interest,* peuvent alors expliquer à la fois les mutations des corporations, la transposition de certaines de leurs valeurs au crime organisé et leur perversion par ce dernier.

L'industrie du crime

L'organisation du crime

L'expression « organized crime » apparaît pour la première fois dans la Chicago Crime commission de 1919. Elle désigne des « professional criminals », estimés à 10 000 environ dans la ville, qui exercent une profession criminelle au même titre que tout autre métier : ils ont pour but non le meurtre mais le pouvoir économique, afin d'acquérir l'aisance matérielle nécessaire pour jouir de la société des loisirs en pleine expansion. Dans les années trente, elle se précise pour désigner les gangsters et leurs syndicats ; elle rend compte de leurs activités illégales maintenues par la corruption ou l'usage (réel ou potentiel) de la force, à des fins de profit ou de pouvoir. Les définitions qui suivront ne se départiront plus de ces caractéristiques[1].

Elles tendent à décrire le crime comme ayant son propre langage, ses propres lois, ses us et coutumes, ses méthodes et techniques, ses outils d'agression contre la propriété et les personnes, ses connexions en réseau dans plusieurs instances de la société. Le crime organisé peut être perçu comme un emploi, dans la mesure où il procure des gains matériels (le salaire de la peur), et se présente sous la forme de revenus plus ou moins déclarés et réinvestis. Il tend à éviter le risque et à procéder à des activités où les gains attendus dépassent les risques encourus, comme dans les professions non criminelles[2]. Dans cette acception, le milieu de la pègre est moins représenté comme une communauté à part, aux marges (*underworld*), que comme un miroir de la communauté qui a pignon sur rue (*upperworld*). La description en étage et la métaphore opposant le monde du dessous et le monde du dessus évoque l'image de l'étayage, du mur de soutènement ; elle induit le transfert des valeurs du dessous au dessus (et inversement) et suppose le soutien actif et passif d'une partie de la communauté civile légale, qui semble s'appuyer sur une partie des

1 Voir Albanese, 1989 ; Smith, 1975 ; Quinney, 1970.
2 Ehrlich, in Taylor (ed), p. 209-249.

bénéfices accumulés par le crime[1]. Les descriptions de l'époque confirment le manque d'étanchéité entre les niveaux et les facilités du transfert, comme dans le cas du gangster de Chicago, Johnny Torrio :

> He conducted his evil enterprises as if they had been legitimate business. In the morning he kissed his wife good-by and motored to his magnificently furnished offices on the second floor of the Four Deuces. There he bought and sold women, conferred with the managers of his brothels and gambling dens, issued instructions to his rum-runners and bootleggers, arranged for the corruption of police and city officials, and sent his gun squads out to slaugther rival gangsters who might be interfering with his schemes. When the day's work was done, Torrio returned to his Michigan Avenue apartment and, except on rare occasions when he attended the theater or a concert, spent the evening at home in slippers and smoking jacket, playing cards with his wife or listening to phonograph records[2].

Au-delà de la métaphore, les chercheurs américains se partagent entre deux conceptions et descriptions du crime organisé, selon qu'ils penchent pour une vision corporatiste ou une vision clientéliste, une organisation hiérarchique ou réticulaire, une interprétation industrielle ou artisanale. Abadinsky suggère que la structure du crime organisé hésite entre « bureaucratic/corporate » et « patrimonial/patron-client network[3] ». Il se positionne lui-même dans la perspective de l'« ethnic succession » qui privilégie une vision clientéliste du crime organisé. Toutefois, il faut se méfier des lectures tardives du modèle par le prisme de la Mafia et de la conspiration étrangère, qui opèrent une lecture rétro-active du phénomène des années trente-cinquante. Dans ces années-là, les schémas sont moins clairs et certainement pas surimposables à l'organigramme très rationnel et très hiérarchisé élaboré par Cressey pour les besoins de la Task Force on Organized Crime de 1967.

En fait, le modèle bureaucratique/corporatiste et le modèle clientéliste sont moins des descriptions contradictoires que des signes que les années trente-cinquante constituent une période de transition — période liminale, où des structures anciennes, artisanales, voire importées, se modernisent et s'américanisent. Les deux modèles sont en co-existence, et quelque peu en décalage par rapport au monde industriel, qui a opéré cette mutation au tournant du XXe siècle. Ils sont aussi variables selon leur situation géographique, le localisme américain étant un facteur de turbulence dès qu'une catégorisation stricte est considérée. Les différentes caractéristiques des villes introduisent du jeu dans la description, car Chicago diffère de Philadelphie, New York de Cleveland ou San Francisco, du fait de configurations économiques et sociales diverses.

1 Tannenbaum, 1938, p. 82-173.
2 Asbury, 1940, p. 320-321.
3 Abadinsky, 1994, p. 8.

Toutefois, les deux modèles dégagent des structures et des éléments qui sont opératoires pour rendre compte de certaines réalités du crime organisé, notamment dans ce qui caractérise les « syndicats ». Le modèle corporatiste (mis en avant par Cressey) rend compte d'une certaine hiérarchie, d'une division du travail par expertise, d'une certaine délégation des responsabilités, de la présence d'un règlement ou d'un code. Le modèle clientéliste (mis en avant par Ianni) privilégie l'idée d'un réseau moins formel, basé sur *kinship*[1]. Ce sont les relations familiales, en termes de familles élargies, et les réseaux de clients et de débiteurs (avec dettes d'argent ou d'honneur) qui constituent la base de cette organisation patriarcale. Elle repose davantage sur l'émotion que sur la raison, et sur le rituel et la tradition davantage que sur l'efficacité fonctionnaliste des corporations. Mais ce modèle clientéliste n'est pas nécessairement sicilien ; il trouve une partie de ses racines dans les réseaux « patron-client » des « urban machines », c'est-à-dire l'échange du bulletin de vote contre une ristourne (aide pour trouver un emploi, une maison, etc.), ce qui laisse la place à beaucoup de corruption et de fraude électorale. C'est un phénomène spécifiquement américain, créé par les conditions de l'immigration et les contraintes imposées à la mobilité sociale (*upward mobility*) par la ségrégation, notamment dans le cas des Irlandais. Au niveau local, l'alliance entre ces machines politiques et le monde des affaires (notamment pour les contrats et appels d'offre publics) était quasiment inévitable, et féconde pour le crime organisé.

Les analystes du modèle corporatiste sont Dwight Smith et Richard Quinney pour qui cette vision est proférée pour conforter les Américains dans leur paranoïa de l'organisation souterraine prête à détruire la société et les pousser vers un réflexe protectionniste, policier et sécuritaire, favorable aux instances de répression. Ils avancent que le crime organisé procède comme le monde des affaires, selon une loi de l'offre et de la demande. Et les bénéfices de ce genre de commerce sont utilisés à la fois dans le monde des affaires et le monde du crime, y compris pour se protéger en procédant à la corruption des fonctionnaires et du service public. En ce sens, le crime organisé s'inscrit dans l'économie capitaliste, avec tous ses degrés de légalité et d'illégalité.

Les analystes et détracteurs du modèle clientéliste sont Bell et Tyler, qui voient le crime organisé comme une évolution naturelle de l'urbanisation et de l'immigration américaine, endémique au pays. Arlacchi module cette perception, pour qui la Mafia est « a form of behavior and not a formal organization[2] ». Il propose une interprétation comportementaliste plutôt qu'organisationnelle de la Mafia et il se préoccupe de renvoyer la

1 Ianni, 1972.
2 Arlacchi, 1998, p. 340.

Mafia là où elle existe vraiment, en Italie. Il décrit la Mafia sicilienne comme s'organisant sur le modèle corporatiste seulement après les années cinquante, période de la « great transformation[1] »; il fait valoir une différence majeure, à savoir la prévalence de la concurrence personnelle et conflictuelle au sein de la Mafia, qui perdure et se résout par la violence, là où le marché préfère le règlement par la loi et le contrat. Pour Arlacchi et d'autres, le mafieux ne possède donc pas les qualités sociologiques et culturelles attribuées à l'entrepreneur aux États-Unis[2]. Ce dernier peut, par ses moyens de production, transformer la société, accroître les services, en recombinant des éléments existants, ou en innovant, pour agir avec le système économique dans lequel il opère. L'innovation mafieuse reste très contestable, qui consiste à transférer des techniques d'extorsion (intimidation, violence territoriale pour s'accaparer un marché ou une denrée rare, contrôle des ouvriers et des salaires par coercition, sources de financement non déclarées et occultes, évasion fiscale) à la gestion des entreprises et notamment celles liées à l'exportation (beaucoup moins réglementées, notamment par le Sherman Act, qui ignore les lois anti-trust dans le contexte des échanges internationaux).

C'est sans doute Peter Reuter qui propose la description et l'explication la plus équilibrée et nuancée du rôle de la Mafia aux États-Unis, en montrant qu'elle subit un processus d'américanisation (au sens d'incorporation au système capitaliste) mais que cela affaiblit les relations familiales traditionnellement associées à la Mafia[3]. Reuter plaide plus pour le modèle clientéliste que pour le modèle corporatiste, dans sa conception du « crime désorganisé » — qui est une réponse à Chandler et à son exaltation de la « visible hand » du libéralisme économique. Il examine les relations entre Mafia et autres groupes de *racketeers* ainsi que les relations internes à la Mafia. Selon lui, il y a toute une variété de groupes ethniques relativement homogènes qui sont, soit liés à la Mafia, soit indépendants, voire en conflit avec elle.

> The Mafia may have a greater reputation for control of violent forces, but within particular communities some other group may be able to mount similarly powerful forces and have an equally violent reputation. Non-Mafia groups probably defer to the Mafia outside their host communities, but the relationship may be reversed within those communities. How well worked out are the relationships among the groups, at points of potential conflict is impossible to say in a general fashion. We certainly have to allow for the possibility that the interests of different racketeering groups may be in conflict and that the conflict is not subject to any well-worked-out dispute resolution mechanism[4].

1 Arlacchi, 1998, p. 351.
2 Voir la définition de l'entrepreneur à l'américaine donnée par Schumpeter, 1934, p. 65-94, fondée sur la capacité d'innovation.
3 Reuter, 1983.
4 Reuter, 1983, p. 59.

En d'autres termes, l'union syndicale entre la Mafia et les autres gangs de la société américaine n'est pas près de s'accomplir. Quant à ce qui se passe au sein de la Mafia elle-même :

> Mafia families may better be viewed as loose coalitions of smaller gangs that maintain a wary relationship with each other. Gang boundaries may be defined territorially or functionally but are often unclear [...]. This may be a function of changes in the Mafia and the environment in which it operates ; the Americanization of the Mafia, with the collapse of family loyalty, may have reduced its cohesion[1].

Et de mentionner la description de la Jersey Mob par Henry Zeiger, et de Murder Inc. dans le New York de la fin des années trente, pour insister sur leur désorganisation et leur pauvre cohésion à l'échelon urbain local[2]. Ces exemples démentent l'idée d'une stricte division du territoire à l'échelon fédéral (à la Lucky Luciano). Si les tendances corporatistes existent, les limites au contrôle de tout un secteur industriel illégal sont tout autant structurelles que territoriales. La force du crime organisé tient en fait à cette fluidité et à cette porosité qui le rendent très difficile à saisir et qui, une fois saisi, lui permettent de se reconstituer ailleurs.

Les activités du crime organisé : le vice et le pouvoir

Quel que soit le modèle de ralliement, cependant, certaines caractéristiques sont récurrentes, sur la relation au vice et au pouvoir. Le crime organisé joue sur deux frontières sociales, dont les règles de transgression peuvent varier dans le temps et selon les fluctuations de la société civile : l'illicite et l'illégal. L'illicite concerne ce qui est défendu par la morale sociale, ce qui est perçu comme un vice, de l'ordre du délictuel ; l'illégal est perçu comme une violation de certains interdits fondamentaux, voire tabou, et totalement contraire à la loi, comme le viol ou le meurtre, et les atteintes à la propriété privée.

Ces deux frontières sociales organisent le crime selon deux grands types d'activités : celles qui fonctionnent un peu comme des industries en ce qu'elles fournissent des services — illicites, socialement prescrits, avec variabilité des perceptions dans le temps et selon les États — comme les jeux d'argent, la pornographie, la boisson, les prêts usuraires (*loansharking*) ; celles qui relèvent de crimes — illégaux, socialement proscrits, relevant d'interdits relativement invariables dans le temps,

1 Reuter, 1983, p. 60-61.
2 Zeiger, 1975 ; Lindesmith, 1941, p. 119-127 ; Ianni and Ianni, 1972, p. 3 et suivantes.

comme l'extorsion lorsqu'elle s'accompagne de meurtre, d'assassinat, de corruption, et d'atteinte au bon fonctionnement des entreprises légales dans une société prédiquée sur le marché et sa liberté.

Ces activités recoupent le processus de diversification entrepris après l'abolition du Volstead Act, quand les gangsters se réorganisent en syndicats[1]. Elles ont varié avec le temps. Les années vingt ont vu le triomphe des services du vice (*bootlegging*, *gambling*, *prostitution*) tandis que les décennies suivantes ont vu davantage se développer le racket en relation au monde des affaires et du pouvoir. La période de l'entre-deux-guerres voit aussi l'expansion des jeux de hasard, légaux (bazars, loteries de bienfaisance, ventes de charité) et illégaux (machines à sous et casinos improvisés). Toutes les classes sociales sont demandeuses, y compris les plus pauvres. Les années d'après-guerre voient le triomphe de la drogue et un élargissement des activités pour inclure d'autres sortes de crimes. Les deux caractéristiques qui prévalent dans cette typologie sont la longévité, avec une extension dans le temps de fonctions occupées par des individus interchangeables (comme dans les corporations), et la tendance au monopole, soit pour le réserver au gang, soit pour l'assurer à une entreprise.

L'autre caractéristique est celle du recours à la violence, si souvent montrée dans la presse et dans les films hollywoodiens. Ce n'est pas la solution affectionnée par le crime organisé, qui préfère agir dans le silence et le secret, sans attirer l'attention. Le racket et le chantage lui conviennent mieux, c'est-à-dire le monopole de l'extorsion et de la protection. C'est là que le pouvoir du modèle clientéliste se manifeste, car la force physique et la capacité à la violence sont des valeurs importantes dans la communauté mafieuse et patriarcale, basée sur l'autorité. Elles servent à s'imposer auprès des autres membres, mais aussi auprès des clients de l'extérieur, voire pour défier ouvertement les lois de la société et les institutions qu'elles créent[2]. Le gangster en dérive un réel prestige, surtout si l'acte d'agression est réussi ; c'est la violence qui sanctionne la concurrence entre les gangs (contrairement aux lois du marché qui suivent l'État de droit), et c'est dans l'accomplissement de ces actes d'agression qu'un gang assure sa domination territoriale.

Reuter pense que la violence ou plutôt l'intimidation par la violence crédible est ce qui caractérise le crime organisé, et notamment le racket. C'est ce qui le différencie à la fois du *white collar crime*, car il a une réelle tonalité *blue collar*, et de la force brute du simple voyou. Examinant le cas de Moe Steinman, un racketteur du secteur de l'abattage et de la boucherie industrielle à New York, il propose :

1 Block, 1983 ; Kelly, 2000.
2 Arlacchi, 1998, p. 340.

> Perhaps the critical characteristic is the underlying threat of violence. [...] Racketeers should be identified by their ability to invoke credible threats of violence against a broad array of persons and organizations. There is a distinction between this and the bully dependent on his own physical prowess. Racketeers must be believed to command an organization that can execute their threats in a way that permits them to avoid apprehension and to protect themselves against retaliation. Members of the Mafia clearly meet this requirement, though not all of them may be racketeers[1].

Dans ce sens, le racket est clairement l'activité privilégiée du crime organisé dans sa quête du pouvoir car elle le met en contact avec l'économie américaine. Il se place sur un *continuum* entre la simple infiltration d'une entreprise légitime, assez passive (comme un investissement) et le contrôle d'un secteur industriel du marché en passant par l'escroquerie (*defrauding*) d'autres entreprises (faillites organisées, ententes délictueuses, etc.). Block donne l'exemple des *racketeers* juifs des années trente à New York et leur contrôle de l'industrie de la confection. Il montre que ce sont tantôt les entreprises tantôt les ouvriers qui font appel à des gangs de racketeers, pour les aider à protéger leurs intérêts en pleines négociations syndicales (notamment sur la constitution de syndicats). L'explication de Block est liée aux tendances oligopolistiques du marché, et plus particulièrement de certains secteurs, comme la confection (et, à un degré moindre, la restauration)[2]. Dans la plupart des cas, le racket organise les employeurs sous la forme d'associations destinées à contrôler la concurrence, ce que corrobore Reuter :

> The racketeers in some cases came to control the union and occasionally were instrumental in forming employer associations. These associations had the dual function of dealing more effectively with the unions and suppressing competition during periods (particularly the Depression) when many firms were at the margin of bankrupcy[3].

D'où l'émergence tardive de deux catégories du crime organisé dans les textes officiels, longtemps ignorées des instances fédérales puisqu'elles n'apparaissent qu'avec la Task Force de 1967, le *labor racketeering* et le *business and industrial racketeering*. Le racket afférant au monde de l'entreprise repose sur deux types de contraintes, l'extorsion pure et simple (*protection racket*) et la protection contre la concurrence (pour parvenir à un certain monopole, de type corporatiste) qui peut être fournie à la demande des entrepreneurs légitimes.

> The small businesses of the city were generally marginal and intensely competitive. To avoid cutthroat competition, businessmen formed associations to make and enforce regulations illegally limiting competition. The

1 Reuter, 1983, p. 52.
2 Block, 1983, p. 173-176.
3 Reuter, 1983, p. 54.

> Master Barbers association… dairies, auto parts dealers, garage owners, candy jobbers, butcher stores, fish wholesalers and retailers, cleaners and dyers, and junk dealers. Many of the associations were controlled, or even organized by racketeers who levied dues upon association members and controlled the treasuries ; they then used a system of fines and violence to insure that all businessmen in the trade joined the association and abided by the regulations (designed to keep prices uniform and high)[1].

C'est une évolution qui prend de l'ampleur dans les années trente et qui montre que le crime organisé se diversifie dans ses activités et sa couverture territoriale tout en s'adaptant au climat économique ambiant, sans que l'État fédéral intervienne.

Pour mieux comprendre l'hésitation entre les deux modèles, le corporatiste et le clientéliste, il faut analyser l'économie politique du crime organisé et les incitations à l'organisation qu'elle offre[2]. Comme dans le monde du marché légal, il convient de distinguer entre une économie criminelle organisée et une entreprise criminelle organisée. Le milieu (*underworld*) dans lequel le crime évolue ne fonctione pas nécessairement en symbiose avec l'entreprise criminelle elle-même (*the firm*, *the conspiracy*, *the Mafia*, etc.). De ce point de vue, peu de crime est organisé comme une entreprise, avec l'ampleur organisationnelle d'une corporation, et la volonté de contrôler tout un secteur d'activité. C'est sans doute le cas du racket, et dans une certaine mesure du jeu (*gambling*), mais difficilement des autres activités du crime. Ainsi le cambriolage ou le vol (*robbery*) rentrent difficilement dans la catégorie d'une entreprise organisée, mais ils s'insèrent dans une économie criminelle organisée, qui a des décideurs et des opérateurs, qui prévoit des modes de recrutement et de formation, un système de recel et de revente des biens volés, la redistribution des fonds, etc. D'autres délits, notamment le *white collar crime*, peuvent avoir des contacts occasionnels avec le crime organisé, ou avoir des recours limités à ses services, sans pour autant être insérés de manière cohérente à son fonctionnement.

La nature du crime organisé varie donc selon la nature des secteurs industriels dans lesquels il peut se développer. Tous ne se prêtent pas de la même manière à organisation (au sens de centralisation et de hiérarchie des tâches et des personnes) ; certains s'y prêtent davantage et peuvent servir de base à l'extension des activités criminelles dans d'autres secteurs ou à la cartelisation de leur secteur. Ce sont les secteurs qui donnent prise à l'extorsion et à la protection contre la concurrence du marché (légale) qui constituent une sorte de noyau dur propre à stimuler le crime organisé. La période de la Prohibition illustre très clairement

1 Haller, 1971-72, p. 225-26, cité par Abadinski, p. 187.
2 Schelling, 1967.

ce processus : elle a créé un marché noir qui a littéralement restructuré le marché des boissons et de leur distribution, affectant les prix, la concurrence, les forces de réglementation et leur affaiblissement sélectif.

Donc certaines entreprises de la pègre sont organisées et d'autres pas, et il y a différents types d'organisation, plus ou moins lâches. Certains comme ceux du vice (*gambling*, *liquor*, *prostitution*) font partie de ce qu'on pourrait appeler les services de consommation (plus ou moins) courante et leur organisation est assez lâche ; d'autres comme le racket qui procède par réseau d'intimidation et d'extorsion peuvent nécessiter des structures plus cohérentes comme les cartels.

Dans cette économie parallèle, il faut gérer les profits et les pertes, en proportion des gains et des risques. L'argent sale peut en effet difficilement se réinvestir dans les activités illégales, sans provoquer le besoin d'étendre encore plus ces activités, ce qui peut être dangereux pour le gang et le faire repérer. En outre, cet argent doit pouvoir profiter à la famille élargie et au réseau de clients, ce qui rend attractive la sécurité offerte par les revenus et les bénéfices des entreprises légales. Elle permet le transfert de fonds à des membres « innocents » de la famille qui pourront en bénéficier pour entrer dans des zones d'activité légitime (la médecine, le droit, etc.), qui est une des façons pour certaines minorités de sortir du « crime organisé » et de laisser la place aux nouveaux venus d'une même minorité, selon les règles tacites de l'*ethnic succession*[1]. D'autres raisons motivent l'investissement criminel dans des activités légitimes : la recherche d'une couverture fiscale, la façade légale, la diversification des avoirs, voire la réinsertion dans la vie sociale de parents ou de clients sortis de prison ou libérés sur parole. C'est une entreprise sociale, qui joue une fonction de lubrification du processus de contrôle social, lorsqu'il n'y a pas de prise en charge par l'État ou par la société civile et pas d'espace dérogatoire aux lois du marché.

Ce qui reste flou dans toutes les recherches, c'est la mesure dans laquelle les firmes du crime organisé conditionnent le mode de fonctionnement du *underworld* et ses relations avec le *upperworld*. Cela pose le problème des bénéfices du crime organisé et de leur utilisation, soit pour nourrir l'économie illégale, soit pour se blanchir dans l'économie légale. C'est dans ces zones de contact que le gouvernement, les corporations et l'opinion publique se sentent menacés, pas lorsque le crime organisé reste sur son terrain et dans son rôle de régulateur social spécifique.

---

1 Ianni, 1972.

8

Les conditions de l'accès au pouvoir économique

Les mutations du crime et de l'économie américaine fournissent le contexte dans lequel se développe le crime organisé, mais il faut également prendre en compte les facteurs de l'accès au succès économique et social, les acteurs et les instances qui le définissent, la représentation idéologique des États-Unis comme pays de la libre-entreprise, ainsi que la nature de l'ordre économique et les moyens utilisés pour contrôler les plus pauvres (notamment la classe ouvrière).

Capitalisme sauvage et gangstérisme

Un certain nombre de chercheurs insistent sur la continuité qui existe entre l'idéologie et l'organisation des gangsters et le capitalisme sauvage de la fin du XIXe siècle[1]. Lindesmith voit l'origine du gangstérisme dans « an individualistic predatory philosophy of success[2] ». Le modèle du gangster se calquerait sur celui des capitaines d'industrie du XIXe siècle, ces « robber barons » qui ont donné des fortunes célèbres et des noms fort légitimes, avec un héritage institutionnel très prestigieux (fondations, centres de recherche, universités,...), alors qu'ils ont procédé « by hook or by crook ».

Leur avantage, semble-t-il, consiste à avoir eu une démarche d'entrepreneur plus ou moins scrupuleux une génération avant l'avènement des gangsters, lorsque les contrôles sociaux étaient moins forts, l'urbanisation et l'industrialisation moins oppressantes. La guerre civile semble avoir été un catalyseur de l'activité des *robber barons*, qui permit à cer-

1 Abadinsky, 1994, p. 59-72.
2 Lindesmith, in Shalloo (ed), 1941, p. 120.

tains de devenir des profiteurs et d'accumuler très rapidement le capital nécessaire à leurs entreprises. Selon Abadinsky, beaucoup de capitaines d'industrie font leurs premiers gains en évitant la conscription et en tirant avantage de la guerre et de l'expansion continentale à l'Ouest, avec ses énormes besoins en infrastructures et en moyens de communication. Ils ont, du coup, des noms patronymiques qui reflètent la vague d'immigration antérieure. Certains sont néerlandais comme Cornelius Vanderbilt (qui était en ficelle avec Boss Tweed à New York tout en créant un monopole du rail) ou John D. Rockefeller (qui bâtit sa fortune sur la vente de provisions à l'armée américaine et sur le contrôle monopolistique du pétrole, avec pots-de-vin, collusion et corruption). D'autres sont anglais comme James Fisk (qui profita de la guerre civile pour faire passer du coton en contrebande du Sud vers le Nord) ; d'autres encore sont allemands comme John Jacob Astor (qui s'enrichit en vendant de l'alcool aux Indiens et en troquant des fourrures) ou J. Pierpont Morgan (qui prit le contrôle de l'acier par des pressions coercitives et des actions de sabotage). Leurs incartades passaient pour des exploits, voire de bonnes blagues, comme celle du « Erie Ring » (le mot *ring* lui-même indique bien le piège mafieux), où une coalition composée de Daniel Drew, James Fisk et Jay Gould piéga Vanderbilt en Bourse.

La vague suivante, inévitablement, amène ses patronymes caractéristiques, mais dans la saga du crime plutôt que dans celle de l'industrie. Certains sont irlandais comme Owney Madden (un leader de gang devenu *bootlegger*, en collusion avec les patrons de *speakeasies*) ou Klondike O'Donnell, d'autres sont italiens comme Lucky Luciano, Carlo Gambino ou John Gotti, d'autres encore sont juifs comme Lepke Buchalter (du racket de la fourrure et de la confection à New York, le seul grand du crime organisé à être électrocuté en 1944), Arnold Rothstein (le J. P. Morgan de la pègre, magnat des paris hippiques, qui a inspiré le personnage de Meyer Wolfsheim dans *The Great Gatsby* de F. Scott Fitzgerald), Meyer Lansky, Benjamin Siegel (le « créateur » de Las Vegas, patron de son premier grand casino, le Flamingo).

Cette vague s'inscrit dans le climat de la fin de la frontière et de la Prohibition, ce qui rend ses activités moins acceptables, tout en lui donnant de nouvelles opportunités, dans un contexte urbain. Contrairement aux *robber barons*, elle ne fera pas une entrée réelle dans la légitimité, à l'exception notable de Moses Annenberg : après une lutte perdue contre Hearst, le magnat de la presse, à Chicago (en 1927), il se lance dans les paris plus ou moins clandestins (*bookmaking*), contrôle le *racing-news services*, avant d'être jugé et condamné pour évasion fiscale en 1940 ; il se retire alors des affaires et passe la main à son fils, Walter, qui a investi sa fortune dans *TV guide* et est devenu depuis un collectionneur d'art courtisé par tous les grands musées après un passage comme ambassadeur à la Cour de Saint-James.

Woodiwiss et d'autres chercheurs insistent sur le fait que la combinatoire d'hommes d'affaires sans scrupule, d'hommes de main douteux et violents et d'hommes politiques véreux n'est pas une nouveauté aux États-Unis, pays où tout étant à faire et à construire, tous les moyens sont (presque) bons. L'exemple le plus frappant à l'époque est celui de Henri Ford, qui, comme d'autres magnats avant lui, n'hésita pas à faire appel aux services de Harry Bennett (de la bande à Capone), pour diriger son « Service Department », et briser une grève ou intimider par la violence certains leaders syndicaux. Un autre exemple donné par Abadinsky est celui du président de l'association des travailleurs du bâtiment de New York, qui utilisa les services de « Little Augie » Orgen pour infiltrer les syndicats des travailleurs du bâtiment, de la fourrure et du cuir, tout au long de la Dépression. Cette association de malfaiteurs semble donc allier « brains and brawn », le cerveau pouvant être un membre du monde des affaires, les biscoteaux se recrutant systématiquement dans le monde de la pègre (un duo assez fréquemment montré au cinéma).

L'existence de ces figures donne une certaine légitimité à l'action des gangsters. À leur manière, ces *robber barons* ont inventé le *business racketeering,* sous la forme du sabotage, des pressions illégales, du délit d'initié, qui sont toutes des activités limitrophes de celles pratiquées par le crime organisé lorsqu'il essaie de s'investir dans des entreprises légales, ou, alternativement lorsque ses services sont requis par des entreprises légales pour parvenir à leurs fins sans se salir ouvertement les mains. Les gangsters utilisent les mutations de l'économie américaine et notamment les conséquences du libéralisme corporatiste pour se donner des opportunités d'accès au monde des affaires[1].

De quelques réalités économiques

Mais indépendamment de ces *role models*, dont l'impact sur l'imaginaire américain vient nourrir le mythe du « from rags to riches » et dont l'héritage est revendiqué par certains gangsters comme Al Capone, deux réalités économiques sont à prendre en compte également, qui apparaissent en filigrane dans l'analyse du crime organisé et de la recrudescence du phénomène aux États-Unis dans l'entre-deux-guerres : la baisse des opportunités d'accès au monde des affaires, la relation entre cycles de l'économie et cycles du crime. Une troisième

1 Voir les descriptions de Ploscowe, in Shalloo (ed), 1941, p. 105-111.

réalité commence à émerger dans les années quarante, celle du crime des cols blancs (*white collar crime*), qui inverse le miroir et focalise le verre grossissant sur le *upperworld.*

La baisse des opportunités d'avancement économique

Merton, dans son analyse de l'anomie et de la désorganisation sociale, pointe vers la fermeture de la frontière du *business* et il y voit un facteur aggravant du recours au crime organisé par certains individus, frustrés et freinés dans leurs ambitions d'entrepreneurs désireux de parvenir au rêve américain de l'enrichissement rapide. Taussig et Joslyn confirment cette vue, avec réticence. Dans leur étude des chefs d'entreprises américains en 1932, ils démontrent qu'environ les deux tiers d'entre eux sont des fils de familles d'entrepreneurs, dont un tiers est issu du *big business*[1]. Ces proportions tendent à être en hausse, car ils mettent peu de temps à atteindre des positions dominantes tandis que les entrepreneurs issus de la « farmer class », qui a fourni les plus gros contingents au siècle précédent, sont en baisse considérable. Ces derniers éprouvent des difficultés croissantes à s'insérer dans les affaires et ils sont moins nombreux du fait de l'urbanisation. Mais la baisse de leur classe n'est pas compensée par la montée des fils d'ouvriers issus de l'urbanisation. Ce qui fait penser à l'idée d'une caste en constitution, hypothèse émise par les chercheurs : « opportunities for advancement in business are less widely diffused than in former years, and are being restricted more and more to the privileged few[2] ».

Cette fermeture se manifeste tant au niveau de la propriété des entreprises que de leur direction et de leur gestion, c'est-à-dire des cadres supérieurs et du secteur organisationnel. Taussig et Joslyn trouvent très peu de « sole owners », ce qui montre que les entreprises familiales et indépendantes du genre *cottage industries* sont de plus en plus incorporées dans les trusts et cartels. Donc, ils en concluent que les entrepreneurs ne constituent pas encore une caste héréditaire, mais que c'est une tendance qui se profile comme horizon de possibilité, à mi-siècle.

> Even if the businessman's son cannot be described as the « typical figure » among American business leaders today, there is clear indication of his becoming so in the near future [...] This is a generation that will be in the ascendant among business leaders some fitfteen or twenty years hence. It is entirely possible that by the middle of the century more than two-thirds of the successful business men in the United States will be recruited from the sons of business owners and business executives [...]

1 Taussig and Joslyn, 1932, p. 97-106.
2 Taussig and Joslyn, 1932, p. 107.

> (today) 10 percent of the American population produces 70 per cent of its business leaders[1].

Là où leur recherche prête plus à caution, c'est lorsqu'ils tentent de fournir une explication, en testant l'hypothèse de l'accès par le « privilege » ou par la « superiority ». L'accès par le privilège se mesure par le milieu et l'éducation, l'accès par la supériorité s'explique par l'hérédité. L'un relève plus de l'*opportunity*, l'autre plus de la motivation individuelle et du génie personnel. L'explication choisie par Taussig et Joslyn répond au mythe américain de l'individualisme et du talent :

> At the time when most of these men were beginning their careers, business was an « open » vocation. Every lad with energy, ambition, and intelligence, no matter how meagre might be his educational equipment, found it possible to gain a foothold in the business world and to work his way up to a higher position[2].

Les auteurs ne sentent pas de contradiction entre le fait que les deux tiers des entrepreneurs viennent du monde des affaires, et donc du privilège, et l'hypothèse du talent et de la supériorité. Bien que leurs données mettent en évidence que le temps pour parvenir à la réussite est beaucoup plus court pour ceux issus de familles aisées (en moyenne 5 ans et demi de moins) et que les classes aisées produisent 112 fois plus d'entrepreneurs que celle des fermiers ils en concluent qu'il n'y a pas de différences marquantes en termes d'accès entre les différentes classes sociales et donc pas d'inégalités économiques. Et ce, même s'ils reconnaissent que d'autres facteurs, relevant du milieu, peuvent être des variables explicatives (attentes familiales, aide financière au départ, réseau d'influence et niveau d'éducation formelle). Cette conclusion, tout idéologique soit-elle, n'en caractérise pas moins la volonté de l'époque de nier les effets de la Dépression et du corporatisme et de vouloir maintenir le mythe de l'ouverture du marché et de la concurrence. La motivation individuelle et le talent personnel doivent alors se retourner vers d'autres moyens d'accès, ce que ne manque pas de relever Merton, Sutherland et de nombreux chercheurs de l'École de Chicago, justifiant en creux certaines formes de crime organisé.

Cycles du crime et cycles de l'économie

À l'autre bout du spectre social, non plus celui de l'emploi dans les hautes strates de l'entreprise, mais celui du chômage dans le monde ouvrier et paysan, se pose la question de la relation entre pauvreté et

1 Taussig and Joslyn, 1932, p. 235-241.
2 Taussig and Joslyn, 1932, p. 245-260.

délinquance. C'est Sellin, à l'époque qui nous concerne, qui observe les relations entre délinquance et chômage et fait l'hypothèse d'une forte relation entre les deux[1]. Il suppose que le chômage peut être un inducteur de déviance par manque de capacité pour l'individu d'acquérir ou de maintenir un certain niveau de vie attendu dans sa culture et que les variations du coût de la vie peuvent avoir une incidence sur le volume infractions. Il émet toute une série d'hypothèses que ses recherches tendent à confirmer : toutes les formes de délits ne sont pas sensibles aux changements économiques ; toutes les zones géographiques ne sont pas touchées de la même manière par une récession, voire une dépression ; toutes les classes sociales ne sont pas atteintes à l'identique, certains s'appauvrissent, d'autres se paupérisent ; les crises légères affectent moins la délinquance que les crises graves[2].

Ses recherches le mènent à distinguer entre les crimes contre la personne humaine (viols, meurtres passionnels, etc.) et les délits contre la propriété (vols, recel de biens volés, contrefaçon, etc.), qui réclament de la professionalisation, et qui, pour les besoins de l'analyse, peuvent être apparentés au crime organisé. Certains délits contre la propriété sont perpétrés avec violence (cambriolage, extorsion), d'autres pas (recel, petits larcins, détournement de fonds, faillites frauduleuses, etc.). Selon Sellin, ce seraient ces deux derniers types de délits qui auraient le plus tendance à augmenter en période de dépression[3].

Sellin se pose aussi la question de la réalité des « crime waves » rapportées par la presse et hautement répercutées dans l'opinion publique, résultant en des croisades de la part de certains groupes religieux ou d'intérêt public (qui mèneront à des campagnes de censure contre les productions hollywoodiennes de films de gangsters). C'est l'étude menée en Illinois par Ray Mars Simpson, entre 1923 et 1933, qui paraît la plus conclusive. Selon lui, il n'y aurait pas de vague de criminalité pendant la Dépression ; ce serait une fabrication des médias. La délinquance aurait augmenté en fait avant la Dépression dans les années 1923-24 et jusqu'en 1929 puis aurait continué à croître mais dans des proportions moindres. Entre 1924 et 1929, on passe de 31,33 à 60,96 délits pour 100 000 habitants, chiffres qui se maintiennent à 59,10 en 1930, 65,21 en 1931 et 62,94 en 1932[4]. Quoique l'auteur considère qu'il y ait baisse, relativement aux chiffres de 1929, ce sont tout de même des chiffres conséquents, qui révèlent un certain déni de la Dépression. Dans la mesure où Simpson écrit en 1935, on peut penser

1 Sellin, 1937.
2 Sellin, 1937, p. 19-20.
3 Sellin, conclusions de son rapport, 1937, p. 62.
4 Simpson, 1935, p. 125-129, cité par Sellin, 1937, p. 51.

qu'il ne veut pas, comme tant d'autres, créer des angoisses supplémentaires dans l'opinion publique. En faisant remonter la vague avant le crash, et implicitement à la Prohibition, il conforte l'idée que le marché ne peut pas être coupable de la misère et que le corporatisme n'est pas criminogène. Il souligne la dimension pathologique individuelle, qui remet la responsabilité sur la personne et nourrit le darwinisme social. Un même phénomène est observé avec George B. Vold, qui, dans sa recherche analysant 8 types de délits différents dans 71 villes américaines, en vient à la conclusion que :

> there has been no increase in crime at all commensurate with the extent or duration of the depression. […] there has been no great or sudden increase in crime against property as a reaction to the widespread loss of economic status associated with unemployment and relief […] the American people appear to have changed relatively little in respect to the kinds of behavior usually called crime, despite the widespread demoralization and disorganization of individual lives and of community activity so intimately associated with the depression […] criminal activity appears to be relatively constant[1].

Avec plus de recul puisqu'il écrit en 1951, Short mène une étude des cycles de l'économie dans la période 1930-1950, qui fait suite aux analyses de Sellin (en excluant la période de la guerre, 1942-1945)[2]. Il dégage deux cycles longs, celui de 1928-1941, avec la prospérité de 1929, la Dépression des années trente, et le retour à la prospérité dans les années quarante. Dans cette première période, il distingue deux cycles courts, le sommet de 1929 et la chute de 1932, le sommet de 1937 et la chute de 1938. Le deuxième cycle long va de 1945 à 1949, avec un sommet suite à la guerre et une crise en 1946. Lui aussi s'intéresse au phénomène de la vague de criminalité et après avoir vérifié la manière dont les cycles de l'économie affectent 7 villes américaines (Berkeley, Los Angeles, Portland, Baltimore, Buffalo, Boston et Rochester) de 1928 à 1949, il en conclut que « the relation between crimes against property, such as burglary and robbery, and economic conditions is, a priori, much clearer than the relation for crimes of violence against the person. Burglary and robbery may be resorted to in an effort to compensate for economic need »[3].

En outre, le délit contre la propriété semble très sensible aux cycles courts de l'économie, et moins aux cycles longs (au contraire de ceux contre la personne), ce qui se justifierait par le fait que les atteintes à la propriété sont commises par des classes sociales aux marges du seuil de pauvreté, pour qui la moindre détérioration des conditions de vie

1 Vold, 1935, p. 796-803, cité par Sellin, 1937, p. 52.
2 Short, 1951.
3 Short, 1951, p. 101.

entraîne une paupérisation difficilement supportable[1]. Short montre aussi la différence d'échelle entre petites et grandes villes en ce qui concerne ce sujet, car les délits sont davantage commis dans les métropoles. De 1930 à 1932, le volume des vols dans les 11 plus grandes villes du pays a augmenté de 70 % alors que dans le même temps, il a baissé de 10 % dans 56 villes de moins de 250 000 habitants.

Il essaie aussi d'évaluer l'impact du New Deal et de son *relief system* sur le volume des délits et sur les relations entre cycles de criminalité et cycles de l'économie (le Federal Emergency Relief Act est passé en mai 1933). Selon lui, le volume de l'aide pendant la Dépression, surtout l'aide fédérale, a beaucoup contribué à adoucir la dureté de la crise et a amorti certains des effets sociaux attribués à la pauvreté (notamment la criminalité). Toutefois, les bénéfices de l'aide sociale commencent à se faire sentir seulement à partir de 1934, quand l'économie remonte ; ils suivent ensuite un schéma de complémentarité qui permet d'ajuster l'aide aux variations du cycle de l'économie et de la faire jouer comme palliatif.

> Thus after reaching a peak in 1936, at which time business activity was well on its way towards recovery, relief dipped sharply as the business cycle rose to a a peak in 1937. When in 1938, the business cycle fell off sharply, relief expenditures were increased even more sharply, reaching an all time peak. Thereafter in 1939 and 1940, relief decreased sharply and steadily as the business cycle rose sharply and steadily. Thus it appears that during the later years of the series, the relief and the business cycle complement each other in some measure[2].

Pour ce qui est de l'impact de l'aide sociale sur la criminalité, il semble pratiquement nul pendant les cinq premières années observées par Short. C'est l'atteinte contre la propriété (avec ou sans violence) qui connaît les plus grandes variations. Vols et cambriolages atteignent un sommet en 1932 et demeurent élevés jusqu'en 1934, puis tous deux baissent pour atteindre des niveaux semblables à ceux de 1929. Pour Short, même s'il est difficile d'établir un réel rapport de causalité, la corrélation est tout de même forte : « Relief programs, in conjunction with recovery of the business cycle, tended to keep burglary and robbery at a relatively low and stable level during the years following 1934, in comparison with the violent fluctuations of these crimes in the initial stages of the depression[3]. »

Les sources tendent donc à s'accorder pour voir une progression de la délinquance dans les années 1924-29, avec un sommet atteint dans les deux premières années de la Dépression (1930-1931) puis une baisse

1 Short, 1951, p. 103.
2 Short, 1951, p. 41-50.
3 Short, 1951, p. 51.

dans les années 1932-1933 et suivantes. L'explication de la baisse est due en partie à la diminution des opportunités de vol : il y a moins de propriété à voler en période de crise, celle qui existe est mieux gardée. À cela il faut ajouter l'expansion des services d'aide sociale due aux efforts du gouvernement fédéral, qui a peut-être éloigné les plus démunis de certaines tentations. Le sommet de l'aide fédérale fut atteint dans les années 1934-1935, selon les régions, avec de réels effets sur la délinquance juvénile, qui est tombée de 10 points sous la moyenne au plus profond de la Dépression[1]. Sellin rapporte même les conclusions des Lynd, dans leur étude de Middletown (Muncie, Indiana), pendant la Dépression : « The heavy program of public relief from 1931 on undoubtedly operated to hold down these crimes against property and persons[2]. »

D'autres facteurs sont sans doute à prendre en compte, comme la baisse de l'immigration italienne et la pause dans la migration noire. Les Noirs pendant la Dépression ont souffert de multiples discriminations (logement, qualification, etc.) dans les centres urbains. Selon les statistiques, plus de la moitié des meurtres commis aux États-Unis pendant cette période ont été commis par des Noirs à l'encontre d'autres Noirs. À lui seul, le mouvement de cette population du Sud rural vers le Nord urbain a pu contribuer à l'effet statistique de la « vague de criminalité » des années vingt. Ainsi, en Floride, les taux de criminalité (pour meurtre) sont vingt-sept fois plus élevés que dans le Vermont[3]. L'arrêt de cette migration après 1933 peut contribuer à expliquer la baisse des taux de criminalité, d'autant qu'il semble que la fameuse guerre contre le crime annoncée par J. Edgar Hoover n'ait pas eu un grand impact sur ces taux.

Certes, Sellin et ses confrères sont conscients de la faiblesse des indicateurs statistiques (et ils pousseront pour leur systématisation dans les décennies à venir). Ce qui est étonnant, c'est la lenteur de la mise en place de ces indicateurs dans un pays préoccupé de recensement depuis les années 1870, ayant été l'un des premiers à informatiser la procédure (dès les années 1880, par ce qui allait devenir IBM). C'est comme s'il y avait une volonté de ne pas mesurer, de ne pas savoir, de ne pas documenter la Dépression (la photographie mise à part)[4]. Cette sorte de déni de Dépression s'accompagne d'un déni de crime organisé, qui n'apparaît jamais en tant qu'item distinct dans les recherches examinées.

1 Sellin, 1937, p. 55.
2 Lynd and Lynd, 1937, p. 346-347, cité par Sellin, 1937, p. 58.
3 Sellin, 1942, p. 898-906. Pour l'histoire de la relation entre le crime urbain vers la fin du XIXe et les vagues de migration noire, voir W. E. B. Dubois, 1896, le chapitre 13, « The Negro Criminal », p. 265-268. Sellin a remarqué la même disproportion entre la population noire (un dixième de la population totale) et la criminalité noire (environ la moitié des meurtres commis), pendant les années trente et quarante.
4 Stott, 1986, p. 70 et suivantes.

Le « corporate crime » : trust et anti-trust

Ce n'est que dans le milieu des années quarante que le crime organisé est attaqué, quoique de biais, par le « white collar crime », décrit pour la première fois par Sutherland. Il le définit comme « a violation of the law by a person of the upper socioeconomic class in the course of his occupational activities[1] ». Selon lui, les personnes au statut socio-économique élevé détiennent la puissance financière et du coup, elles peuvent contrôler leur image publique et aussi les cours de justice, elles-mêmes peuplées d'individus issus du même milieu qu'eux (*class bias*). De ce fait, même lorsqu'elles parviennent en jugement, leurs peines sont moindres et l'opprobre social également. Surtout, elles ont le pouvoir de définir la nature du crime organisé, par leur contrôle des médias de masse notamment : « Public opinion in regard to picking pockets would not be well organized if most of the information regarding this crime came to the public directly from the pickpockets themselves[2]. »

Il soutient la thèse que le *white collar crime* (qui peut mener un patron à faire tuer un de ses ouvriers pour briser une grève) n'est pas différent des autres crimes organisés même s'il se produit dans des secteurs industriels dits légitimes. Pour lui, la plus grande caractéristique du crime des cols blancs, c'est la « violation of trust[3] », l'obtention de capital ou de pouvoir sous de faux prétextes. Il y comprend le détournement de fonds, la falsification des comptes, la publicité mensongère, le délit d'initié (*insider trading*), les manipulations boursières, la corruption de fonctionnaires et les faillites frauduleuses. Le tout se fait en « relative secrecy and security » car les hommes d'affaires, dans la complexité des échanges entre corporations, se retrouvent dans plusieurs comités d'administration et lieux de décision où ils peuvent avoir un accès privilégié à des informations qui leur permettent d'agir par anticipation.

Tous les secteurs industriels sont affectés, dont les transports ferroviaires et maritimes, le pétrole, le bois, le tabac, la boucherie, les minoteries, etc., sans compter, la banque et les marchés financiers. Il repose ses observations sur les rapports de la Federal Trade Commission et sur les résultats des commissions d'enquêtes : « The financial loss to society from white collar crimes is probably greater than the financial loss from burglaries, robberies and larcenies committed by persons of the lower socioeconomic classes[4]. » Selon lui, un cambriolage rapporte en moyenne 100 dollars tandis que le détournement de fonds (un crime de col blanc

1 Sutherland, 1941, p. 112.
2 Sutherland, 1968, p. 47.
3 Sutherland, 1941, p. 112.
4 Sutherland, 1941, p. 113.

assez mineur) se chiffre en millions de dollars, des pertes déclarées de l'ordre de 50 millions de dollars n'étant pas rares à l'époque.

Et comme ces délits constituent des attaques contre la confiance (*trust*), ils produisent de la méfiance (*distrust*) à l'égard de l'ensemble du système économique, ce qui n'est pas le cas du crime ouvertement perpétré qui mobilise l'opinion et les forces de l'ordre. En ce sens, ils sont nocifs car ils représentent des facteurs de désintégration sociale. Beaucoup sont commis par des corporations — des entités qu'il est difficile de faire condamner, qui bénéficient d'une certaine immunité de fait (seule pénalité, l'amende, qui frappe l'actionnaire). Dans sa volonté de changer la perspective sur le crime, Sutherland démontre qu'il n'est pas que le fait des classes défavorisées. Il inscrit donc le *white collar crime* dans la continuité de sa réflexion sur « differential association » dont il donne une explication toutes classes confondues :

> Criminal behavior (in both classes) is learned in direct and indirect association with persons who had practiced the same behavior previously and in relative isolation from those who opposed such behavior. [...] In both classes, a person begins his career free from criminality, learns something about the legal code which prohibits certain kinds of behavior, and also learns in variant groups that other kinds of behavior which conflict with the general code may be practiced. Through contact with these variant cultures he learns the techniques, rationalizations and the specific drives and motives necessary for the successful accomplishment of crimes [...] It is obvious that no general motive or drive, such as the profit motive or frustation will explain criminal behavior since those general motives and drives are characteristic of both criminal and lawful behavior[1].

Dans son intérêt pour *trust*, Sutherland s'en prend aux échecs de l'application de la loi anti-trust, particulièrement à l'ordre du jour sous le New Deal, traumatisé par le Crack boursier de 1929, attribué aux cartels. Le New Deal n'est pas le premier à s'attaquer aux trusts ; les premières lois anti-trust sont votées dès 1890, contre les *robber barons*, avec le passage du Sherman Act, qui déclare illégale toute « combination in the form of trust ». La loi préconise que la concurrence doit être protégée, pour préserver les consommateurs de prix fixés arbitrairement, et pour empêcher la concentration des fortunes dans la main de quelques individus ou corporations. Elle est suivie d'autres éléments de législation, comme le Clayton Antitrust Act passé sous Wilson, en 1914, qui fournit une liste des activités illégales (la vente à perte, et les comités de direction partagés entre entreprises prétendument concurrentes) et le Federal Trade Commission Act en 1914, qui remplace le Bureau of Corporations de 1903 et dont la principale activité consiste à vérifier les situations de concurrence entre entreprises.

---

1 Sutherland, 1941, p. 116.

Ces lois, créées pour éviter les situations de monopoles, ne conviennent pas aux grosses entreprises, qui préfèrent s'entendre pour fixer les prix à leur convenance. Elles ont alors besoin de faire pression sur les entrepreneurs récalcitrants, d'où leur recours au crime organisé et à ses moyens d'extorsion et d'intimidation. Selon Sutherland, les corporations gagnent alors des milliards en « illegal excess benefits », non-déclarés au trésor public, en violant les lois anti-trust. Le crime organisé y trouve aussi son compte, d'autant que, les crimes corporatistes faisant l'objet de peu d'attention, il peut être assuré d'un certain silence sur des activités bien plus lucratives que le simple cambriolage.

Sutherland est un des seuls à critiquer le choix de la société américaine de mettre l'accent sur les crimes des pauvres, plutôt que sur celui des riches. En fait, la violation des lois anti-trust ne pose pas une réelle menace à la structure du libéralisme corporatiste, qui vise le contrôle monopolistique d'un secteur du marché. L'avantage de ces lois pour les corporations qui s'établissent alors tient à ce qu'elles assurent une certaine stabilité au marché, — une fonctionnalité qui rassure les citoyens et les consommateurs, sans empêcher la ré-organisation (mieux cachée cependant) de réels monopoles, souvent des cartels, qui utilisent plusieurs sociétés-écrans pour une direction unique. Cette fonctionnalité permet de prédire les actions des autres concurrents, de contrôler les coûts (notamment des matières premières) et d'empêcher l'intervention du gouvernement par la création de toutes une séries d'agences-tampons contrôlées par des experts issus de leurs secteurs d'activité.

Le crime organisé entre *white collar* et *blue collar*

Si les *robber barons* ont laissé passer ces lois, c'est aussi par peur des mouvements sociaux radicaux (montée du vote socialiste dans les années vingt, établissement du régime communiste soviétique, etc.). À cette peur réelle s'ajoute le risque d'être pris au piège au niveau local de la législation, car les fermiers et d'autres concurrents plus petits étaient très opposés à leurs pratiques douteuses. En outre, le mouvement progressiste était d'avis qu'il fallait que les échelons des municipalités locales et des États fédérés reprennent le contrôle du *big business*, comme dans le cas du Wisconsin au début du XXe siècle sous la houlette de Robert La Follette (réglementation des chemins de fer, taxation des corporations, etc.). Ce fut d'ailleurs un des arguments de

Sherman pour faire passer sa loi[1]. Ces pressions expliquent que les corporations ont elles-mêmes fait appel à l'État fédéral, pour qu'il les protège des décisions locales et des débordements fermiers et ouvriers. Elles ont eu tout avantage à contrôler le processus politique et à négocier âprement le contenu des lois. Ces dernières ont exigé des standards de production et de qualité très élevés, qui ont très efficacement, et en toute légalité, éliminé les plus petits concurrents, incapables de les atteindre. Le gouvernement, pris dans les tenailles du « triangle de fer » (association d'un secteur de l'industrie, de son lobby et de la commission parlementaire chargée d'élaborer la législation du secteur) a donc fait le jeu des grandes entreprises, sans pour autant passer de législation favorable aux ouvriers.

Les ouvriers pendant toute la période d'expansion du crime organisé se sont trouvés assez démunis face aux grosses corporations et très dépendants de la législation passée à leur égard. Celle-ci ne leur est pas très propice car toute action de leur part (notamment le boycott ou la grève) peut être jugée comme une « conspiracy in restraint of trade » et considérée comme une violation du Sherman Anti-Trust Act, selon la décision de la Cour Suprême de 1908 (dans le cas des *Danbury Hatters*). Ce n'est que dans une des clauses du Clayton Act que cette restriction est suspendue, ce qui calme les milieux syndicalistes de l'American Federation of Labor. Mais ce n'est qu'en 1938, avec le passage du Fair Labor Standards Act, ou Wagner Act, lors de la deuxième phase du New Deal que se mettent en place les droits de négociation collective (*collective-bargaining rights*). Le Wagner Act rend illégales des pratiques comme l'espionnage des syndicats, le renvoi de syndicalistes récalcitrants, les listes noires, les intimidations et les menaces sur l'emploi. Il permet aussi aux organisations ouvrières d'émerger dans des secteurs jusque-là protégés par les grosses corporations, comme l'acier, l'automobile et le textile tandis que d'autres secteurs (comme la restauration, la vente à l'étalage ou le blanchissage), où se retrouvent les ouvriers non-qualifiés et les immigrés récents, ne se syndicalisent pas.

Les relations des grosses corporations au *labor* restent assez mercenaires : les ouvriers font partie du système. D'où la volonté de coopter les syndicats ou, à défaut, de les contrôler. Pearce souligne l'importance de la National Civic Federation, créée en 1900, toujours très active dans les années trente, qui court-circuite les positions ouvrières les plus radicales (qui avancent l'incompatibilité d'intérêts entre capitalisme et monde ouvrier)[2]. Pendant le New Deal, les relations d'intérêts partagés entre État, corporations et ouvriers se sont resserrées avec l'institution de la National Recovery Administration et la propagation corporatiste

1 Hofstadter, 1967, le chapitre « What happened to the Anti-trust Movement ? ».
2 Pearce, 1967, p. 276-277.

d'un « welfare capitalism », qui dans certains cas va même jusqu'à l'intéressement des ouvriers aux résultats de l'entreprise. Le fordisme fait le reste, qui développe les incitations à la consommation individuelle et s'appuie sur une équation du type : salaires corrects + temps libre = hausse de la consommation, l'ouvrier étant souvent le premier client de son entreprise.

Ce n'est que dans les années quarante que les syndicats auront assez de force (notamment après la création du National Labor Relations Board, qui veille à l'équité des élections syndicales) et le gouvernement fédéral de Roosevelt assez d'autonomie pour refuser d'intervenir aux côtés du patronat dans les conflits ouvriers. En conséquence, il en viendra à discuter avec les syndicats à la table des négociations.

Ces relations mercenaires sont instrumentalisées par les corporations dans leurs relations aux syndicats. Reuter décrit avec précision le *labor racketeering* définit comme « the intrusion of members of criminal groups into positions of power within unions[1] ». Il insiste sur l'implication des racketteurs dans les conflits entre patronat et salariat, la pègre pouvant utiliser à ses fins les deux partis engagés dans la bataille. Il décrit ces activités dans le secteur de la confection mais aussi de l'alcool, de l'abattage et de la boucherie (*meatpacking*). Le *labor racketeering* n'est pas mentionné dans les recherches des années trente-quarante, sauf par Landesco, passé sous silence. Ce n'est qu'avec Anderson et Hutchinson que ce sujet est abordé frontalement. Anderson montre l'implication d'une famille mafieuse dans des entreprises légitimes de sa ville d'analyse (Seattle), sans toutefois avancer qu'elle permet de contrôler tout le secteur industriel[2]. Hutchinson se concentre sur les conséquences du racket sur les syndicats plus que sur les secteurs industriels concernés, s'appuyant sur des données du Select Committee on Improper Activities in the Labor or Management Field[3].

Mais ni Hutchinson ni Anderson ne précisent pourquoi le racket apparaît dans certains syndicats et pas dans d'autres, et pourquoi il domine certains secteurs industriels seulement. Reuter pense que c'est dans les secteurs à tendance oligopolistique qu'il se développe et, par voie de co-dépendance, dans les syndicats attachés à ces secteurs. Paradoxalement, les lois anti-trust ont un effet pervers, car elles s'appliquent aux syndicats seulement dans le cadre de leurs activités, pas de leurs investissements (qui peuvent donc être manipulés) : « Antitrust serves as a constraint on efforts to dominate any input to a market except one

1 Reuter, 1983, p. 51.
2 Anderson, 1979.
3 Hutchinson, 1972 ; McClellan Committee, 1957-1968.

— labor. Control of a union, which is automatically exempted from antitrust, offers a unique opportunity for extortion of an industry[1]. »

Le passage de l'entreprise individuelle du racket au contrôle d'un secteur du marché suppose une certaine organisation et le désir de maîtriser les risques et les coûts. Les activités de concurrence déloyale, d'intimidation, de recel et d'écoulement d'objets volés deviennent bien plus risquées, en comparaison, que l'infiltration syndicale. « It is a high-risk strategy compared to the abuse of union power, through which bullying can be given an ideological twist[2]. » Cette « tournure idéologique » est remarquée par d'autres chercheurs comme Abadinsky, qui décrit le crime organisé comme non-idéologique. En fait, le racket, ce parasitisme sur le travail des autres, implique une certaine proximité avec les syndicats, l'implication politique en moins. Les entreprises ont pu voir un certain intérêt dans le soutien de ces *racketeers* contre le milieu ouvrier. D'autant que l'assimilation entre les deux auprès de l'opinion publique ne pouvait que nuire aux syndicats tout en effaçant le rôle des patrons. Elle permet aussi de les empêcher de s'unir ou de développer une pensée cohérente et critique du système et d'essayer de le détruire de l'intérieur. Comme pour le corporatisme libéral, il y a un consensus tacite, une « transparence » du crime organisé, qui fait qu'il se présente comme une évidence, et comme inévitable dans les formes qu'il adopte, tant pour l'*upperworld* que pour l'*underworld*.

Reuter insiste sur l'ambiguïté de l'instrumentalisation des syndicats :

> The union is a perfect tool for disciplining firms that will not follow conspiracy rules, for it dresses up cartel enforcement as the more socially acceptable enforcement of union rules. Employers may find themselves hauled before grievance proceedings to face false charges of failure to meet their union obligations. Customers may find themselves picketed by workers claiming that the supplier is not properly unionized. If the employer is not already unionized, the union may refuse to permit unionization without the firm's also joining the conspiracy[3].

Selon lui, cependant, suite aux changements dans la législation et à l'organisation croissante des ouvriers spécialisés, les secteurs industriels les plus à risque d'infiltration sont ceux où il y a des travailleurs sans formation (*low skill workers*), peu conscients de leurs droits et peu aptes à les exercer. Ce sont des secteurs organisés horizontalement, où une myriade de petites entreprises parcellisées fournit la même denrée avec les mêmes moyens de distribution. Il pense à la collecte d'ordures, à la confection, au camionnage et à la vente à l'étalage. C'est là que les racketteurs sont le mieux à même de contrôler le marché par le contrôle des

---

1 Reuter, 1983, p. 55.
2 Reuter, 1983, p. 56.
3 Reuter, 1983, p. 56.

syndicats[1]. Comme dans les entreprises légales, le but est de ne pas se faire repérer comme monopole, à cause des lois anti-trust, ce qui mène à la constitution de cartels, c'est-à-dire une fausse diversification du marché (*dummy corporations*), même si tout est contrôlé à partir d'une même direction ou d'un même gang. Cela limite les risques de repérage, d'autant que les lois anti-trust, fédérales, ne peuvent être appliquées que pour le commerce entre États, et pas au sein d'un même État.

Ces trois éléments de la réalité économique américaine de l'époque, s'ils n'expliquent pas parfaitement l'existence marquée du crime organisé, en illustrent certains traits structurels et le font apparaître comme une réponse sociale à l'écart entre l'image donnée par le système libéral corporatiste et la réalité du monde du travail. Le crime organisé répond à une pression (*strain*) du milieu urbain et du tissu des entreprises corporatistes, qui oblige à une réponse en accord avec ce milieu ; il ne dérive pas d'une déviance de sous-culture, avec une revendication sociale claire et une conscience de classe affirmée (à la différence du mouvement des suffragettes de l'époque ou des droits civiques dans les années soixante). Il s'inscrit dans le régime du marché libéral, avec une certaine rationalité que la seule anomie ne suffit pas à justifier.

En fait, il y a des facteurs d'organisation et de désorganisation du crime, qui le font à la fois avoir des ressemblances avec l'organisation de l'économie légale et des dissemblances. Il est défini par les possédants, comme tout ce qui constitue des attaques à la propriété individuelle, ce qui peut amener à cacher ou diminuer le risque des crimes du type col blanc (sauf le détournement de fonds, qui est contrôlé). La représentation idéologique des États-Unis comme pays de la libre-entreprise établit de profonds décalages entre le rêve (libre concurrence entre individus) et la réalité (contrôle des corporations monopolisitiques sur les instances gouvernementales). La nature brutale de l'ordre économique, avec ses étapes de crises, de dépressions et de reprises (*boost and bust*), est compensée par des périodes de réformes, qui essaient d'atténuer les difficultés des classes défavorisées. Mais ces réformes peuvent être vues comme des moyens de contrôler les plus pauvres, notamment la classe ouvrière, qui est criminalisée quand elle ne peut être cooptée.

En fait le modèle corporatiste et le modèle clientéliste sont moins des descriptions contradictoires que des manifestations d'une période de mutation chaotique. C'est peut-être dans les zones de contact avec les entreprises légitimes que le crime organisé est le plus organisé et le plus proche du modèle corporatiste. Il bénéficie alors des attributs du secteur industriel qu'il a infiltré ou des corporations qui l'utilisent pour réduire la concurrence. Pour le reste, l'espérance de vie (assez courte) des criminels,

1 Reuter, 1983, p. 56-57.

le risque d'emprisonnement et la concurrence d'autres gangs maintiennent la dimension clientéliste et vont à l'encontre de ce qui fait aussi le pouvoir d'une organisation : sa longévité et sa visibilité.

Conclusion : l'américanisation des mafias

Les réformateurs ne se sont jamais posé la question de savoir si le gangster répondait à l'attitude ambivalente des Américains envers la réussite, c'est-à-dire à la consécration de ceux qui prospèrent, doublée d'une conviction — sans doute d'origine religieuse — selon laquelle une punition exemplaire châtiera ceux qui, transgressant, ont eu la malchance d'être démasqués. « Les Américains ont un talent extraordinaire pour accepter les compromis et les affaires les plus douteuses en politique et pour ensuite exiger une répression extrême des dévoiements au nom de la morale », observe Bell [1]. L'esprit de la Frontière, le côté aventureux, entrepreneurial, inhérent à l'idéologie du Rêve américain, parfaitement illustré lors de la période des *Roaring Twenties*, a toujours été dénoncé au nom de la morale puritaine par les Anglicans réformateurs agissant comme des croisés et ne reconnaissant pas les contradictions au sein des aspirations américaines et les moyens de les surmonter.

Prenons à titre d'exemple le cas des paris clandestins. La question du crime organisé en Amérique ne peut se comprendre si l'on n'apprécie pas le rôle spécial du jeu, organisé au sein d'une économie axée sur la consommation de masse... Le changement le plus significatif dans le domaine du crime « institutionnalisé » au cours des années quarante tient à l'importance croissante du jeu et des paris clandestins, en particulier des paris urbains, par rapport à d'autres types d'activités illégales. Si aux yeux de la justice locale, les paris étaient illégaux dans les années 1940, les Américains, eux, n'y voyaient rien de répréhensible : les Églises elles-mêmes avec les jeux de bingos et avec les loteries en tiraient avantage. Contrairement aux sénateurs de la commission Kefauver, ils n'étaient certainement pas convaincus que tous les gros parieurs étaient des gangsters... Ce que le sénateur Kefauver et son entourage n'ont jamais compris c'était que la pègre comme les joueurs et tous les gangsters en général cherchaient à devenir presque respectables et à se trouver une place dans la société américaine[2]. On ignore parfois que dans les années quarante les paris clandestins étaient l'une des industries les plus lucratives des États-Unis. Selon la commission Kefauver, elle brassait environ 20 milliards de dollars, bien que ce chiffre demeure approximatif. Les gangsters s'y sont immiscés au cours des années trente lorsque la fin de la Prohibition les a

1 Bell, 1962, p. 128.
2 Bell, 1962, p. 136, 138.

contraints à trouver d'autres sources de revenus. La « démocratisation » du jeu, l'intérêt des classes moyennes pour les casinos et pour le jeu comme forme de divertissement s'est faite grâce à l'embellie de l'économie. En cherchant à se donner une cote de respectabilité, le jeu a dû s'imposer sur des formes d'illégalités plus anciennes et plus criminelles. C'est ainsi que l'industrie de la prostitution dans les années trente-quarante est devenue moins lucrative pour les gangsters que le jeu, ne serait-ce qu'en raison de l'arrestation de gros bonnets de la prostitution. De plus, les mœurs ayant changé, la prostitution compromettait la quasi-respectabilité et l'acceptation tacite que les joueurs et les parieurs avaient acquises dans la société américaine.

Toutes les couches de la société américaine, du petit épicier aux sénateurs et aux présidents, ont été influencées par le crime organisé, qu'il s'agisse de services urbains, tel le ramassage d'ordures, de restaurants rackettés, de trafics d'influence et d'attitudes philanthropiques qui perdurent de nos jours. Comme le remarque Michael Corleone dans le dernier épisode de la trilogie du *Parrain*, « Les temps changent. De nos jours, les philanthropes comme les Rockefeller nous servent d'exemple. D'abord on vole tout le monde, puis on donne aux pauvres »[1]. Al Capone était célèbre pour ses soirées fastueuses et ne manquait jamais de rappeler combien la Prohibition l'avait enrichi. Sans aristocratie, l'Amérique s'est trouvé des héros qui ont frappé son imagination par leur ambivalence. Comme l'avait observé Tocqueville, « sous les régimes aristocratiques, on produit peu de grandes peintures ; dans les régimes démocratiques, un grand nombre, sans intérêt. Dans les premiers, les statues sont faites en bronze ; dans les seconds, elles sont moulées dans le plâtre[2] ». Certains gangsters ont été identifiés au Rêve américain de la réussite et de l'abondance. Ainsi, en 1930, dans leur classement des dix hommes les plus importants de l'époque, les étudiants de l'école de journalisme Medill à Chicago plaçaient Al Capone aux côtés de Linbergh, Mussolini, Einstein, Hoover et Gandhi[3].

En jouant sur toutes ces ambivalences et en reflétant profondément un mode de vie américain, le crime organisé a trouvé sa place au cœur du système. Pouvoir et corruption sont interdépendants et il est extrêmement difficile de rompre leurs liens. Selon un cycle continu, les réformes elles-mêmes contribuent au renouveau des modes de corruption. Corruptions politiques et bureaucratiques vivent en rapport de symbiose avec le crime organisé. Aussi le crime organisé est-il plus que jamais florissant.

---

1 Coppola, 1990.
2 Cité par Tosches, 1993, p. 28.
3 Kobler, 1972, p. 369.

II

Le crime organisé à l'écran

Introduction
Western et film criminel

Deux genres (le western et le film criminel) et deux héros (le cow-boy et le gangster) dominent depuis un siècle la culture de masse américaine et son plus beau fleuron, le cinéma hollywoodien. Le premier, quoiqu'il puise parfois, notamment à ses débuts, à des sujets contemporains (l'attaque du « grand rapide » qui inspire *The Great Train Robbery* — Edwin S. Porter, 1903 — remonte seulement à quelques mois quand le film est tourné), est lié pour l'essentiel à l'histoire de la conquête du continent nord-américain et au passé agraire de la nation. Son essor coïncide avec la « fermeture » de la frontière à la fin du XIXe siècle, et c'est donc, dès ses origines, un genre rétrospectif, teinté de nostalgie, voué à la célébration d'un Ouest « pastoral » largement mythique et en tout cas révolu. Le second accompagne le développement de la vie urbaine contemporain de l'avènement du cinéma aux États-Unis et en « reflète les soubresauts »[1]. Comme le remarque Jonathan Munby :

> Unlike other central national myths, such as the cowboy and the Western outlaw, the gangster never allows an escape from the problems of the here and now. He is not so much about the past or an alternative landscape as he is about the inescapable truths of the urban present[2].

Évoquant le début de *Little Caesar* (Mervyn LeRoy, 1930), Stuart M. Kaminsky souligne de son côté la façon dont ce film réoriente la mythologie nationale sur l'axe Est-Ouest :

> We first meet Rico and Joe in a small town [...] where we learn that Rico wants to go to the big city, « East », and make something of himself like

---

1 Ciment, 1992, p. 14.

2 Munby, 1999, p. 2. Perdu dans la campagne, loin de son gang et de son milieu urbain, le Joe Krozac de *The Last Gangster* (Edward Ludwig, 1937) ne doit son salut qu'à la formation de boy scout de son jeune fils qui l'accompagne.

> « Diamond » Pete Montana, about whom he has just read in a newspaper. Rico leaves rural America, the last vestige of frontier echoes, to make his way in the new American frontier — the big industrial urban complex. It is the exact reversal of the other primary American film genre, the Western, in which the hero frequently has come from the East to escape the constrictions of the urban scene, the new America[1].

Western et film criminel conservent cependant des points communs. Chacun illustre et dramatise à sa façon le Rêve américain, et les deux genres présentent de ce fait d'évidentes correspondances thématiques et formelles : par exemple une même fascination pour la violence (même si elle s'accompagne d'une apparente réprobation), associée au même goût ancestral des armes à feu (le *showdown* westernien, à la loyale et au grand jour — *high noon* — s'oppose cependant aux fusillades nocturnes et souvent aveugles du film criminel) ; une même contradiction entre l'individu et le groupe, entre le désir naturel de transgresser la loi et la nécessité sociale de s'y soumettre. À cet égard, le couple antagoniste flic/gangster peut apparaître comme une version modernisée du couple shérif/hors-la-loi[2]. Mais le western, malgré le scepticisme qui l'envahit dans ses années « crépusculaires », reste porté par un élan « horizontal » (l'euphorie des espaces infinis, de l'*open range* et des promesses d'abondance de l'Ouest américain), tandis que le film criminel, malgré l'énergie et l'enthousiasme « démocratiques » que projettent ses héros[3], s'alimente d'emblée à un malaise « vertical », celui que suscitent l'architecture vertigineuse et la claustrophobie des mégalopoles[4], et transforme l'image urbaine des années trente et quarante, malgré son réalisme parfois quasi documentaire, en sombre paysage moral et métaphysique : « not the real city, but that dangerous and sad city of the imagination [...] which is the modern world »[5].

---

1 Kaminsky, 1974, p. 30.

2 Jean-Loup Bourget en donne un exemple frappant : « *Law and Order*, western d'Edward L. Cahn, est une parabole transparente sur l'Amérique contemporaine, apportant un soutien explicite à l'action du gouvernement fédéral, qui fait appel au FBI — comme dans l'Ouest il y avait des *federal marshals* — pour nettoyer des villes comparées aux communautés de l'Ouest lorsqu'elles étaient sous la coupe des hors-la-loi, avant l'arrivée des shérifs à poigne tel Wyatt Earp. Symétriquement, dans *The Beast of the City* de Charles Brabin, un officier de police, las des atermoiements des politiciens et de leur collusion avec les gangsters par avocats véreux interposés, décide avec ses hommes de prendre les choses en main et d'aller provoquer les gangsters à la loyale, pour un *shoot out* — un règlement de compte — auquel ceux-ci ne pourront pas, pour une fois, se soustraire. On trouve, dans les deux films, le même scénariste (William R. Burnett, scénariste de *Little Caesar* de LeRoy), le même interprète (Walter Huston, "Saint Johnson", shérif intègre et implacable dans *Law and Order*, capitaine de la police dans *The Beast*). » (Bourget, 1998, p. 62.)

3 « I believe that gangster pictures project the exciting, energetic and equalitarian qualities of American life » (Rosow, 1978, p. 1.)

4 « À l'espace du western, ouvert, horizontal et optimiste, s'oppose le décor urbain, vertical, oppressant et pessimiste du film criminel. » (Ciment, 1992, p. 15.)

5 Warshow, 1962, p. 131.

L'exploitation économique et la vie sordide des immigrants dans les ghettos du début du siècle, la répression politique et sociale de la classe ouvrière, la Prohibition et l'expansion de la criminalité pendant les « années folles », les souffrances de la Dépression, la guerre, enfin, et l'angoisse atomique qui lui succède, alourdissent au fil des décennies le pessimisme foncier du genre et nourrissent son discours critique — et son potentiel contestataire. Le film criminel a ainsi prospéré surtout dans les années de crise (exemplairement pendant les années trente) et à des époques où le western, au moins dans sa version « épique » (celle, dans les années vingt, de *The Covered Wagon* de James Cruze et de *The Iron Horse* de John Ford, ou encore, à l'aube du parlant, de *The Big Trail* de Raoul Walsh), tendait au contraire à se raréfier.

Les huit chapitres qui suivent s'efforcent de mettre en évidence les relations multiples et parfois complexes entre les films et l'époque à laquelle ils ont été produits, époque qu'ils reflètent (plus ou moins directement) mais que, à l'évidence, ils influencent aussi. Il convient cependant de garder à l'esprit que les faits culturels, même s'ils s'inspirent précisément de l'actualité (ce qui est particulièrement vrai des films de gangsters), ne relèvent pas de la même temporalité que les faits politiques, ou même que les faits économiques et sociaux. Ces pages auront donc également souci de faire apparaître, par-delà la diversité qui marque son évolution, la *continuité* du genre[1] : celle, en particulier, d'un regard toujours ambivalent, souvent critique et parfois subversif, où l'adhésion fondamentale au Rêve de l'Amérique est confrontée en permanence à la violence de ses réalités et à la profondeur de ses incertitudes.

---

1 Cette continuité du genre est soulignée par l'homogénéité de son inspiration : l'écrivain W. R. Burnett se trouve ainsi à l'origine des scénarios de *Little Caesar* (1930), *High Sierra* (1941) et *The Asphalt Jungle* (1950). Ou encore par l'intertextualité liée au retour des mêmes acteurs, vedettes ou seconds rôles : par exemple Vince Barnett, qu'on retrouve, non sans riches échos, dans *Scarface* (1931) et *The Killers* (1946).

9

Apaches sans paroles : aux origines du film de gangsters

Westerns et films criminels constituent dès l'origine une part substantielle de la production cinématographique aux États-Unis. Mais c'est dans les courts métrages réalisés par David Wark Griffith pour la compagnie Biograph entre 1908 et 1912 que le film criminel s'impose vraiment comme genre, avec son décor repérable (le ghetto crapuleux où s'entassent les immigrants) et ses thèmes récurrents : la délinquance forcée par la misère, la lutte entre les gangs, le partage du territoire urbain, la brutalité endémique, la traite des blanches, les ravages de l'alcool et de la drogue, la corruption de la police et des politiciens et la complicité plus ou moins active et hypocrite des capitaines de l'industrie et de la finance. Quand Griffith tourne *The Musketeers of Pig Alley* (1912) dans la 12e rue Ouest (les studios Biograph qui l'employaient n'étaient pas loin, dans la 14e rue Est), les gangsters irlandais et juifs (Five Pointers, Plug Uglies et autres Hudson Dusters) tiennent le haut du pavé[1]. « Tammany Hall », la machine politique démocrate qui contrôle Manhattan (et notamment les saloons et les établissements de jeu et de prostitution les plus lucratifs), utilise le redoutable Gas House Gang comme une sorte d'armée privée : les jours de vote, les hommes de main bourrent les urnes, intimident les électeurs et parfois liquident les opposants ; en échange, les politiciens les protègent de la police et des poursuites judiciaires. Le quartier où Griffith filme est alors sous l'emprise d'un vrai gangster, Al Rooney ; c'est là qu'un an plus tôt, Big Jack Zelig a

1 Il y avait davantage de gangs à New York à l'aube de la Première Guerre mondiale qu'à n'importe quelle autre période de l'Histoire.

« exécuté » Julie Morell avant d'être lui-même abattu dans un tram de la 2e avenue voisine. L'œuvre doit son réalisme à cette proximité crapuleuse, autant qu'à l'actualité dont s'inspire le scénario (le « fléau social » des rackets et de la corruption à New York). L'aspect « documentaire » est encore renforcé par la participation de véritables gangsters à l'interprétation (« Kid » Broad et « Harlem Tom » Evans, deux truands notoires de l'East Side). La famille Luciano n'habitait pas très loin non plus : Kevin Browlow calcule que le jeune Lucky avait quinze ans en 1912, et il l'imagine assistant au tournage, « drawn as if by a magnet to where the exterior shots of *Musketeers* were made and staring with admiration at the Gish Sisters »[1]. Malgré l'engagement civique que professe le film (le *Biograph Bulletin* le présente comme un appel à l'« action radicale » contre le crime organisé[2] — ce qui fait penser aux cartons introductifs des « classiques » du début des années trente), il apparaît ici déjà une complicité peut-être structurelle, ou au moins une fascination mutuelle, entre le monde des gangsters et celui du cinéma. L'histoire de Hollywood et celle du crime organisé en fourniront beaucoup d'autres exemples.

Dans le cinéma des années dix, la représentation du crime organisé sur les écrans américains a reflété l'inquiétude des élites culturelles protestantes blanches face à l'urbanisation et à l'immigration galopantes des deux premières décennies du siècle. Jonathan Munby interprète en ce sens les films criminels de cette époque comme des fictions inspirées par l'idéologie nativiste des classes moyennes et leur vision fantasmatique de « la façon dont vit l'autre moitié » (« how the other half lives »). Le genre aurait ainsi pour fonction de conjurer « l'influence déstabilisante de l'immigration, de l'industrialisation, de l'urbanisation et de la consommation »[3], sur la culture « authentiquement américaine » de l'Amérique WASP.

> In conflating new Americans with the corrosive « un-American » forces of the city, the image of the ethnic-as-gangster certainly helped sustain such anti-urban and anti-immigrant sentiments[4].

Malgré son rejet de la bonne conscience puritaine et du terrorisme des ligues de vertu[5], Griffith, par son éducation sudiste, son racisme nativiste et son sentimentalisme victorien, incarne cette idéologie. Son œuvre marque d'ailleurs sur ce plan une nette rupture, à l'aube des

---

1 Kevin Brownlow, *Behind the Mask of Innocence. Sex, Violence, Prejudice, Crime : Films of Social Conscience in the Silent Era*, Berkeley/Los Angeles, University of California Press, 1990, p. 183.
2 Cité par Ciment, 1992, p. 21.
3 Munby, 1999, p. 5.
4 *Ibid.*, p. 21.
5 Qui fera de lui un adversaire résolu de la Prohibition.

années dix, avec l'inspiration plus populaire et plus « ethnique » du cinéma des premiers temps (celui des *nickelodeons*). Le premier grand « auteur » de l'histoire du cinéma stigmatise l'Amérique « moderne », son urbanisation sauvage et son évolution démographique, au nom des valeurs jeffersoniennes de la petite ville (*small town*) et selon l'opposition manichéenne de l'innocence rurale et de la décadence urbaine.

Avant l'avènement du cinéma, cette pensée, à la fois réactionnaire et réformatrice, avait trouvé son iconographie dans l'œuvre photographique de Jacob Riis. Une planche de *How the Other Half Lives*, en particulier, résume l'idée du ghetto comme vivier du crime. Il s'agit de la photo intitulée *Bandit's Roost* (1890), où quelques hommes pauvrement vêtus (mais deux d'entre eux arborent d'impeccables feutres) et ostensiblement oisifs fixent l'objectif d'un air vaguement menaçant (l'un des hommes, portant barbe et chapeau mou, tient un bâton qui ressemble au double canon d'un fusil). Le cadre est une ruelle crasseuse, dickensienne, dont les dalles luisantes sont jonchées de débris et d'immondices. Les vilains draps suspendus entre les fenêtres et le brouillard à l'arrière-plan, que rehausse le flou du *soft focus*, achèvent de boucher l'horizon. Il ne fait guère de doute que Griffith a puisé son inspiration à cette image. Un des cartons de *The Musketeers of Pig Alley* décrit d'ailleurs le Lower East Side comme « New York's other side », allusion manifeste à l'ouvrage de Riis[1].

Réhabiliter (*uplifting*) l'« autre moitié » par une *américanisation* qui résorbe sa différence criminogène : tel est le « message » du film criminel des années dix, qui prolonge en l'illustrant le discours réformateur de l'époque[2].

Tourné en Californie, *The Gangsters and the Girl* est produit par Thomas Ince en 1914 et réalisé par Scott Sidney. Le film inaugure un thème qui deviendra populaire : celui du détective qui infiltre un gang

---

1 « This image, while pretending to be a captured natural moment, was in fact arranged and staged. We look not at the world as seen by the so-called bandits, but at a projection dictated by the middle-class perception of the slum dweller as threat. » (Munby, 1999, p. 23-24.)

2 Par son rejet sans ambiguïté de l'« hyphenated American », le serment de citoyenneté rédigé par les Daughters of the American Revolution faisait apparaître la stricte hiérarchie ethnocentrique qui préside à cette naturalisation : « If you take this Oath in true faith you are a true citizen of the United States of America. You are not an Italian-American. You are not a Spanish-American. You are not a German American, nor any other kind of a hyphenated American YOU ARE AN AMERICAN. There is no prouder title than Citizen of the the United States of America. It is now yours. YOU ARE AN AMERICAN. » (Cité par Munby, 1999, p. 29-30.) *The Italian* (Reginald Barker, 1915) aura sans doute été un des derniers films du muet à valoriser l'*histoire* et la *culture* de l'immigrant : un cireur de chaussures new-yorkais y est entraîné à son corps défendant dans des activités douteuses par des politiciens (bien américains) en quête de bulletins de votes. Francis Ford Coppola a vu ce film et s'en est inspiré pour son *Godfather, Part II.*

pour le détruire — on le retrouve dans deux films de William Keighley, *Bullets or Ballots* (1936) et *The Street With No Name* (1948) et dans *White Heat* de Raoul Walsh. Mais les malfaiteurs de *The Gangsters and the Girl* ne sont guère « organisés ». On les jugerait même plutôt rassurants dans leur banalité de petits délinquants ethniques — sans grand rapport avec les entreprises criminelles à grande échelle qui vont se constituer à l'occasion de la Prohibition.

Comme *The Musketeers of Pig Alley*, l'admirable *Regeneration* de Raoul Walsh (1915) est tourné dans des décors réels (le port de New York et le Lower East Side). Il raconte l'histoire d'Owen Kildare, un des « rois » du Bowery des années 1890. Illettré à trente ans, Kildare avait publié son autobiographie à trente-huit, après qu'une institurice dont il était tombé amoureux lui eut appris à lire et à écrire. Le film porte déjà la marque du cinéaste : l'énergie de la direction d'acteurs, l'invention de la mise en scène et le rythme du montage sont typiques de son style. Mais c'est surtout le réalisme du regard qui frappe le spectateur d'aujourd'hui, réalisme qui s'enrichit, une fois encore, de la présence de véritables gangsters parmi les interprètes. Par l'intérêt qu'elle porte au cadre urbain et à l'environnement social, l'œuvre annonce en outre les films de la seconde moitié des années trente (*Angels With Dirty Faces*, *Dead End*), qui considèrent l'enfance et les conditions de vie du gangster comme une cause importante, sinon décisive, de la criminalité :

> Owen's environment is the Bowery and the Lower East Side, its streets choked with people and pushcarts. He is surrounded by squalor, drunkenness, and brutality. As a boy, he is sent to the saloon for beer. Too young to be allowed in, he squats at the entrance and passes the pail (« growler ») underneath the swinging doors. On the way home, he drinks some of the beer — the way so many slum children were introduced to alcohol[1].

On songe à la séquence introductive de *The Public Enemy* (William Wellman, 1931), où Tom et son ami Matt vont eux aussi chercher la bière familiale. Mais peu de films criminels du muet égalent cette force documentaire.

Traffic in Souls (George Lone Tucker, 1913) offre un exemple cardinal de l'association entre criminalité et immigration, mais il ne flatte aucun racisme et n'a guère d'autre reproche à faire aux étrangers que celui de leur inexpérience et de leur naïveté. C'est le film le plus célèbre consacré à la traite des blanches — avant que le Code Hays en fasse un sujet tabou. La question provoque un grand débat de société entre 1907 et 1910, et une commission du Congrès enquête pendant ces trois années sur le sort de jeunes immigrantes attirées aux États-Unis par des gangs spécialisés et prostituées de force dans les bordels des grandes villes.

1 Brownlow, *op. cit.*, p. 194.

Traffic in Souls raconte l'histoire de deux Suédoises enlevées à leur descente du bateau par les représentants d'une frauduleuse « Swedish Employment Agency ». Le réseau criminel qui sera finalement démasqué implique des bourgeois respectables qui ont pignon sur rue et dont les familles mêmes ignorent le trafic honteux qui les enrichit. Le film remporta un succès énorme, et les services de l'immigration en projetèrent longtemps des copies aux jeunes femmes non accompagnées retenues à Ellis Island en attente d'être accueillies sur le territoire américain.

Considérée comme un « problème à traiter » dans *Traffic in Souls*, l'ethnicité est au contraire diabolisée dans *The Penalty* (Wallace Worsley, 1920), un des films les plus étonnants de l'acteur Lon Chaney (« l'homme aux mille visages »). Amputé des deux jambes par un médecin inexpérimenté à la suite d'un accident de la circulation, un jeune Californien devient le plus grand truand de San Francisco, « The Buzzard », à la tête d'une machine criminelle qui exploite des femmes dans des ateliers clandestins et entraîne des bandes d'immigrants aigris à la révolution armée (la peur des rouges n'a pas attendu les années cinquante pour investir le film criminel). Aux confins du film d'horreur (dans lequel il se spécialise, notamment dans les films de Tod Browning), Lon Chaney érige le gangster en monstre, et préfigure les effrayants psychopathes du film noir. Contrairement à *Traffic In Souls*, loué pour ses vertus éducatives, *The Penalty* déchaîna les censures, dont il défiait il est vrai à peu près tous les interdits :

> It pretends to have a moral, but it has none. […] The only motive is crime and an appeal to the worst sides of human nature — the licencious and the beast in man. You may imagine its effect upon young girls and young boys and even upon people of middle age in certain walks of life — the very people who attend motion picture theaters[1].

Dans le film criminel des années vingt, les références à l'ethnicité tendent à disparaître. Michael Woodiwiss en propose une explication :

> During Prohibition, ethnic stereotyping and alien conspiracy theories temporarily went out of fashion as explanations for crime. In part this was because bootlegging was the main criminal enterprise and not many thirsty Americans could be persuaded that bootleggers were unAmerican. Al Capone and the rest were simply gangsters who exploited a corrupt system, never alien intruders or members of ethnically exclusive conspiracies[2].

Mais on peut aussi penser que le cinéma muet des années vingt, non moins soucieux que celui des années dix de flatter la culture WASP dont il cherche à être reconnu, gomme les traits ethniques du criminel

1 Frederick Boyd Stevenson, *Brooklyn Daily Eagle*, 23 janvier 1921. (Cité par Brownlow, *op. cit.*, p. 198.)
2 Woodiwiss, 1990, p. 13.

dès l'instant qu'il en fait un héros authentique. C'est en effet l'héroïsation du gangster (*glorification*, *glamorization*) qui caractérise le genre pendant cette décennie, et Hollywood hésite à la concéder à des immigrants[1] — alors pourtant que l'érotisme des « années folles », des vamps nordiques aux belles gitanes et des *latin lovers* aux cheikhs arabes, confère plus qu'une attirance à l'étranger et à l'exotique[2]. Les héros criminels des années vingt ont pour nom Fancie Charlie (*Beating the Game*, 1921), The Peacock (*Souls in Bondage*, 1923) ou Dapper Dan Hollins (*The Law and the Lady*, 1924). Et ce sont bien des Anglo-Saxons. « Suave », « handsome », « debonair », « chivalrous » sont les adjectifs qui reviennent à leur propos, et les jeunes filles, même de la meilleure société (Carole Lombard dans *The Racketeer*, Joan Crawford dans *Four Walls*, Mary Astor dans *Dressed to Kill*), ne résistent guère à leur charme. Jusqu'à la fin de la décennie, le cinéma cesse de représenter le gangster comme un immigrant ou comme un étranger et ne prend donc pas en compte l'évolution inverse du crime organisé :

> Prohibition gave second generation Jews, Italians, Sicilians, Poles, Slavs and others, the opportunity to climb up the criminal hierarchy and challenged the pre-Prohibition dominance of native born or Irish networks[3].

Comme cependant le cinéma hollywoodien dans son ensemble, le film criminel des années vingt participe à la libération des mœurs, au relâchement moral et à l'essor de la société de consommation qui suivent la Première Guerre mondiale. Il rompt donc sur ce plan avec l'idéologie des élites protestantes, fidèles quant à elles à l'éthique du travail et au principe de la gratification différée :

> The gangster, in bucking Prohibition, embodied not only a desire for material improvement but a desire for freedom from many established forms of legislative and moral constraint. The gangster became increasingly identified with a new realm of (hetero) sexual freedom as « a real man » incarnate. Films such as *The Exciters* (1923), *While the City Sleeps* (1928), *Come Across* (1929), and *Alibi* (1929) cast the underworld as a realm of seductive licentiousness and linked the consumption habit with sex. All these films told the story of middle-class society women who are irresistibly drawn across the moral tracks by gangster manhood[4].

---

1 « American poor and ethnic neighborhoods, like Hell's Kitchen in *Fools First* (1922) or San Francisco's Chinatown and international settlement in *The Penalty* (1921), could be typical settings for crime stories, but only occasionally did films appear that were completely about the underworld in American immigrant communities, such as *Fair Lady* (1922), an underworld melodrama that was a Sicilian Black Hand revenge story. » (Rosow, 1978, p. 104.)

2 Les héros des années vingt épousent des *girls next door*, au mieux des *flappers* assagies. Mais les femmes qu'ils désirent, de Pola Negri à Greta Garbo, sont en majorité de belles étrangères.

3 Woodiwiss, 1990, p. 11.

4 Munby, 1999, p. 25.

Aux yeux des élites culturelles du pays, le genre criminel, tel qu'il se développe dans le cinéma muet des années vingt, peut ainsi être décrit comme culturellement acceptable (l'héroïsation du gangster s'accompagne de l'occultation de son ethnicité) et moralement suspect (il valorise les loisirs et les plaisirs — y compris ceux de l'alcool que la Prohibition a mis hors la loi[1]). Sa détermination deviendra plus complexe (elle tendra même à s'inverser) dans le cycle « fondateur » du début des années trente.

Parmi les derniers films de gangsters du muet, plusieurs évoquent plus explicitement que ceux qui les précèdent et ceux qui les suivront les liens entre le monde du crime et celui des affaires et de la politique :

Produit par B. P. Schulberg, *Exclusive Rights* (Frank O'Connor, 1926) raconte comment la pègre impose son « gouvernement invisible »[2] : un nouveau gouverneur (Gayne Whitman) menace de faire exécuter un gangster (Sheldon Lewis) à moins qu'il ne dénonce son employeur, un politicien puissant et corrompu (Charles Hill Mailes). Le politicien réplique par une campagne contre la peine de mort, qui recueille le soutien de la fiancée du gouverneur. Mais ce dernier reste inflexible, même lorsque son meilleur ami est lui aussi condamné à mort à la suite d'un coup monté par les truands. Une ruse ultime provoque néanmoins les aveux du gangster, et le réseau criminel est démantelé *in extremis*[3].

The City Gone Wild (James Cruze, 1927) dénonce avec plus de clarté encore les liens entre le crime, la politique et les affaires, non sans épin-

---

1 Comme y insiste Joseph Gusfield dans son étude sur la Prohibition, cette dernière peut être interprétée comme le baroud d'honneur des élites culturelles WASP avant qu'elles ne soient balayées par les nouvelles forces de l'immigration juive et catholique et par le basculement démographique en faveur des grandes villes : « What Prohibition symbolized was the superior power and prestige of the old middle class in American society. The threat of decline in that position had made explicit actions of government necessary to defend it. Legislation did this in two ways. It demonstrated the power of the old middle classes by showing that they could mobilize sufficient political strength to bring it about and it gave dominance to the character and style of old middle-class life in contrast to that of the urban lower and middle classes. » (*Symbolic Crusade : Status Politics and the American Temperance Movement*, Urbana, University of Illinois Press, 1963, p. 122.) Le commentaire que fait Garth Jowett de ces propos montre à quel point cette idéologie, par nécessité prise en compte par Hollywood, contredisait l'idéologie propre de la capitale du cinéma (fondamentalement consumériste, et plus proche de la nouvelle immigration (juive ou catholique) que des protestants natifs de la « vieille » Amérique : « In reality, [Prohibition] meant the assertion of power by the Protestant, rural, native American, and was directly aimed at the emerging power of the Catholic and Jewish immigrants, and the urban middle class. The Temperance Movement had had a long history in the United States, but it was no historical accident that it should turn its power toward national legislation in the precise decade when urbanism became the dominant mode of American life style. » (Jowett, 1979, p. 66.)

2 *Invisible Governement* est le titre original du scénario de Jerome Wilson.

3 Pour Kevin Brownlow, le style de cette œuvre annonce les films Warner Bros. du début des années trente : « The Boss is constantly surrounded by bodyguards and gangsters of the new breed — sleek, well dressed men-about-town with automatics in their jackets who never take their hats off. Although bootlegging is not mentioned, much of the action is set in the boss's hangout, a nightclub called The Elite. » (Brownlow, *op. cit.*, p. 203.)

gler d'abord un des *bad guys* archétypiques du genre : l'avocat véreux (*mouthpiece*, *shyster*) qui permet aux gangsters d'échapper à la justice grâce aux complexités du droit. Il se trouve toutefois que l'homme de loi du gang (Thomas Meighan) est un ami d'enfance du *District Attorney* (Wyndham Standing) et que la belle Nada (Marietta Millner) est amoureuse des deux hommes. Le procureur découvre que « the man higher up » n'est autre que le père de la jeune fille, un riche homme d'affaires, mais il est aussitôt assassiné. Meighan renonce alors à son métier pour le venger.

Tiré d'une pièce de Bartlett Cormack, reporter au *Daily News* de Chicago, *The Racket* (Lewis Milestone, 1928) est le film de gangsters le plus important du muet. Interprété au théâtre par Edward G. Robinson, le rôle de Nick Scarsi, inspiré (comme son nom le suggère) du personnage de Capone, est repris à l'écran par Louis Wolheim. Et c'est à nouveau Thomas Meighan qui joue le rôle du flic incorruptible, voué à débarrasser Chicago du *mobster* tout-puissant qui, comme plus tard Tony Camonte, « rides in high-powered cars and dresses in gaudy suits and overcoats ».

Quand McQuigg (Meighan) décide de s'attaquer de front à Scarsi, ce dernier utilise ses relations (« The Old Man ») pour faire muter le policier. Mais quand ce dernier parvient enfin à arrêter le gangster pour meurtre, Scarsi menace de dénoncer ses associés (le *District Attorney* corrompu et le politicien qui a fait main basse sur la ville). Il est alors abattu par les policiers aux ordres de ces derniers dans une mise en scène d'évasion[1].

L'accueil du film fut enthousiaste, l'œuvre étant notamment louée pour son réalisme :

> It has policemen who look like policemen, reporters who look like reporters, and crooks who look like crooks. Moreover, the policemen act like coppers, and not like Knights of the Round Table ; the reporters are not handsome young men who solve the mystery that is baffling Scotland Yard, and the crooks perform as Chicago dispatches indicate they do[2].

C'est Howard Hughes qui avait produit ce film, comme trois ans plus tard *Scarface* — qui s'en inspire. Hughes est aussi le producteur du

---

1 Ce scénario illustre mieux que tout autre le « système » qui prévaut alors dans le crime organisé. « As the system became established, the boundary between politician and mobster became obscured. Political bosses were in a good position to engage in racketeering, and racketeers and their nominees could move into political positions. » (Woodiwiss, 1990, p. 9.)

2 *Picture Play*, décembre 1928, p. 32. (Cité par Brownlow, 1990, p. 209-210.) Là encore, la participation de vrais gangsters à la réalisation aura sans doute donné au film une touche particulière : « To achieve a sense of authenticity, director Lewis Milestone followed the lead of Griffith, Raoul Walsh, and Allan Dwan and hired real bootleggers and gangsters to serve as "technical consultants." They apparently revealed so much about the workings of gangland that after the film was released, Milestone's "consultants" did everything they could to prevent it from being shown — including issuing death threats against stars Meighan and Wolheim, Howard Hughes, and Milestone. » (McCarty, 1993, p. 37.)

remake tourné en 1951 pour RKO, avec Robert Mitchum et Robert Ryan : il n'est pas surprenant que, dans le contexte des auditions Kefauver, où se découvrent les ramifications tentaculaires du crime à tous les niveaux de la société et du gouvernement, le cinéma soit retourné au scénario le plus explicite sur les complicités « institutionnelles » et sans doute structurelles du crime organisé.

Underworld (Josef von Sternberg, 1927), est considéré par beaucoup d'historiens du cinéma comme le film qui ouvre le cycle du film de gangsters « classique ». Le récit de Ben Hecht qui est à la base du scénario de Robert L. Nee (auquel on doit aussi le scénario de *Little Caesar*) s'inspirait de l'histoire des rackets et de la guerre des gangs de Cicero et de Chicago. Le film de Sternberg appartient toutefois bien encore aux années vingt par sa vision romantique d'un criminel à la Arsène Lupin : un Anglo-Saxon plutôt sympathique et bon enfant qui « plaît aux femmes et qui se conduit en "chevalier servant" » (Ciment). La masculinité des gangsters du début des années trente sera beaucoup moins assurée, peu conforme en tout cas à ce modèle « sublimé » du « gentleman cambrioleur ». Contrairement aussi à ses prédécesseurs et à ses successeurs, le film de Sternberg est peu soucieux de réalisme. Il est entièrement tourné dans les studios Paramount par un réalisateur qui prétend ne rien connaître du milieu. Il ne fait guère allusion à la Prohibition ; le héros, loin des gangs qui font l'actualité, n'est qu'un voleur de bijoux solitaire et certains accessoires majeurs dans l'iconographie du film de gangsters (automobiles, téléphones) en sont notablement absents. En revanche, Sternberg fixe la *topographie* du genre, en rassemblant dans un seul *opus* des lieux et des moments ailleurs éparpillés : les rues désertes du quartier financier la nuit, le bouge en sous-sol (« Dreamland ») où la pègre tient congrès, le bal annuel des truands, le palais de justice où Bull Weed, le héros, est jugé et condamné, la prison, etc.

> Director Josef von Sternberg photographed these locations in such a characteristically strong and well-lit way that *Underworld* seems to define many elements of the genre[1].

C'est en effet par son *style* qu'*Underworld* se démarque et qu'il prépare l'avenir du film criminel. Par ses décors et sa photographie raffinés, l'œuvre compose un paysage imaginaire d'une grande complexité visuelle et symbolique qui annonce, avec vingt ans d'avance, les ambiances « expressionnistes » du film noir. « An experiment in photographic violence and montage », le film trouve aussi un rythme original, qui donne « le mal de mer » à Ben Hecht quand il assiste à sa projection, mais qu'imiteront les premières productions Warner Bros. du parlant.

1 Rosow, 1978, p. 123.

10

Rico, Tony, Tom et les autres

> *Little Caesar* realistically and uncompromisingly depicted the rise of the egoist through aggressiveness, ruthlessness, and organized large-scale racketeering. It was shocking, it was hard, it was not pleasant, but it was real. Lack of sentimentality, brutal assault on the nerves with gunplay, violence, chases, tense struggles over big stakes, callousness toward human feelings appealed to a public suddenly insecure in their own lives[1].

Le premier cycle du *gangster film* des années trente présente un ensemble de caractères qui le distingue des productions de la fin du muet, lesquelles, comme on l'a vu, tiraient le film criminel vers le drame romanesque ou la comédie sentimentale. Il comporte une soixantaine de titres (les deux tiers produits par le studio Warner Bros.) dont le scénario est quasi identique : l'ascension et la chute d'un gangster (irlandais ou italien) pendant la Prohibition. L'histoire, qui a pour cadre une grande ville de l'Est ou du Middle West (il faut attendre les films noirs des années quarante pour que le genre se transporte sur la côte californienne), peut remonter à l'enfance du héros (dans la première décennie du siècle). Mais la carrière proprement dite de ce dernier ne couvre en général qu'une période assez brève, ce qui, s'ajoutant au traitement elliptique de la narration, renforce le sentiment de fatalité qui s'attache à ces récits.

Trois films ont avec raison retenu l'attention critique : *Little Caesar* (Mervyn LeRoy, 1930), *The Public Enemy* (William Wellman, 1931) et *Scarface* (Howard Hawks, 1932), et on peut considérer qu'ils constituent le canon du cycle sinon du genre. Ils frappent tous les trois par leur réalisme, auquel le son (le crépitement des mitraillettes, le crissement des pneus, les sirènes des voitures de la police) et les dialogues

1 Lewis Jacobs, *The Rise of the American Film*.

donnent une dimension inédite[1], et par une esthétique rapide, sans fioritures, « élémentaire »[2] (qui n'exclut pas le travail du style et l'originalité de la mise en scène) dont le studio Warner a fait son image de marque. Ils offrent en outre une explication saisissante de l'*économie* de la Prohibition (quelques scènes ou *montage sequences* de *The Public Enemy* ou de *Scarface* suffisent à expliquer comment l'alcool est fabriqué, transporté, détourné et vendu)[3]. Mais ils intéressent surtout le « civilisationniste » comme une tentative de réagir par l'imaginaire à la réalité de la Dépression et de relire la Prohibition et ses années folles à la lumière du Krach et de la Crise. Tous d'ailleurs s'inspirent de personnages réels et d'événements récents. *The Public Enemy* est basé sur la biographie du gangster Earl Hymie Weiss, *Little Caesar* est le second (après *The Racket*) d'une longue série qui emprunte à l'histoire d'Al Capone et *Scarface* puise à une douzaine de « faits divers », du Massacre de la Saint-Valentin à l'assassinat de « Legs » Diamond en passant par le meurtre de « Big Jim » Colissimo dans une cabine téléphonique.

La plupart des commentateurs depuis Robert Warshow s'accordent pour renvoyer ces fictions au modèle des *success stories* popularisées par Horatio Alger dans les *dime novels* du tournant du siècle. On sait que cette littérature populaire retrace *ad nauseam* le même parcours mythique, « des haillons aux richesses » : soit l'histoire archétypique d'un enfant de la campagne ou d'un fils d'immigrants qui vient tenter sa chance à la ville. Intelligence, capacités physiques et intégrité morale sont requises de l'adolescent, mais un coup de pouce du hasard demeure indispensable pour qu'il fasse fortune et qu'il conquière une épouse et une position sociale, ce qui rattache le motif de Cendrillon à l'idée puritaine de prédestination autant qu'à celle du *survival of the fittest* revue et corrigée par le darwinisme social[4].

---

1 Que renforce l'absence de musique « de fosse », ou « extradiégétique », c'est-à-dire la musique d'accompagnement qui prévalait dans le muet et qui s'est raréfiée au début du parlant, pour revenir progressivement dans le cinéma classique hollywoodien, dont elle constitue jusqu'à aujourd'hui un trait distinctif. (Son absence contribue de façon frappante au réalisme des productions ultérieures du genre ici considéré, comme *Kiss of Death* — Henry Hathaway, 1947.)

2 « Elemental » est un qualificatif qui revient sous la plume des critiques anglo-saxons, notamment pour caractériser l'écriture de *Little Caesar*. Ce film se signale pourtant aussi par une certaine sophistication de la mise en scène. En témoignent les décors à plafond bas et les angles obliques des premières scènes (de la station service et du *diner*), ou la séquence où Otero et le reflet du « petit César » dans un miroir se côtoient face au spectateur.

3 *City Streets* (Rouben Mamoulian, 1931), manifeste lui aussi ces qualités pédagogiques.

4 Sur les contradictions de ces idéologies, et sur les paradoxes et les ironies qu'en développent les films de gangsters (« The World is Yours »), voir Edward Mitchell, « Apes and Essences : Some Sources of Significance in the American Gangster Film », dans Grant, 1986. Mitchell note en particulier que « While paying homage to adaptative "pluck", Alger ensures that the plot will turn on a stroke of "luck" for which the hero is prepared but not responsible. » (p. 162.)

> For Americans [...], this ancient plot has special appeal. A country of immigrants (except for the « Indians », who were exterminated or exiled to reservations), the United States likes to regard itself as a nation made up of the enterprising fortune-seekers of romantic fairy tales. But as the U.S., along with the rest of the world, staggered into the catastrophy of the Great Depression and toward the abattoir of World War Two, the promises of the « American Dream » began to ring hollow. The reigning social ideology of entrepreneurial optimism came increasingly to be doubted and attacked. Such circumstances, predictably, also brought forth defenses and reaffirmations[1].

Au plus noir de la Dépression (10 millions de chômeurs en 1932), les films de gangsters du début des années trente ont constitué, dans des proportions qu'il convient en effet d'évaluer, le lieu d'expression par excellence à la fois de ces doutes et de ces réaffirmations du Rêve américain. Car si ces films réalisent un rêve « algerien », c'est sur un mode doublement dévoyé : par le caractère criminel des activités du héros et par la mort qui y met fin. Andrew Bergman décrit alors leurs scénarios comme des « success tragedies »[2] ; Lesley Brill parle de « criminal parody of a rags-to-riches story »[3], Richard Maltby de « attractive if left handed version of the myth of success »[4], Jonathan Munby de « dark allegory of Algerism »[5].

L'analogie la plus frappante est celle qui est dressée entre le monde du crime et celui des affaires. « Crime as business » est le motif récurrent du cycle, et reste ensuite une constante du genre. Le gang est une entreprise, strictement structurée et hiérarchisée, et tout conduit à assimiler la représentation du criminel à celle d'un businessman. Aussi paradoxal que cela puisse paraître quand on connaît la source de ses revenus, le lieu de travail quotidien du gangster est son *bureau*, généralement situé dans l'arrière-salle ou à l'étage d'un night-club. C'est là que, quand il ne s'ennuie pas à faire des réussites (Sam Vittori dans *Little Caesar*), il prépare ses coups, donne ses ordres à ses troupes (qui jouent au poker et fument des cigares en les attendant), parade au téléphone (un objet clé, avec les mitraillettes — *submachine guns* — et les voitures blindées, de l'iconographie du genre[6]), marque son

1 Lesley Brill, « Growing up Gangster : *Little Caesar*, *The Public Enemy*, and the American Dream », dans Royot (dir.), 1984, p. 18.
2 Bergman, 1972, p. 7.
3 Dans Royot (dir.), 1984, p. 18.
4 Richard Maltby, *Harmless Entertainment. Hollywood and the Ideology of Consensus*, Metuchen, N.J./Londres, The Scarecrow Press Inc., 1983, p. 105.
5 Munby, 1999, p. 44.
6 Voir sur ce point Colin McArthur, « The Iconography of the Gangster Film », dans Grant, 1977. À propos des automobiles, McArthur cite Andrew Sinclair (*Prohibition : the Era of Excess*) : « The armour-plated cars with windows of bullett-proof glass, the murders implicit in Hymie Weiss's phrase "to take for a ride", the sedans of tommy-gunners spraying the streets of gangland, all created a satanic mythology of the automobile which bid fair to rival the demonism of the saloon. The car was an instrument of death in the hands of the crook and drunk, and prohibition was held to have spawned both of them. »

autorité, exhibe son statut (le mobilier et la décoration du lieu sont des indices précis du rang qu'il a atteint dans l'entreprise). C'est également là qu'il reçoit, et que s'invitent aussi parfois eux-mêmes, ses associés et ses concurrents. L'endroit n'est guère secret (le nom du patron figure sur le verre dépoli de la porte d'entrée), et il est donc dangereux. La police y fait des descentes régulières, et beaucoup de gangsters déclinants y sont exécutés par leurs comparses plus ambitieux.

Contestée en permanence, la hiérarchie du gang n'en reflète pas moins un lourd déterminisme social. Les petits chefs de guerre (des immigrants de la première ou seconde génération, accompagnés de deux ou trois fidèles, dont souvent un ami d'enfance), sont encadrés par des truands de plus grande envergure qui contrôlent un quartier ou un « racket » et dont l'ethnicité est moins affichée (les Italiens Johnny Lovo et Sam Vittori dans *Scarface* et *Little Caesar*, dont les prénoms attestent l'américanisation, l'Irlandais Paddy Ryan et le Juif Samuel Nails Nathan dans *The Public Enemy*). Au sommet de la pyramide trône le *boss of the bosses* (« Big Boy » dans *Little Caesar*)[1], WASP quant à lui ou assimilé. Il partage ses profits avec des citoyens « respectables » qui veulent bien participer aux affaires du crime à condition de ne pas y être compromis (Leehman dans *The Public Enemy*). Les films ne cachent pas leur mépris pour ces patrons et commanditaires « de la haute » qui font prendre tous les risques à leurs subalternes de basse extraction, qui exigent tous les courages de leurs « soldats » mais confisquent l'essentiel des profits.

> They, in the midst of the Depression [...], are accumulating wealth, taking what there is of available money, wearing tuxedoes, and living off the labor of ambitious gangsters who have risen from the working classes. We see the gangster take risks, hold the small gang bosses in line, protect his own position, exact tribute from the workers who don't have enough for themselves, and, finally, inevitably, fall, only to be replaced by another like himself while the bosses continue to be protected[2].

Le pessimisme lucide de cette conscience de classe caractérise toute cette première série et au-delà, quoiqu'à un degré moindre, le genre en son entier. Comme on le reverra à la fin de ce chapitre, il affecte en profondeur son message. Notons aussi le caractère cyclique et pour ainsi dire « autonome » de la saga du crime, où un chef vient remplacer l'autre à intervalles réguliers : à quelques exceptions près (dont *Scarface*), l'élimination finale du gangster n'est pas l'œuvre de la police, mais celle d'autres gangsters ; elle relève de la logique *interne* du système criminel.

1 « The middle management and upper levels of the criminal structure are solidly American, as are the forces of "good" which battle the gangster. » (Kaminsky, 1974, p. 37.)

2 Kaminsky, 1974, p. 36. On retrouve ces patrons bien protégés dans tous les films du corpus, jusqu'à *The Racket* (1951) — « The Old Man ».

C'est Andrew Bergman qui, dans son analyse de *Little Caesar*, a dressé le parallèle le plus systématique entre le crime et les affaires, et entre le gangster et le *robber baron*. Si en effet ce film ne se terminait pas mal, il reproduirait quasiment à la lettre la formule du succès selon les capitaines de l'industrie capitaliste, comme en témoigne le pamphlet de Andrew Carnegie : « The Road to Success. An Address to Young Men[1]. » Bergman s'amuse à montrer que Caesar Enrico Bandello suit à la lettre les principes du milliardaire. Et d'abord leur loi-cadre :

> It is well that young men should begin at the beginning and occupy the most subordinate positions. [They must] live pure respectable lives, free from the pernicious or equivocal associations with one sex or the other. [...] The destroyer of young men is the drinking of liquor[2].

Rico est en effet strictement *dry* (il revendique à plusieurs reprises son refus de l'alcool, qui nuit à l'efficacité et à l'autorité du chef) et il n'a pas de goût pour les femmes[3]. Mais surtout, sa carrière paraît bien en effet s'inspirer des trois grands principes énoncés par Carnegie :

> 1. « The rising man must do something exceptional, and beyond the range of his special department. HE MUST ATTRACT ATTENTION. » (Rico attire sur lui l'attention du gang en révélant les défauts du plan de Sam Vittori.)
>
> *2.* « Always break orders to save owners. There never was a great character who did not smash the routine regulations and make new ones for himself. » (Malgré l'ordre de Vittori de ne pas se servir de son arme, Rico n'hésite pas à tirer sur le Commissaire McLure.)
>
> *3.* « Boss your boss just as soon as you can ; try it on early. There is nothing he will like so well if he is the right kind of boss ; if he is not, he is not the man for you to remain with — leave him whenever you can. » (Quand Rico conteste le partage du butin, Vittori perd son assurance devant ses hommes. Rico prend alors sa place)[4].

Les signes extérieurs de richesse sont les marques de la réussite, et le gangster, même s'il n'a rien d'un jouisseur, y accorde une extrême attention. Il a le plus grand souci de son apparence : chemises achetées par douzaines, smokings sur mesure, feutres immaculés, cravates tapageuses, peignoirs de soie, bijoux d'or et diamants aux doigts[5]. Le luxe

---

1 *The Road to Success* était déjà le sous-titre d'un roman de Horatio Alger.
2 Cité par Bergman, 1972, p. 7-8.
3 Son originalité en la matière doit être relativisée, car le gangster rejoint ici une tendance lourde de l'imaginaire américain que Leslie Fiedler a décrite dans *Love and Death in the American Novel.*
4 Bergman, 1972, p. 9.
5 Sur le « look » des gangsters de cinéma, Colin McArthur a écrit des pages décisives. Il rappelle que la séquence « chez le tailleur » (français) est un passage obligé du genre (*The Public Enemy*), que le gangster veille à l'élégance de *tout* son gang (Dans *The Street With No Name* encore : « Buy yourself a closetful of clothes. I like my boys to look sharp. ») et souligne que l'habit des gangsters « is an extension of their physical

croissant des limousines et des appartements accompagne son ascension sociale. « Lots of money, lots of clothes, lots of everything » exulte encore John Garfield dans *Body and Soul* (Robert Rossen, 1947), où il interprète le rôle d'un boxeur fasciné par le train de vie que lui promet la pègre qui le manipule.

Rico Bandello évalue le pouvoir de Diamond Pete Montana à la grosseur des pierres de sa chevalière et celui de « Big Boy » à l'extravagance de son mobilier. « Expensive, huh ? », s'enquiert Tony Camonte à propos de la robe de chambre *et* de la maîtresse de son patron. Car dans les films de gangsters, comme en témoigne encore *The Public Enemy*, les filles (*molls*) sont elles aussi des signes ostentatoires de richesse. Elles ne valent que pour être montrées, au point que l'idée même de les toucher, *a fortiori* de les aimer, paraisse incongrue à Rico, Tony ou Tom. Les films disent d'ailleurs nettement que leurs désirs vont ailleurs.

Pour Rico, Tony, Tom et les autres, le succès est cependant moins une affaire d'argent que de pouvoir, ce que signale presque naïvement le patronyme de Cagney dans *The Public Enemy* : « Powers ». Avec la concision sèche qui le caractérise, Rico résume à l'intention de son ami Joe ce qui lui donne du bonheur : « Look hard at a bunch of guys and know that they'll do anything ya tell 'em ». L'*hubris* du gangster (qui comme dans la tragédie grecque cause finalement sa perte) est un fantasme de puissance : mettre le monde à ses pieds. Le flic Flaherty pense ironiser en félicitant le petit César (« I like to see a young fellow getting up in the world »), mais ce propos ravit Rico, qui d'ailleurs manque singulièrement d'humour. La situation est reprise par John Huston dans *Key Largo* (1948) où le même Edward G. Robinson (Rocco !) s'entend dire par Humphrey Bogart qu'il est davantage qu'un roi, plutôt un empereur. « That's right », rétorque l'autre sans sourire. « The World is Yours » dit l'enseigne qui fait rêver Tony Camonte. « Top of the world, Ma ! », y fait écho Cagney dans *White Heat* (Raoul Walsh, 1949). L'un et l'autre détournent un rêve d'« opportunité » en délire de grandeur. En caricaturant l'individualisme forcené (*rugged individualism*) associé à tort ou à raison à l'idéologie « de la frontière » (la devise de Camonte est « Do it first, do it yourself, and keep on doing it »), le gangster cinématographique prépare sa solitude.

Les trois films du canon ont des héros *ethniques*, issus de l'immigration catholique : italienne (Rico et Tony) ou irlandaise (Tom). Quelques malfaiteurs juifs y apparaissent dans les seconds rôles (Nails Nathan,

---

presence, a visual shorthand for their violent potential ». (McArthur, dans Grant, 1977, p. 120.) Robinson, dans *Little Caesar*, illustre de façon éclatante cette dernière remarque. Mais Brian Donlevy dans *The Glass Key* (1942) ou Burt Lancaster dans *The Killers* (1946) en fournissent des exemples non moins patents.

Little Arnie). En cela, le cinéma du début des années trente reflète plus justement que celui des années vingt la réalité du gangstérisme de la Prohibition : les sociologues William F. Ogburn et Clark Tibbits notaient que sur les 108 « directors » de la pègre de Chicago en 1930, 30 % étaient d'origine italienne, 29 % irlandais, 20 % juifs et 12 % noirs[1] (ces derniers n'apparaissant à l'écran qu'à une période récente, par exemple dans *The Cotton Club* de Francis Ford Coppola — 1984).

Il convient aussi de noter que les acteurs qui incarnent Rico, Tony et Tom sont eux aussi marqués par leur ethnicité. Edward G. Robinson (de son vrai nom Emmanuel Goldenberg) et Paul Muni (Muni Weisenfreund) sont juifs, et ils avaient d'ailleurs commencé leur carrière sur les scènes du théâtre yiddish. Cagney était d'origine irlandaise, et avait grandi dans le Lower East Side (il raconte qu'il avait dû apprendre le yiddish pour se faire une place dans le ghetto !)

Le retour en force de l'ethnicité dans ces films tient donc à la fois aux rôles et à leurs interprètes[2]. Il tient aussi à la façon dont le parlant la met brutalement en évidence, par l'accent, la syntaxe et le vocabulaire (dont l'invention vernaculaire, le pittoresque et la drôlerie ne constituent pas la moindre richesse de ces bandes). Jonathan Munby insiste sur ce caractère, qui contraste avec la stéréotypie du gangster immigrant dans les années dix et son effacement dans les années vingt. Bien qu'il joue lui aussi le rôle d'un Italien (Guido), George Raft, le suave dandy de *Scarface*, propose, non sans talent, une réminiscence de cette image de la fin du muet, que renforce le caractère peu loquace de son personnage.

W. R. Burnett, auteur du livre dont est tiré le scénario de *Little Caesar*, revendique pour le genre en formation une écriture nouvelle, étroitement associée à la *parole* des immigrants :

> I wanted to develop a style of writing based on the way American people spoke — not literary English. Of course, that the Chicago slang was all around made it easy to pick up[3].

Parce que ce langage, bien servi par l'inflexion nasillarde et tranchante de Robinson ou de Cagney, se moque de la grammaticalité anglo-saxonne

1 Cité par Jowett, 1979, p. 69.

2 Les patronymes des héros des films criminels de l'année 1930 ne laissent aucune ambiguïté sur ce point : Tony Garotta (*Night Ride*), Louis Berretti (*Born Reckless*), Joe Forziati (*Ladies Love Brutes*), Mickey Solomon (*Playing Around*), Fingers O'Dell (*Outside the Law*), Louis Ricarno (*The Doorway to Hell*). (Rosow, 1978, p. 104.)

3 Pat McGilligan, *Backstory : Interviews with Screenwriters of Hollywood's Golden Age*, Berkeley/Los Angeles, University of California Press, 1986, p. 58. C'est aussi Burnett qui attire l'attention sur la différence radicale qui existe entre les *rural whites* du crime et les gangsters *urbains* dont nous parlons : « You see there's a confusion here : Dillinger and Roy Earle, such men are not gangsters, organized crime, mafioso. They were a reversion to the western bandit. They had nothing in common with the Italian, Irish, or Polish hoodlums in Chicago. An entirely different breed. » (*Ibid.* p. 67.)

et que les accents (italien, irlandais et autres) prêtent parfois à sourire, des critiques lui ont trouvé un tour ironique, et l'ont interprété comme élément d'une satire de l'immigrant. Or, même si le jeu de Cagney, de Robinson et surtout de Muni présente des côtés caricaturaux, parfois presque grotesques (l'apparence simiesque de Tony Camonte a souvent été notée, et de nombreux films appuient leur dénonciation officielle du gangstérisme en soulignant la « bestialité » des protagonistes[1]), et même si les scénarios ne se privent pas d'exploiter comiquement l'inculture et le mauvais goût des gangsters parvenus (Cagney s'extasiant sur l'*encadrement* d'un tableau ou Camonte ne comprenant pas le mot « gaudy » — qui pourtant définit bien son goût), c'est mal sentir ces personnages que de les juger ridicules. Car leur fierté (de classe) et leur absence d'inhibitions compensent largement leurs limites. Il est d'ailleurs significatif que leurs critiques de l'époque, qu'ils regrettent l'héroïsation des criminels (les élites culturelles) ou qu'il protestent contre leur étiquetage ethnique (les représentants de la communauté italo-américaine), n'ont jamais suggéré qu'ils soient dévalorisés, même dans les phases terminales de leur histoire où les scénarios et les mises en scène soulignent la dimension pathologique de leur personnalité. Rico, Tony et Tom n'ont pas honte de leurs origines. Au contraire, ils les revendiquent[2].

Un autre trait saillant des gangsters du début des années trente est leur immaturité. Pour commencer, ils ne sont pas grands, et la petite taille des acteurs qui les interprètent (Cagney, Robinson, Bogart) contraste fortement avec celle des géants du western (Wayne, Cooper, Stewart). Les films utilisent délibérément ce caractère, y voyant sans doute à juste titre, comme chez les burlesques (Chaplin, Keaton), un facteur supplémentaire d'identification pour le jeune public[3].

L'immaturité caractérise aussi le *comportement* enfantin des héros : de Rico, le « petit » César, à qui un comparse conseille de ranger son revolver « next to his milk bottle »[4] à Camonte essayant sa mitraillette

1 « Cette bestialité participe du substrat naturaliste du film de gangsters », note Jean-Loup Bourget. Et il relève qu'au générique de *The Beast of the City* (Charles Brabin, 1932), la « Bête » apparaît « sous la forme d'une caricature expressionniste qui évoque les représentations du Juif par la propagande nazie » (Bourget, 1998, p. 64-65).

2 Le parlant joue dans cette mutation un rôle décisif : « The growing change in the perception of those once "othered", "ghettoized", and "unnatural" Americans was accelerated by a cinematic culture now wired for sound, one disposed, finally, to listen to formerly silenced voices. » (Munby, 1999, p. 43.)

3 « In *Our Movie Made Children*, published in 1933, a number of teenaged slum children were interviewed about their identification with Rico. According to the book, a great many boys, instead of denying Rico, identified with him, especially if they, too, were small. The book states that the identification was so strong in several cases that the boy adopted the name Rico and wound up being shot or jailed while attempting to duplicate the film gangster's acts. » (Kaminsky, 1974, p. 27.)

4 Dans *The Secret Six*, le terrible gangster qu'interprète Wallace Beery ne boit que du lait frais.

(*tommy gun* !) comme un nouveau jouet, en passant par Tom que sa maman appelle de bout en bout « Tommy Boy » et « My Baby » et qui se plaint tristement auprès d'elle qu'elle l'aime moins que son grand frère[1]. Mais plus généralement, on peut convenir avec Lesley Brill que c'est le monde de la pègre dans son entier qui semble atteint de puérilité dans les films de ce premier cycle. Ainsi dans *Little Caesar*, où le crime est représenté comme « une forme adulte de la délinquance juvénile » :

> The central lord of the gangs is always called « The Big Boy », and one of the lesser crime lords is known as « Little Arnie ». Rico's testimonial dinner is portrayed as naive and boy centered, even though « molls » are present. It degenerates at one point into a foodfight. The pocket watch « from the boys » turns out to be stolen ; and when that fact emerges, thanks to Flaherty, a comic long shot shows Rico's gang members looking as conspicuously sheepish as a bunch of cookie stealing grade schoolers[2].

L'immaturité apparaît surtout dans la sexualité régressive des héros. L'incroyable violence de Tom à l'égard des femmes (qui atteste la profondeur de la crise de la masculinité contemporaine de la Dépression : on la retrouve dans la plupart des films du corpus interprétés par Cagney, par exemple dans *Lady Killer* — Roy Del Ruth, 1932), l'homosexualité à peine refoulée de Rico et l'amour incestueux de Tony pour sa sœur Cesca (peut-être doublé d'une affection ambiguë pour son ami Guido) composent un tableau très cohérent d'une sexualité « pré-adulte » et « pré-hétérosexuelle » (« not the marrying kind », dit-on de Tommy Powers). À quoi il faut naturellement ajouter la dévotion de *tous* les gangsters pour leurs mamans (jouées selon le même stéréotype ethnique par des actrices interchangeables). Lesley Brill explore très complètement ce blocage œdipien dans *Little Caesar* et *The Public Enemy*. Rico, en particulier, jusqu'à ses derniers mots (« Mother of mercy, is this the end of Rico ? ») ne cesse de rechercher la madone aimante qu'il n'a jamais connue. Une version sublimée en est fournie par la mère de Tony Passa et une version cauchemardesque par l'épouvantable matrone de chez « Ma Magdalena », qui cache le héros de la police, mais lui dérobe son argent, et ne lui rend finalement quelques dollars qu'à la condition qu'il soit un « gentil garçon » (« If you be a good boy »)[3].

---

1 Le thème qui est associé à Tom, et qui restera d'ailleurs ensuite associé aux personnages de gangsters interprétés par Cagney (on le retrouve joué par un orgue de barbarie dans *The Roaring Twenties* de Walsh), est « I Am For Ever Blowing Bubbles », qui renvoie lui aussi à la nostalgie de l'enfance.

2 Lesley Brill, dans Royot, 1984, p. 15.

3 Le genre prolonge cette tradition très au-delà des années trente, notamment dans *White Heat* (Raoul Walsh, 1949), qui porte à son sommet la névrose œdipienne du héros, et *The Big Heat* (Fritz Lang, 1953), où un portrait géant de sa maman trône dans le bureau du gangster italien.

Le désordre œdipien[1] élève l'ironie inscrite au plus profond du genre à une dimension quasi tragique. Car « such problems are not normally associated with the anti-social figure in drama, but with the lofty, tragic figure (for example, in the Oedipal relationship in Hamlet)[2] ».

L'ironie ne résiste cependant pas à l'euphorie que dégagent les héros de ces films. Ni à la sympathie que suscitent malgré tout leurs « fêlures », jusque dans les avatars maniéristes du cycle en voie d'épuisement (*The Hatchet Man,* William Wellman, 1932, où Robinson joue le rôle d'un gangster asiatique pendant la guerre des Tongs !) et jusque chez des personnages *a priori* peu séduisants, comme celui de Wallace Beery (Louis Scorpio, alias « Slaughterhouse ») dans *The Secret Six* (George Hill, 1931). Le *style* irrésistible des gangsters (mobilité et volubilité confondues) contredit en permanence l'adage raisonnable selon lequel « le crime ne paie pas ». D'innombrables témoignages de leur époque confirment qu'ils suscitèrent une identification massive, et aujourd'hui encore, notre expérience de spectateurs l'atteste, c'est bien leur point de vue, leur désir, leur énergie vitale que le public accompagne, y compris celui des vrais gangsters, conformément à ce va-et-vient cocasse qui caractérise les histoires parallèles du cinéma et du crime organisé : dans son étude cardinale sur l'image du gangster dans la culture américaine, David E. Ruth explique que le premier cycle de films de gangsters eut une influence perceptible sur la mode vestimentaire et sur le comportement social de la pègre du début des années trente[3].

Aussi s'étonne-t-on qu'on ait pu s'étonner de la popularité de ces héros[4]. Le bonheur pur et simple de la dépense physique et la joie de vivre du gangster balayent les hésitations de l'identification. Et même si, comme le reconnaissait *Variety*, *Scarface* risquait d'être, pour cause de censure, une des dernières réalisations du genre, « it is going to make people sorry that there won't be any more »[5].

Il n'est pas indifférent que Cagney ait été *aussi* un danseur. Dans un bref moment de *The Public Enemy*, il amorce un pas de deux pour exprimer son contentement. La gestuelle de Robinson et celle de Muni sont moins souples et déliées, mais elle ne sont pas moins dynamiques.

---

1 Les vrais gangsters y ont régulièrement apporté leur contribution. Ainsi Dutch Schultz qui déclare sur son lit de mort le 24 octobre 1935 que « Mother is the best bet ».

2 Kaminsky, 1977, p. 33.

3 Ruth, 1996.

4 « The reasons for the popularity of the gangster hero during the early years of the Depression are still a matter of conjecture. There has always been room for the antihero in American popular culture (witness Billy the Kid and Jesse James), but these were usually cast in the Robin Hood "rob the rich to feed the poor" mold. The urban, ethnic gangster seldom had any such redeeming qualities in the films of the early 1930s. » (Jowett, 1979, p. 68.)

5 Cité par Balio, 1993, p. 284.

et entraînantes. D'où que la comédie musicale, et notamment celle où l'on danse, accueille volontiers les gangsters (*Singin'in the Rain, The Bandwagon*). Et qu'au milieu de la Dépression, la danseuse de claquettes (et son avatar moins recommandable, la « chercheuse d'or ») soit l'un des derniers personnages, avec le gangster, à tenter de faire survivre (sur un mode dévoyé) le Rêve américain.

Il est également significatif que l'intrigue secondaire de *Little Caesar* fasse de « l'ami d'enfance qui tourne bien », personnage récurrent du film criminel (de *The Public Enemy* à *Angels With Dirty Faces* en passant par *Manhattan Melodrama*), un personnage de *danseur*, qui quant à lui réussit sa *success story* sans avoir recours au crime (l'ultime ironie du film fait survenir la mort de Rico derrière le panneau publicitaire géant qui consacre le succès de son ami). On y a vu parfois une preuve de la moralité profonde du film, qui opposerait ainsi le *bon* modèle à celui qu'il ne faut pas suivre. Encore faudrait-il que le personnage joué par Douglas Fairbanks Junior soit véritablement attachant, ce qu'il n'est guère en regard du « petit César » qu'incarne Robinson[1]. Il est d'ailleurs intéressant de savoir que le personnage de Joe Massaro (l'ami de Rico) est basé sur celui de George Raft qui, avant de devenir acteur, était lui-même gangster (sous les ordres de Owney Madden, le gangster irlandais propriétaire du Cotton Club de Harlem). Or on a vu plus haut que le type de gangster incarné par Raft (particulièrement dans le rôle de Guido) si séduisant soit-il et si souvent imité par la suite, n'était plus un personnage auquel le public de 1930 était enclin à s'identifier.

Il faut maintenant tenter un bilan interprétatif de ce premier cycle du film de gangsters, évaluation d'autant plus importante que toute l'histoire ultérieure du genre s'y articule.

Dans son étude de *We're in the Money*, Andrew Bergman voit dans les films du début des années trente une réaffirmation *malgré tout* du Rêve américain selon Horatio Alger : au moment où à peu près toutes les certitudes et toutes les valeurs de l'Amérique sont mises à mal par le choc de la Dépression, il serait en quelque sorte délégué au gangster de continuer à faire vivre, par procuration, et selon des modalités non tolérées dans la vie réelle, l'évangile de la richesse et le mythe de l'entreprise individuelle. Bergman présente ainsi cette mission symbolique du criminel de l'écran :

> The classic gangster film was less a barometer of despair than an act of faith. Despite all the gunplay, mayhem, and omnipresence of death, the gangster film of the early thirties served primarily as a success story. That Americans were attracted to outlaws during the Depression's most wrenching years is an undeniable and useful fact, but the manner in which the

---

1 Lesley Brill, dans Royot, 1984.

> outlaws operated only reinforced some of the country's most cherished myths about individual success. The outlaw cycle represented not so much a mass desertion of the law as a clinging to past forms of achievement. That only gangsters could make upward mobility believable tells much about how legitimate institutions had failed — but that mobility was still at the core of what Americans held to be the American dream[1].

Revenant ensuite sur l'exemple de *Little Caesar* :

> Unloosed in the 1870s, Rico would have cornered wheat, built railroads, cheated farmers on freight rates, paid off legislators, and thus achieved a legitimate success. *Little Caesar* was a very old story in America. Rico's nation demanded achievement, wanted it accomplished individually, and, in 1930, lacked the lawful means to bring it off. So it turned to Rico to go through the paces[2].

Cette pensée est reprise avec quelques variantes par Thomas Schatz et Robert Ray[3] : même déplacée hors de son contexte, la répétition du mythe préserverait le *statu quo* idéologique menacé par la crise. Idéologiquement, le film de gangsters serait donc plutôt conservateur. Garth Jowett rejoint ce point de vue quand il interprète le film de gangsters du début des années trente comme une forme de « catharsis culturelle »[4].

Il est permis de contester cette évaluation, qui doit d'ailleurs être replacée dans le contexte critique des années soixante-dix et quatre-vingt, où l'on s'efforçait de mettre en évidence, dans la diversité du discours hollywoodien, le même processus de « récupération » idéologique, plus ou moins consciemment programmé par des instances de production (les studios) à la solde des élites économiques, politiques et culturelles de la nation et de leurs chiens de garde. Bergman :

> While Will Hays would have been happier without the gang films, they fit his definition of Hollywood's chief contributions to national stability more exactly that any other genre[5].

Faut-il pour autant adopter l'attitude inverse qui consiste, comme Richard H. Pells, John G. Cawelti ou même Robert Sklar[6], à hypostasier la dimension subversive de ces fictions ? Le gangster deviendrait alors le représentant par excellence du « golden age of turbulence » (Sklar). Il

---

1 Bergman, 1972, p. 7.
2 *Ibid.*, p. 9.
3 Thomas Schatz, *Hollywood Genres : Formulas, Filmmaking and the Studio System*, New York, Random House, 1981 ; Robert Ray, *A Certain Tendency of the Hollywood Cinema, 1930-1980*, Princeton, Princeton University Press, 1985.
4 Jowett, 1979, p. 68.
5 Bergman, 1972, p. 168.
6 Richard H. Pells, *Radical Visions and American Dreams : Culture and Social Thoughts in the Depression Years*, Middletown, Conn., Wesleyan University Press, 1973 p. 272 ; John G. Cawelti, *Adventure, Mystery, and Romance : Formula Stories as Art and Popular Culture*, Chicago, University of Chicago Press, 1976, p. 60 ; Sklar, 1975.

faudrait voir en lui « a psychopathic Horatio Alger [...], a reproach to both the principles of the market place and the reigning values of American life » (Pells), et son caractère le plus attachant serait au bout du compte son refus de se laisser assimiler par « an upper-class lifestyle » et de rester « an unregenerate barbarian » (Cawelti).

Inversant la définition de Bergman, Robert Sklar conclut dans cette optique que « the gangster movies were not Depression success stories, as one recent interpretation has argued ; they were films of social pathos. If a disorderly society led an individual to lawlessness, his strength could not compare with the deviousness and force available to a lawless society[1] ».

On peut préférer à ces jugements tranchés le regard plus nuancé de la critique d'aujourd'hui, tant du côté de la cinéphilie que de celui des *cultural studies.* Lary May, parmi d'autres, évalue le premier cycle du film de gangsters comme une expression du malaise des immigrants dans une société qui les reçoit mais qui les rejette, qui les fait vivre et rêver mais qui les ghettoïse et les exploite :

> Ethnic youths facing poverty and a world that excludes them turn to crime to gain money and power. Reinventing themselves with new clothes, cars, and « fast » women, much as Rico Bandello becomes famous in all the newspapers as « Little Caesar », they utilize consumer goods to serve their own purposes. Yet the attainment of the American Dream also means that they emulate the laisser-faire capitalist ethos of the robber barons of the industry, a flaw that leads to their downfall[2].

Dans le même esprit, Jonathan Munby juge que ces films relèvent davantage d'un « dialogisme de la culture » (« in which a plurality of competing ways of seeing coexist without fusing ») que d'une « dialectique de la nature » (« which seeks to resolve conflict and difference in the name of some ultimate wholeness »)[3]. Pas question donc d'en « résoudre » le message au bénéfice exclusif d'une idéologie, dominante ou dissidente.

Reste la chute, et sa fatalité : dans sa conquête furieuse du pouvoir, le gangster a perdu le sens des réalités. Rico, Tony et Tom et les autres ont vu trop haut, « to a level of society and business filled by more "American" Americans »[4].

1 Sklar, 1976, p. 181.
2 May, 2000, p. 69.
3 Munby, 1999, p. 64, note 26.
4 Kaminsky, 1974, p. 37.

11

De la censure à l'autocensure

Le succès des premiers films de gangsters du parlant est énorme et immédiat. Le week-end de sa sortie, *Little Caesar* bat les records de fréquentation du Strand Theater de Warner Bros. à New York, avec une recette de 50 000 dollars pour onze séances[1]. Six mois plus tard, les films de gangsters constituent 11 % de la production globale des studios, un pourcentage qui monte à 20 % en 1931 avec la réussite commerciale de *The Public Enemy, Smart Money*, *Quick Millions* et *City Streets*. « Taken all in all », commente alors *Variety*, « the gang cycle has been more productive commercially than any other so-called cycle in years »[2]. Le *Hollywood Reporter*, tout en prenant acte des objections soulevées contre ces films par les élites culturelles du pays, reconnaît que la donnée commerciale balaye les scrupules des exploitants :

> Under the circumstances, exhibitors throughout the country are ready to take their chances with the small minority of their patrons who have squawked the loudest when shown anything with a gangster element in it[3].

L'inquiétude suscitée dans les milieux politiques, universitaires, religieux et associatifs (soit le plus large spectre qu'on puisse imaginer de « leaders d'opinion ») est en effet proportionnelle à l'engouement populaire suscité par ces œuvres. Dès 1930, la presse publie d'innombrables articles sur le danger social que représentent les films de gangsters, et notamment sur leur mauvaise influence auprès des jeunes. Des faits divers dramatiques, exploités sans retenue par les médias, donnent des arguments supplémentaires à cette « opinion publique ». En juin 1931, le petit Winslow Elliott, fils d'un banquier du New Jersey, est tué d'un

1 *American Film Institute Catalog,* p. 1205.
2 Cité par Doherty, 1999, p. 155.
3 *Ibid.*

coup de pistolet par un camarade de classe avec lequel il rejouait une scène de *The Secret Six*. Hollywood est tenu pour responsable de la mort du jeune garçon.

Des intellectuels de renom se penchent sur le problème. Walter Lippmann rattache la tolérance du public de masse à l'égard des films criminels à la tolérance de la société américaine pour le crime organisé dans son ensemble : le commerce illégal de l'alcool, le jeu et la prostitution constituent des « service crimes » que la loi interdit, mais qui répondent à une demande sociale.

> Thus we find ourselves accepting in their lawless forms the very things which in lawful form we intended to abolish but with the additional dangers which arise from having turned over their exploitation to the underworld[1].

Dans la même veine, mais en y ajoutant l'idée de l'influence des médias, Frederick Thrasher conclut son étude des gangs de Chicago en notant que la publicité accordée au crime a créé une indulgence néfaste à l'égard du gangstérisme et de la corruption : « This widespread lethargy is an important element in the total problem[2]. » Richard Maltby remarque comment Al Capone lui-même comprend et exploite cette léthargie dans sa défense de 1931 :

> I've made my money by supplying a popular demand. [...] When I sell liquor, it's called bootlegging. When my patrons serve it on silver trays on Lake Shore Drive, it's called hospitality. [...] Why should I be called a public enemy[3] ?

Mais Capone sent bien aussi l'air du temps quand il condamne sans équivoque les films de gangsters. Sans doute juge-t-il que la violence de ces œuvres, même si ses auteurs ont statut de héros, ne constitue pas une bonne publicité pour les vrais gangsters. Sans compter que le prestige du gangster cinématographique auprès du public adolescent risque de provoquer des vocations et d'aggraver la concurrence dans une profession déjà bouchée :

> These gang pictures — that's terrible stuff. Why, they ought to take all of them and throw them into the lake. They're doing nothing but harm to the younger element of the country. I don't blame the censors for trying to bar them. [...] These gang movies are making a lot of kids want to be tough guys and they don't serve any useful purpose[4].

1 Walter Lippmann, « The Underworld as Servant », *The Forum*, janvier et février 1931, reproduit dans Tyler, 1962, p. 60.
2 Frederick M. Thrasher, *The Gang. A Study of 1,313 Gangs in Chicago*, Chicago, The University of Chicago Press, p. 548, cité par Maltby, 2001, p. 127.
3 Cité par Maltby, 2001, p. 127.
4 Cité par Doherty, 1999, p. 157.

Si même Capone milite contre les films de gangsters, on devine à quelle unanimité critique se heurtent les studios et l'association qui les représente, la MPPDA (Motion Picture Producers and Distributors of America), dirigée depuis sa création en 1922 par Will H. Hays. Mais pour bien comprendre l'autocensure plus sricte que cette dernière exercera sur le film criminel à partir de 1934, il faut revenir brièvement sur l'histoire du contrôle des films aux États-Unis.

Dès ses origines, dans les *peep shows* des fêtes foraines et dans les *nickelodeons* (la première génération de salles aux États-Unis), le cinéma a été l'objet de censures multiples et désordonnées, d'abord par les polices locales, ensuite, et dans des proportions qui augmentent de façon significative après la Première Guerre mondiale, par des commissions nommées à cet effet à l'échelon des municipalités, puis des États. Or l'industrie du cinéma était fragile face à ces contrôles, la Cour suprême ayant défini le cinéma en 1915 comme « business pure and simple », assimilé au cirque et au music-hall, ce qui ne lui accordait pas le statut de moyen d'expression et donc ne le plaçait pas sous la protection du Premier Amendement de la Constitution. Par ailleurs, la diversité des critères de censure d'un État à l'autre posait des problèmes parfois insolubles (tel État n'acceptait pas qu'on voie une femme fumer à l'écran, tel autre refusait qu'on montre l'usage d'une arme à feu, etc.) et rendait délicate la distribution des films à l'échelle nationale. Dans le climat de libération des mœurs des années vingt, les attaques contre Hollywood se multiplient, non seulement contre les films (qui deviennent effectivement plus osés dans leur évocation de la sexualité et de la violence — le grand maître en la matière étant Cecil B. DeMille), mais aussi contre la communauté hollywoodienne elle-même, qui apparaît à beaucoup d'Américains comme une version moderne de Sodome et Gomorrhe. Quelques scandales impliquant de grandes stars (dont le célèbre comique Roscoe Fatty Arbuckle en 1921) mobilisent l'Amérique profonde, faisant craindre aux nababs qui dirigent les studios des conséquences sérieuses sur le *box office* et laissant planer pour la première fois la menace de constitution d'une censure *nationale*, avec création d'une commission *ad hoc* à Washington.

Cette situation conduit les majors de l'époque à fonder la MPPDA en 1922 et à placer à sa tête un politicien de haut rang, (ministre des Postes de Harding), et de haute moralité (membre d'un conseil presbytérien) avec pour mission d'améliorer l'image du cinéma et de Hollywood auprès des leaders d'opinion du pays. Hays doit notamment lutter contre la préparation de nouvelles lois de censure (il parviendra à faire repousser l'établissement d'une censure d'État dans le Massachusetts), et convaincre les Américains que l'industrie du cinéma est décidée à assurer sa propre autocensure (« house cleaning »).

Il a fallu huit ans à Hays, et beaucoup de tâtonnements (la « Formule », le Studio Relations Committee, les « Don'ts and Be Carefuls ») pour que le document de référence de cet autocontrôle soit finalement rédigé et publié par la MPPDA : le Code de Production, généralement appelé « Code Hays » en France (bien que Hays n'en fût pas rédacteur : ses auteurs étaient deux catholiques, Martin Quigley et Daniel Lord)[1].

Dans ses « principes généraux », le Code affirme la responsabilité morale du cinéma en tant que média de masse avec une conviction qui n'est pas suspecte de calcul :

> Most arts appeal to the mature. This art appeals at once to every class — mature, immature, developed, undeveloped, law-abiding, criminal. Music has its grades for different classes ; so has literature and drama. This art of the motion picture, combining as it does the two fundamental appeals of looking at a picture and listening to a story, at once reaches every class of society[2].

Mais, comme la plupart des analystes l'ont souligné, la vocation du document est surtout commerciale. Il s'agit avant tout de répertorier les thèmes et les images susceptibles d'indisposer les leaders d'opinion et les censeurs d'un bout à l'autre du pays, et de prévenir des critiques et des boycotts dommageables au succès financier de l'industrie. À cet égard, l'idéologie du Code peut être dite consensuelle : son l'idéal (irréalisable) est de ne choquer personne, et de ne pas indisposer les nombreuses nationalités qui constituent le public pluri-ethnique du cinéma aux États-Unis et à l'étranger (car l'exportation des films rapporte déjà beaucoup et ses revenus doivent être pris en considération).

Dans la section des « applications particulières », le Code est sans ambiguïté sur les « violations de la loi » :

> The treatment of crimes against the law must not
> *a.* Teach methods of crime.
> *b.* Inspire potential criminals with a desire for imitation.
> *c.* Make criminals seem heroic and justified[3].

Il est clair que les films de gangsters sortis dans les années suivant la publication du Code en 1930 furent loin de respecter ces principes, même s'il est faux de penser qu'ils échappèrent complètement au contrôle de l'industrie, qu'assurait pendant cette période le Studio Relations Committe (SRC)[4]. Après tout, la plupart des films évoqués dans le

1 Pour plus de détails sur cette histoire, voir Bidaud, 1994, et Bourget, 1998.
2 Mast, 1982, p. 322.
3 *Ibid.*, p. 331.
4 Richard Maltby, dans Balio, 1993 et dans Slocum, 2001, remet à juste titre en question l'idée d'une coupure radicale entre le « golden age of turbulence » et le « golden age of order » (Sklar), et insiste sur la cohérence et la progressivité de l'autocontrôle hollywoodien entre le début des années vingt et la fin des années trente.

second chapitre respectaient strictement l'adage que « le crime ne paie pas ». *City Streets* (Rouben Mamoulian, 1931), où le gangster Gary Cooper se joue jusqu'au *happy ending* de la police et des rivaux qui veulent l'éliminer, constitue plutôt une exception. L'année suivante, *The Beast of the City* (Charles Brabin, 1932), produit par Louis B. Mayer après que le président Herbert Hoover l'eut convaincu de faire un film à la gloire des forces de l'ordre, revient très strictement à la lettre du Code.

Notons aussi que l'héroïsation malgré tout flagrante des gangsters du début des années trente pouvait trouver une certaine justification dans les *working principles* du Code, dont une note précise que

> Sympathy with a person who sins is not the same as sympathy with the sin or crime of which he is guilty. We may feel sorry for the plight of the murderer or even understand the circumstances which led him to the crime ; we may not feel sympathy for the wrong which he has done[1].

Ce qui, on en conviendra, laisse les portes large ouvertes. Par ailleurs, les films les plus tendancieux étaient encadrés par des cartons d'avertissement qui attiraient l'attention des spectateurs sur le message qu'ils devaient *retenir* du film. *Scarface* insiste ainsi par son sous-titre sur le fait que le personnage inspiré de Capone constitue « the shame of a nation » et affiche un prologue signé par Edward P. Mulrooney, le chef de la police new-yorkaise. *The Public Enemy* rappelle de son côté solennellement que « the public enemy is not a man, nor is it a character — it is a problem that sooner or later, WE, the public, must solve ». Mais justement, on peut considérer que si des rappels de ce genre (*disclaimers*) sont à ce point nécessaires, c'est que les films ne suffisent pas par eux-mêmes à en livrer le message.

Rappelons enfin que *Scarface*, tel que nous le voyons aujourd'hui, est une œuvre dont la sortie a été longuement retardée par la MPPDA, et qui a été triplement censurée : par des coupes (de passages jugés graphiquement trop violents), des remplacements (la fin, qui substitue l'exécution sommaire du gangster — subitement devenu lâche et terrifié[2] — à son jugement) et des rajouts. Ces derniers (que Hawks a refusé de tourner lui-même) insèrent, d'une façon particulièrement artificielle et stylistiquement assez lamentable, deux discours : celui d'un policier et celui d'un éditeur de presse. L'un et l'autre parlent face à la caméra, s'adressant directement au spectateur du film. Le premier répond à la suggestion que le gangster puisse être un personnage « haut en couleur » :

---

1 Mast, 1982, p. 324.
2 « Turns yeller ! » aurait dit Rico.

> Colorful ? What color is a crawling louse ? Say listen, that's the attitude of too many morons in this country. They think these big hoodlums are some sort of demi-gods. What do they know about a guy like Camonte ? They sentimentalize him. Romance. Make jokes about him. They had some excuse for glorifying our old Western bad men. They met in the middle of the street at high noon and waited for each other to draw. But those things sneak up and shoot a guy in the back and then they run away.

L'éditeur du journal rejette quant à lui la responsabilité de la presse dans la glorification des gangsters et en appelle au gouvernement pour mettre en œuvre des moyens draconiens dans la lutte contre le crime organisé :

> Instead of trying to hide the facts, get busy and see that laws are passed that'll do some good. […] Pass a federal law that puts the gun in the same class as drugs and white slavery. Put teeth in the deportation act. These gangsters don't belong in this country. Half of them aren't even citizens.

Comme le note Jonathan Munby, la xénophobie de cette dernière remarque est aggravée par la réaction d'un membre d'une association de défense des Italo-Américains qui commente : « Thatsa true. They bring nothin'buta disgrace to my people. » Mais l'apparition non moins ostentatoire de l'accent « anglo » dans ces discours officiels, et surtout le côté empesé de leur mise en scène (qui contraste terriblement avec le dynamisme et l'invention du style de Hawks), signale le caractère *rajouté* de ces séquences et en disqualifie par ricochet le contenu[1]. Même les censeurs pouvaient se rendre compte que ce genre de bricolage était impuissant a modifier l'esprit du genre, qu'au contraire même il risquait de le renforcer.

Pour autant, l'indignation publique contre les films criminels ne faiblissait pas. Deux événements de 1934 la portèrent à son sommet :

Le 27 mai 1933, le *New York Times* annonce, sous le gros titre « Effects of Movies on Child Found Bad » la publication de neuf volumes (il y en aura douze entre 1933 et 1935) des résultats d'une série d'enquêtes subventionnées par la Fondation Payne (elles sont à ce jour connues sous le nom de Payne Fund Studies[2]) et conduites depuis quatre ans par vingt psychologues et sociologues. L'enquête concerne l'influence du cinéma sur les enfants. Le même article annonce la publication d'un livre du journaliste Henry James Forman, *Our Movie Made Children*, qui résume ces travaux. Leur bilan, dévoile le *New York Times*, est alarmant : les savants ont jugé que « the films have a profound influence on youthful conduct, leading to delinquency and

---

1 Munby, 1999, p. 59-61.

2 C'est en 1928 que le Révérend William H. Short obtint un financement de 200 000 dollars pour subventionner cette étude d'envergure nationale sur l'influence du cinéma sur les enfants. (Jowett, 1976, p. 220.)

crime ». En réalité, comme l'ont depuis fait valoir Garth Jowett, Ian C. Jarvie et Kathryn H. Fuller, les conclusions de l'étude étaient plus nuancées[1]. Mais Forman les simplifiait dans le sens attendu par ses lecteurs. L'affichage des statistiques paraissait à lui seul évocateur :

> Bearing in mind that in, say, 1930, there were among 500 pictures, 137 dealing with crime and, in addition, 43 dealing with mystery and war, we arrive at the conclusion that thirty-six per cent of all the pictures were loaded with scenes of either crime or violence[2].

Mais le livre s'inquiétait aussi de l'indulgence des enfants à l'égard des criminels de l'écran (« Crime pictures make me feel sorry for the criminals because the criminals probably do not get the right start[3]. ») et s'interrogeait sur les effets à long terme du spectacle hebdomadaire du crime organisé sur de jeunes esprits :

> Through facility of seeing [gangster films] is created a tolerance of criminal patterns and a ready stimulation to those either predisposed to delinquency and crime or to those whose environment is too heavily weighted against them. The seed is supplied all too lavishly to the fertile ground[4].

À peu près simultanément, une offensive majeure est lancée contre le cinéma par une institution catholique nouvellement créée, la National Legion of Decency. Les catholiques américains avaient toujours exercé une surveillance attentive sur Hollywood, mais ils se remobilisent en masse en octobre 1933 lors d'une convention new-yorkaise où le délégué apostolique Monsignor Cicognani déclare : « Catholics are called by God, the Pope, the bishops and the priests, to a united and vigorous campaign for the purification of the cinema which has become a deadly menace to morals[5]. » Une campagne de signatures récolte dix millions de noms et, avec le soutien actif des évêques et du Pape en personne (l'Encyclique *Vigilanti Cura* de Pie XI en juin 1936 présentera la formation de la Légion de la Décence comme une « sainte croisade »), l'ensemble de la communauté est invité à rejoindre le mouvement. Les catholiques doivent prêter le serment solennel de respecter la classification des films proposée par la Légion et de participer activement au boycott des titres rejetés. La menace était à prendre au sérieux : les exploitants de Philadelphie manquèrent d'être ruinés quand le cardinal Dougherty demanda à ses ouailles de cesser purement et simplement

---

1 Garth Jowett, Ian C. Jarvie et Kathryn H. Fuller (eds.), *Children and the Movies. Media Influence and the Payne Fund Controversy*, New York, Cambridge University Press, 1996.
2 Reproduit dans Mast, 1982, p. 349.
3 *Ibid.*, p. 355.
4 *Ibid.*
5 Cité par Bidaud, 1994, p. 79.

d'aller au cinéma. Car les catholiques sont minoritaires aus États-Unis (un quart de la population américaine en 1930), mais leur lobby est très organisé, et les autres groupes religieux (protestants ou juifs) lui emboîtent volontiers le pas.

En matière de divertissement, l'église catholique pouvait pourtant passer pour plus tolérante que les confessions protestantes. Moins regardante sur la consommation d'alcool (qui fait partie de la culture des Italiens, des Irlandais et des Polonais — le gros des rangs catholiques aux États-Unis — davantage que de celle des protestants anglo-saxons), elle l'était moins aussi sur la pratique et sur la nature des divertissements. Les immigrants catholiques étaient par ailleurs plus disposés que les élites culturelles WASP à accorder au cinéma une liberté de contenu et de style adaptée à la réalité multiculturelle de l'Amérique du XXe siècle. Ces raisons expliquent sans doute que Will H. Hays, lui-même presbytérien bon teint, se soit, avec l'accord des patrons juifs des studios[1], tourné plutôt vers des catholiques que vers des WASP pour leur confier les rênes de l'autocensure : Quigley et Lord, les deux rédacteurs du Code, sont catholiques, comme l'est aussi Joseph Breen, le futur directeur de la Production Code Administration. Il s'agit certes, comme l'avance Anne-Marie Bidaud, de désamorcer le danger redoutable que représentaient les boycotts de la Légion pour la bonne marche de l'industrie[2]. Mais, un enjeu plus positif et constructif était d'assurer, *avec* les catholiques, une plus grande indépendance idéologique à Hollywood, face à la surveillance hautaine des élites anglo-saxonnes.

> Protestant censorship groups had taken particular objections to Hollywood as an agent not only of moral, but cultural corruption. The moviegoers were deemed synonymous with the contaminating forces of urban growth and immigration. While the Catholic church may have shared a concern with Protestants about Hollywood as a vehicle of moral lapse, quite obviously it could not share in the nativists'negative cultural perspective of the movies. The Catholic constituency was fundamentally urban, and very much part of those forces the old stock antimovie lobby most feared[3].

Sur les films de gangsters, les catholiques partagent tout de même l'opinion dominante, même si leur premier souci concerne la représentation du sexe à l'écran (« cleaner pictures ») plutôt que celle de la violence et si leur « ennemi public », en 1934, est plutôt *une* ennemie : Mae West, qui a jeté un défi sans précédent aux bienséances sexuelles.

---

1 Que ces derniers aient accepté d'embaucher ces hommes malgré l'antisémitisme qu'ils trahissaient régulièrement (notamment Lord et Breen) montre bien la lucidité des patrons des studios sur les intérêts de l'industrie à long terme dans le contexte de la culture de masse.

2 Bidaud, 1994, p. 81.

3 Munby, 1999, p. 6-7.

Même si les représentants de la Légion sont conscients que le film de gangsters peut secrètement flatter l'appartenance ethnique des membres de leur association, ils condamnent fermement l'héroïsation du criminel. Ils soutiennent par ailleurs les plaintes des Italiens en vue qui se choquent de l'équivalence que les films tendent à établir entre « Italien » et « criminel ». Comme celle du futur maire de New York Fiorello La Guardia (dont on dit qu'il ressemble un peu à Edward G. Robinson), qui proteste auprès de la MPPDA contre la caractérisation du petit César comme italien. « Mr Hays would not dare to produce such a picture with a Jew as a character — he would lose his job if he did[1]. »

Ces interventions conjuguées provoquent la panique dans l'industrie du cinéma. À la MPPDA, on s'efforce de faire valoir le manque de rigueur scientifique des « payneful studies ». Mais Will H. Hays est convaincu de leur impact désastreux sur l'opinion, et de la difficulté extrême de les contrer[2]. Car comme le rappelle Thomas Doherty, les critiques adressées aux films de gangsters n'émanaient pas d'un groupe isolé de gardiens de l'ordre moral et de censeurs à l'esprit étroit, mais d'une opinion quasi unanime soutenue par une presse aussi partisane qu'abondante[3]. Il n'est pas non plus exclu qu'en 1934, leur formule, déjà passablement ressassée, ait commencé à lasser un peu.

Quoi qu'il en soit, les pressions de l'opinion publique décident Will H. Hays à imposer en 1934 la création de la Production Code Administration (PCA) aux producteurs hollywoodiens. Dirigé par Joseph Breen, cet organe aura pour charge de faire appliquer strictement le Code de 1930 — et, au premier chef, les articles qui concernent la représentation du crime et des criminels. Pour obtenir le sceau d'approbation qui leur permettra d'être distribués dans les salles des majors, les films devront être soumis à la PCA dès le stade du scénario, et ils seront également visionnés par elle avant leur sortie.

L'application du Code a eu des répercussions décisives sur l'évolution du film criminel. Mais le contexte économique, politique et social du New Deal, comme on va maintenant le voir, a également influencé cette évolution.

---

1 *American Film Institute Catalog*, p. 1205.
2 Son futur biographe, Raymond Moley, s'y emploiera toutefois dans un livre intitulé *Are We Movie Made ?* (1938).
3 Doherty, 1999, p. 156.

12

« The public enemy becomes a soldier of the law »

L'année 1934 est une année difficile pour l'industrie du cinéma, dont l'économie reste affectée en profondeur par la Dépression et que les censures obligent à renoncer aux formules les plus lucratives du début de la décennie — dont celles qui président au premier cycle de films de gangsters. C'est une année difficile aussi pour le syndicat du crime, que la fin de la Prohibition oblige à se reconvertir et à se réorganiser, et contre lequel l'Administration Roosevelt se mobilise. Des pouvoirs accrus sont conférés au FBI, notamment avec les « Lindbergh laws » consécutives à l'enlèvement et au meurtre de l'enfant Lindbergh en 1932. Des gangsters de premier plan sont arrêtés ou tués : Al Capone (1931), Dillinger (1935) et bientôt Luciano (1937). À travers tout le pays, les « G-Men » (*Government Men* : les hommes de J. Edgar Hoover, le patron du FBI[1]) et les « T-Men » (les hommes de l'IRS — Internal Revenue Service — qui eurent raison de Al Capone, finalement condamné pour n'avoir pas payé ses impôts ![2]) sont engagés dans une lutte supposée sans merci contre le crime organisé. Enfin, le contexte idéologique du New Deal n'est plus celui de 1930. Dans le populisme revisité par l'esprit « rooseveltien », l'individualisme à tout crin du « chacun pour soi » qui prévalait dans les années folles passe de mode au profit d'une revalorisation de l'esprit collectif. L'individu y conserve sa place et son indépendance, mais à l'intérieur d'une communauté dont il défend les valeurs, notamment contre les excès (et les dérives criminelles) du *big business*.

1 Il semble que ce soit le gangster « Machine Gun » Kelly qui ait ainsi baptisé les super-flics de J. Edgar Hoover, lorsque, se trouvant cerné par eux, il s'écria « Don't shoot, G-Man ! »

2 Bien que réalisé seulement en 1947, et caractéristique à cet égard du courant semi-documentaire de l'après-guerre, *T-Men* (Anthony Mann), qui montre les difficultés d'un groupe de fonctionnaires mal préparés à la lutte contre les gangsters et qui sont obligés de prendre tous les risques pour avoir raison du « syndicat », peut être rattaché à ce cycle.

Dans ce contexte, qui voit notamment l'essor au cinéma de la *screwball comedy*, moins agressive, plus consensuelle que les premiers burlesques du parlant (les frères Marx, W.C. Fields), Hollywood s'engage dans la production d'un nouveau type de films criminels, qui respecte (au moins en apparence) les règlements du Code. *G-Men* (William Keighley, 1935), *Show Them No Mercy* (George Marshall, 1935), *Bordertown* (Archie Mayo, 1935), *Special Agent* (William Keighley, 1935), *Bullets or Ballots* (William Keighley, 1936), *Public Enemy's Wife* (Nick Grinde 1936), *Marked Woman* (Lloyd Bacon, 1937), *Racket Busters* (Lloyd Bacon, 1938) appartiennent à ce cycle (où Warner Bros. se taille une fois encore la part du lion).

La bonne idée, qui capitalise sur l'air du temps tout en offrant une réponse à la censure, est simple : désormais, ce sont des agents fédéraux du ministère de la Justice, bientôt rejoints par des *police commissioners*, *district attorneys*, *prosecutors* et autres *crimebusters* locaux à l'image de Thomas Dewey, qui deviennent les héros et qui témoignent des bonnes résolutions de Hollywood pour soutenir la répression du crime. Et pour donner sa pleine force symbolique à ce tournant, ce sont les acteurs qui interprétaient les rôles de gangsters dans la première série qui sont appelés à interpréter les flics dans la seconde : Cagney dans *G-Men*, Robinson dans *Bullets or Ballots*, Muni dans *Bordertown*. La publicité souligne fortement cette mutation. « See Uncle Sam draw his guns to halt the march of crime ! », clame un encart de 1935, année où pas moins de sept « G-Men movies » sont réalisés. Quant aux affiches de *G-Men*, elles annoncent clairement : « The public enemy becomes a soldier of the law[1]. »

On devine toutefois de quelle ambiguïté la démarche est entachée dès le départ. En devenant policiers, les stars ne changent pas de personnalité et ne se débarrassent pas de leur image populaire. Au contraire, elles permettent au nouveau cycle de préserver leur charme de *law breakers* dans leurs fonctions de *law enforcers*, d'autant que les *success stories* personnelles de Cagney, Robinson ou Muni (dont les films de gangsters ont assuré la célébrité et la fortune) tendent à faire oublier les fins tragiques de leurs personnages dans les premières années du genre. Les rôles changent, mais les acteurs et leur style restent[2]. Robinson, Cagney, Muni et Bogart ne sont pas moins agressifs, drôles, diserts, violents, dans leurs

1 Parmi les autres publicités du film, on relève aussi : « Cagney is Now Public Hero n° 1 ».
2 Colin McArthur souligne ce point : « Men such as Cagney, Robinson and Bogart seem to gather within themselves the qualities of the genres they appear in, so that the violence, suffering and angst of the films is restated in their faces, physical presence, movement and speech. By the curious alchemy of the cinema, each successive appearance in the genre further solidifies the actor's screen persona until he no longer plays a role but assimilates it to the collective entity made up of his own body and personality and his past screen roles. » (McArthur, dans Grant, 1977, p. 119.)

personnages de flics que dans leurs rôles de truands. Et comme pour mieux protéger ce dynamisme qui les a fait aimer des foules, les nouveaux scénarios multiplient les astuces pour nous rappeler ce qu'ils étaient. Le procédé le plus utilisé, et qui sera d'ailleurs repris dans des cycles ultérieurs (jusqu'à *White Heat*), consiste à faire jouer au policier le rôle d'un criminel pour infiltrer et démanteler le gang (*Bullets or Ballots*). Et les motivations profondes de ces agents hors pair ressemblent à s'y méprendre à celles des premiers gangsters : moins le désir de faire respecter la loi que de régler des comptes, de venger des amis, et surtout de gravir l'échelle du pouvoir et de la réussite. La lente ascension professionnelle de Brick Davis (James Cagney dans *G-Men*) au *Justice Department* de Washington a beaucoup de traits communs avec celle de Rico Bandello ou de Tony Camonte dans la pègre de Chicago. Quant au grand médecin qu'incarne Edward G. Robinson dans *The Amazing Dr Clitterhouse* (Anatole Litvak, 1938), il s'intègre si bien au monde des gangsters pour y conduire son programme de recherche qu'il y devient un authentique criminel, sans perdre pour autant son capital de sympathie : l'ahurissant *happy ending* vire au burlesque pour l'acquitter du meurtre de sang froid qu'il a commis ! Sous couvert de se soumettre au Code, les films le contournent donc pour continuer à s'alimenter aux sources profondes du film criminel[1].

> The Code obliged the studios to convert their individualistic outlaw heroes into equally heroic embodiments of benevolent federal authority, but it failed to remove the moral ambiguities of the genre. Warners remodeled Public Enemy James Cagney as a G-Man, but left his behavior unmodified : despite a specific prohibition in the Code against the law resorting to unlawful means to gain the ends of justice, Cagney's previous violence against the law was simply replaced by an equal violence in the name of the law[2].

Effectivement, les fusillades finales de *G-Men* sont encore plus violentes et meurtrières que celles de *Scarface*. Dans sa mise à jour annuelle de 1935, le Code devra tenir compte de cette évolution dangereuse et ajoutera une clause supplémentaire pour tenter d'y répondre : « Crime stories are not to be approved when they portray the activities of American gangsters, armed and in violent conflict with the law or law-enforcing officers. »

---

1 Pour Colin McArthur, c'est aussi un problème d'ordre dramaturgique qui préside à ce déplacement : « The obvious problem for the film-makers of the period was to give the G-Men's antagonists, the gangsters, some independent life, some identity. This was done by involving the G-Man hero on a personal basis with the mob, usually by having him join it in order to destroy it, a device which recurs not only in this phase of the genre's development but also in succeeding, post-war phases. » (McArthur, 1972, p. 38.)

2 Richard Maltby, *Harmless Entertainment. Hollywood and the Ideology of Consensus*, Metuchen, N.J./Londres, The Scarecrow Press, Inc., 1983, p. 109.

Notons que, dans le déplacement opéré par le cycle du G-Man, les gangsters (ethniques, urbains, organisés) tendent à être remplacés par des hors-la-loi (natifs, issus de l'Amérique *mainstream*, solitaires). Avec ce paradoxe que les « bons » sont plus ou moins explicitement identifiés comme des immigrants de première ou seconde génération, et les méchants comme des *rural whites*[1]. Ainsi *G-Men* campe-t-il ses agents fédéraux (irlandais) contre des avatars de John Dillinger, Pretty Boy Floyd et Baby Face Nelson. En cela, les films suivent l'histoire, et la politique concertée de Hoover : pour des raisons diverses, à la fois stratégiques et idéologiques, le FBI préfère concentrer la répression du crime sur les hors-la-loi révoltés de la Dépression plutôt que sur le crime organisé des Mafias urbaines. (Et on se souvient que jusqu'aux années soixante, J. Edgar Hoover a refusé d'admettre l'existence d'une Mafia structurée aux États-Unis.) Mais c'est aussi une façon pour ce second cycle de conserver au genre le point de vue « ethnique » établi au début des années trente.

Le scénario de Seton I. Miller pour *G-Men* assure la transition avec beaucoup de talent. « To have one's cake and eat it too », soit tirer profit à la fois du respect du Code et de son contournement, c'est la devise d'à peu près tout le cinéma hollywoodien après 1935, mais le film de William Keighley en fournit, dans le genre criminel, un exemple canonique.

Le lien de Brick Davis avec la pègre (et avec la tradition du film de gangsters) est posé dès le départ. Brick est le fils adoptif, sinon spirituel, d'un truand new-yorkais, McKay, qui rassemble toutes les qualités associées au « milieu » dans l'imaginaire populaire : courage, fidélité, sens des valeurs humaines, lucidité. McKay (auquel Brick rend visite dans son « bureau » — comme il se doit situé dans l'arrière-salle d'un night-club animé) sait que la vie et ses misères l'ont poussé sur une mauvaise route, et il a payé des études coûteuses à Brick pour qu'il ne suive pas le même chemin que lui. Brick est avocat, et la première scène le situe d'entrée du côté du bien : il met à la porte (non sans lui asséner un uppercut typiquement cagneyien) un chef de gang qui le prend pour un avocat marron et lui propose beaucoup d'argent pour défendre une vilaine cause, c'est-à-dire pour jouer le rôle de *mouthpiece* des truands. Reste que le bien ne paye pas, et quand son ami Eddie Buchanan lui propose de le rejoindre à Washington pour servir dans les rangs des nouveaux G-Men du ministère de la Justice, Davis est tenté par l'offre. Naturellement, la morale cagneyienne (la fidélité à la « famille ») interdit

1 Les tueurs solitaires des années quarante, de beaux blonds au visage innocent comme Alan Ladd dans *This Gun for Hire* ou Richard Basehart dans *He Walked by Night*, face à une police collectivement soudée et parfois pluriethnique, confirment cette tendance.

une réponse favorable, jusqu'à ce que Eddie soit brutalement abattu par un des « associés » de McKay, Brad Collins. Davis devient alors agent du FBI. Documentaire et propagande s'imbriquent ensuite (avec force titres de journaux[1] et *montage sequences*) pour montrer l'engagement des fédéraux et expliquer l'importance de leur travail. (Une publicité dans le *New York Times* précisait que l'œuvre était dédiée aux « fearless Federal Agents whose heroic exploits and inspiration made this picture possible »[2].) Le film s'attarde sur les techniques scientifiques mises au point dans les laboratoires (pour identifier une arme ou confronter des empreintes digitales), mais insiste aussi sur l'entraînement physique de ces « super flics » qui n'ont pas encore le droit de porter une arme et n'ont de ce fait pas les moyens de stopper les hold-ups du pittoresque, mais terrible Danny Legget (il porte un gardénia frais chaque jour à sa boutonnière et cache un automatique dans son melon) et de sa bande. L'apprentissage est rude pour le héros, d'autant qu'il entretient des rapports difficiles avec son supérieur hiérarchique, Jeff McCord, qui le soupçonne, non sans quelque raison, d'être une « taupe » au service des gangsters. Leur complète réconciliation, encouragée par l'idylle naissante entre Brick et Kay, la sœur de McCord, n'intervient qu'à l'extrême fin du film. Entre-temps, grâce à un vote du Congrès, les G-Men ont été armés (« This is War », déclare un des agents), et c'est un vrai massacre qui assure au bout du compte la défaite du gang. La fidélité de Cagney à sa « famille » est toutefois confirmée par sa douleur à la mort de McKay. Ce dernier s'est retiré d'un monde qu'il n'approuve plus, et son exécution, conformément à la règle du milieu selon laquelle « one can't go back on a gang », a été programmée par ses anciens comparses.

Les réticences du film à « déshéroïser » le gangster en « héroïsant » le G-Man apparaissent encore dans l'intéressant personnage de Jean Morgan, l'ancienne petite amie de Brick que les circonstances ont poussée à épouser Collins. Incarnée par Anne Dvorak (l'admirable Cesca de *Scarface*), ce personnage de *good bad girl* (elle est, dans une réjouissante parenthèse musicale, la danseuse étoile du night club de McKay) hérite des caractères les plus positifs des gangsters de 1930 (énergie, loyauté, bravoure) et transporte ces valeurs du premier au second cycle. Que cette mission ait été confiée à une femme n'est pas indifférent, comme aussi le fait que la misogynie cagneyienne, une composante pourtant originelle de son personnage, ait été éliminée[3] : n'oublions pas

1 Là encore, l'actualité inspire très précisément le scénario. Les *good guys* sont inspirés de J. Edgar Hoover et Melvin Purvis, un agent fédéral haut en couleur qui joua un rôle important dans la répression des gangs des années trente.
2 Cité dans Balio, 1993, p. 290.
3 Une publicité du film est très claire sur ce point, en dépit de son inflexion machiste : « Cagney Finds New Way to Sock Women. »

que le cinéma hollywoodien des années trente a donné une place unique aux femmes, et qu'au-delà des mélodrames féminins et autres *women's pictures*, leur liberté (professionnelle, intellectuelle, sexuelle) est une conquête qui caractérise tous les genres de cette décennie, film criminel inclus. On sait que le film noir renversera cette tendance[1].

G-Men s'avérant un des plus gros succès du box-office de 1935, Warner Bros. confie à son réalisateur, William Keighley, la réalisation de *Bullets or Ballots* (1936), dont le titre fait allusion au vote citoyen comme moyen de venir à bout du crime organisé. Edward G. Robinson joue ici le rôle de Johnny Blake, non pas cette fois un homme de Hoover, mais un policier ordinaire, « a tough, but honest dick » inspiré du personnage de Johnny Broderick. Blake se fait passer pour un truand afin d'identifier les chefs d'un gang. Ce faisant, il joue si bien son rôle qu'il met en place le plus florissant racket de la ville (*« numbers » racket*, c'est-à-dire le contrôle des loteries et des paris). Les ambiguïtés de ce nouveau film mettent à nouveau en évidence le mécanisme signalé plus haut : le genre se rallie d'autant plus volontiers aux exigences de l'autocensure que cette dernière lui permet de rester « en phase » avec l'opinion publique, mais il trouve sans cesse de nouvelles astuces pour conserver son inspiration originelle. Richard Maltby a analysé ce mécanisme : il y a une contradiction, souligne-t-il, entre la ferveur citoyenne avec laquelle le film dénonce les rackets (il débute par une imitation de la série *March of Time* qui stigmatise le crime organisé[2]), ainsi que la corruption politique et policière qui les soutient, et la morale strictement individuelle qui est enracinée au plus profond du genre. Aussi le personnage de Robinson reste-t-il mal à l'aise dans son rôle d'agent secret « where he has to "double cross" criminals rather than give them the "even break" as he has always done in the past »[3]. Et comme dans *G-Men,* cette mauvaise conscience s'incarne dans une femme, ici Joan Blondell, qui retire au héros sa confiance quand elle soupçonne sa duplicité. Par ailleurs, ici encore, la violence du *good guy*, Johnny Blake, n'est pas moins jubilatoire que celle du *bad guy* Al Kruger ou de son acolyte Bugs Fenner, au point que le caractère choquant du meurtre d'un journaliste par Bogart (Fenner) se trouve relativisé par l'évident

1 Comme on le voit par exemple dans *This Gun for Hire*, ou dans *The Street with No Name* ou *Where the Sidewalk Ends*, où les violences exercées par les hommes sur les femmes (des gifles très brutales en particulier) sont à la limite du supportable pour le spectateur d'aujourd'hui.

2 Le scénario mettait les points sur les i : « Beside presenting entertainment, the picture's mission will be to leave a flaming question mark in the minds of American audiences. What can be done to stamp out rackets and racketeers as effectively as Repeal stamped out bootleggers and rum-runners ? » (Cité par Maltby, 1983, p. 110-111.)

3 *Ibid.*, p. 110.

plaisir avec lequel Robinson (Blake) projette d'un coup de poing un sbire à travers une porte vitrée[1].

Deux caractères encore rattachent fortement *Bullets or Ballots* aux archétypes fixés par le cycle antérieur. Le premier concerne la personnalité de l'homme « higher up ». Le chef secret du syndicat du crime se révèle être un triumvirat constitué par un banquier de Wall Street, un ancien sénateur et « a young millionaire, socialite and clubman ». Soit, conformément au modèle institué par « Big Boy » (*Little Caesar*), l'élite cynique et corrompue de la grande bourgeoisie d'affaires. *Bullets or Ballots* renforce le parti pris de classe affiché par le genre. Parallèlement, bien que chassé de sa place de héros, le gangster confirme son statut de *businessman*, dans un sens qui tend paradoxalement à le normaliser en montrant l'homme d'affaires dans le gangster plutôt que le gangster dans l'homme d'affaires (comme c'était le cas dans les films du premier cycle) : McLane, qui gère les affaires du « syndicat » dans les bureaux de son quartier général, rappelle à Humphrey Bogart que son racket ne relève plus de la petite entreprise des bootleggers de la Prohibition, mais d'un « big business » bien intégré à l'économie et à l'idéologie nationales.

Enfin, *last but not least*, la fin du film, où Robinson, blessé mortellement par Bogart, titube dans la rue avant de s'effondrer sur le pavé, reproduit la fin emblématique de *Little Caesar*. Robinson est un flic, mais il meurt comme un truand, aussi noblement, serait-on tenté de dire, qu'un truand, et ce n'est pas la moindre ironie du film qu'il trahit (objectivement) du même coup une des règles les plus surveillées du Code : « Law enforcing officers should not be shown *dying* at the hands of criminals. »

Bordertown (Archie Mayo, 1935) témoigne quant à lui de la continuité du point de vue ethnique dans le genre. Paul Muni joue le rôle d'un Chicano (Johnny) qui devient avocat (comme Cagney dans *G-Men*) pour défendre les intérêts des Mexicains-Americains. Quand son cabinet est mis en faillite par un établissement WASP plus puissant, Muni crée un casino à Bordertown et réalise une fortune légalement douteuse grâce à la clientèle de riches Américains qui y afflue (dont Eugene Pallette et sa femme Bette Davis). Mais dans sa confrontation avec les Américains de souche (des femmes WASP, notamment, qui ne sont pas indifférentes à son charme « sauvage »), Johnny comprend qu'il appartient à « une tribu différente »[2]. Il décide alors de vendre son affaire pour fonder une école de droit dédiée à la défense juridique des Chicanos. Par l'intérêt qu'elle porte à la condition et aux aspirations des *hyphenated Americans* (et notamment celles des plus pauvres et des

1 *Ibid.*, p. 113.
2 Munby, 1999, p. 111.

moins éduqués d'entre eux), cette histoire, jusque dans sa très constructive résolution, atteste la façon ingénieuse dont la contestation socioculturelle inscrite au cœur du genre a été préservée, malgré les concessions apparentes aux normes renforcées de l'autocensure[1].

Deux films Warner Bros. radicalisent l'opposition manichéenne entre les flics et les truands en brossant des portraits de gangsters odieux, et d'autant plus insupportables que leurs victimes sont des femmes. En même temps, conformément au déplacement déjà repéré, c'est l'héroïne (maîtresse du gangster ou prostituée à son service) qui assume les fonctions tragiques assignées jadis aux héros masculins. Margaret Lindsay dans *Public Enemy's Wife* (Nick Grinde, 1936)[2] et Bette Davis dans *Marked Woman* (Lloyd Bacon, 1937) tentent d'échapper, grâce à l'assistance (ou à l'amour) d'avocats ou de procureurs intègres, à la violence et à l'exploitation de l'amant ou du proxénète crapuleux. Le second film, dont le scénario est signé Robert Rossen et Abem Finkel, est particulièrement intéressant de notre point de vue, puisqu'il est inspiré de l'enquête du *District Attorney* new-yorkais Thomas E. Dewey, l'homme qui a mis fin à la carrière de Lucky Luciano en le faisant condamner pour proxénétisme grâce au témoignage de trois prostituées. Le Code oblige qu'on fasse de ces femmes des « hôtesses » de night-club, mais la convention ne trompe personne, d'autant que les images et les dialogues évoquent la réalité de l'esclavage sexuel d'une façon finalement très crue. C'est Humphrey Bogart qui joue le rôle du *District Attorney*, et Eduardo Ciannelli celui du gangster Johnny Vanning, très impressionnant de brutalité et de cruauté. L'autorité et l'efficacité de l'avocat véreux qui défend ses intérêts font également froid dans le dos.

Il est intéressant toutefois de comparer le rôle de Ciannelli à celui de Paul Muni dans *Scarface*. La terreur qu'il répand s'exerce sur des êtres faibles et sans défense, que ses hommes de main, qui affichent une présence ostensible jusque dans la salle d'audience, exécutent froidement chaque fois qu'ils risquent de parler (en langage de gangster : « to squawk »). Les quelques instants de *comic relief* (relatifs à l'inculture du truand parvenu, qui s'offusque des mots difficiles et qui change le nom du « night-club » qu'il « rachète » de « Club Intime » à « Club Intimate ») ne suscitent aucune indulgence. Bref, l'identification du public au gangster est impossible, un trait qui distingue les films de ce cycle à la fois de ceux qui le précèdent et de ceux qui le suivent. L'œuvre annonce néanmoins les films d'après-guerre par son esthétique « noire » et par l'image d'une société entièrement contrôlée par un puissant syndicat du crime, aussi obscur que tentaculaire.

1 *Ibid.*
2 L'ambivalence de l'approche est soulignée par le titre anglais du film : *G-Man's Wife* !

La fin de *Marked Woman* mérite une attention particulière. Les cinq prostituées qui ont eu le courage de témoigner contre le *boss of the bosses* disparaissent dans le brouillard, héroïnes tragiques d'un drame qui les dépasse :

> The five shady ladies who take the stand and testify, with a ganglord's executioner waiting for them to leave the court room, are ennobled for that moment, but not glorified. When the fog swallows them up, there is no after-glow from their halos[1].

Mais comme les films du premier cycle, ceux du second souffrent dès leur deuxième année d'existence (1936) d'un déficit de popularité. C'est une loi du cinéma que les formules s'usent et doivent être renouvelées. Le *Motion Picture Herald* en fait la constatation :

> [While the G-Man cycle] has been considered constructive in presenting a picture of Government's war on crime, at the same time films of this type were becoming so numerous as to create some resistance on the part of the public and hence an unhealthy condition at the box-office[2].

La seconde moitié de la décennie est donc à son tour marquée par une nouvelle évolution du genre. Mais la formule « G-Man » ne disparaît pas pour autant, comme l'attestent la popularité persistante des *special prosecutor films* (*Racket Busters*, Lloyd Bacon, 1938) et le succès des courts métrages de la série *Crime Does Not Pay*, que la MGM continue de produire jusqu'à la guerre.

---

1 Frank Nugent dans le *New York Times*. (Cité par Balio, 1993, p. 292.)
2 « MPPDA Members Call a Halt », *Motion Picture Herald*, 2 novembre 1935, p. 27.

13

Moralisme et sociologisme

Privé de son statut de héros dans le second cycle du genre, le gangster le reconquiert dans le troisième, annoncé dès 1934 par *Manhattan Melodrama* (Woody S. Van Dyke), mais qui caractérise surtout le film criminel entre 1935 et 1938. Les films de cette série ont pour arrière-plan historique le passage du premier au second mandat de Franklin D. Roosevelt et, comme contexte idéologique, le déclin des valeurs « collectivistes » de la NRA, sur fond d'opposition croissante, aussi bien chez les progressistes que chez les conservateurs nostalgiques du laissez-faire, à l'augmentation des pouvoirs fédéraux, à la « dérive autoritaire » des institutions et à la « mégalomanie » supposée du président lui-même.

Comme on l'a vu, le cycle des G-Men qui accompagne la première période du New Deal et la rigidification du Code de 1934, pour populaire que fût sa propagande, n'allait pas sans poser à Hollywood des problèmes narratifs et dramaturgiques sérieux. Moralement impeccables, les nouveaux incorruptibles étaient aussi bien moins intéressants que les gangsters qu'ils avaient remplacés, ce qui poussait paradoxalement le cinéma à mettre l'accent sur leurs prouesses techniques, gymnastiques et souvent meurtrières dans l'action. La diabolisation concomitante des criminels tirait les films vers un manichéisme que, contrairement à ce qu'on pense souvent, le cinéma hollywoodien classique cherche plutôt à éviter.

Les ruses scénaristiques de *G-Men* ou de *Bullets or Ballots* témoignent de ces difficultés. Dès 1934, les studios n'ont qu'un désir : remettre les gangsters en tête d'affiche. Car l'euphorie, l'énergie « antisociale » et iconoclaste qu'ils véhiculent sont indispensables à la santé et à la rentabilité du genre.

Impossible cependant de réincarner purement et simplement les petits Césars du début des années trente. Le gangster revient en effet en tête du générique, mais avec une conscience et un désir (plus ou moins assumé) de réhabilitation. En cela, les producteurs suivent les conseils du Bureau Breen qui, redisons-le, n'est pas leur ennemi, ayant au contraire pour mission de les prévenir des risques que font peser sur le box-office les commissions de censure et les ligues de vertu. Mais ils trouvent aussi un moyen de donner un regain d'épaisseur au héros. Très « plats » face aux G-Men, trop stéréotypés et banalement « méchants », les gangsters redeviennent des « round characters », qui incarnent (sans les résoudre : dialogisme plutôt que dialectique) les tensions entre les désirs contradictoires de turbulence et de stabilité sociales.

En outre, diverses « explications » données à la délinquance, puisant à une tradition du « film social » très productive dès les débuts de la décennie, achèvent de justifier ce retour du gangster et des stars qui l'incarnent en tête des génériques.

Autre signe d'une volonté de « récupérer » le gangster : son apparition dans d'autres genres, notamment dans la comédie où il effectue, dans cette deuxième moitié des années trente, une percée significative. On pense moins ici aux burlesques, façon Tex Avery, qui de tout temps ont parodié les genres sérieux (*Thugs With Dirty Mugs* caricaturant *Angels With Dirty Faces*), qu'aux comédies loufoques (*screwball comedies*) typiques de la deuxième moitié des années trente, comme deux réalisations de Lloyd Bacon avec Edward G. Robinson, *A Slight Case of Murder* (1938) et *Brother Orchid* (1940). Ces deux films racontent l'histoire d'un gangster qui veut abandonner la vie criminelle (*to go straight, to go « legit »*) : le premier prend sa retraite à la fin de la Prohibition, le second se retire dans un monastère. La comédie naît de la façon dont, dans les deux cas, le héros est rattrapé par son passé à la suite d'événements imprévus et dans des contextes inattendus. Dans *It Came All True* (Lewis Seiler, 1940), Humphrey Bogart lui-même, jusqu'alors spécialisé dans les rôles de méchant entre les méchants (souvent comme faire-valoir d'un méchant moins méchant), est roulé dans la farine par les hôtes d'une pension de famille !

Bien que Clark Gable ait débuté à la MGM dans des rôles de *tough guy*, son grand succès de 1934 est une comédie loufoque de Frank Capra (dont il est parfois dit qu'elle inaugure le genre), *It Happened One Night.* L'humour et la drôlerie qui caractérisent le personnage de Blackie Gallagher dans *Manhattan Melodrama* (Woody S. Van Dyke, 1934) empruntent à cet intertexte, et contribuent à humaniser la figure du gangster dans un sens conforme à l'évolution du film criminel dans la seconde moitié de la décennie.

Mais *Manhattan Melodrama,* comme l'indique son titre, est bien un mélodrame, dont le scénario, l'interprétation et la mise en scène attestent les tiraillements qui affectent le genre criminel au moment de l'entrée en fonctions de Joseph Breen.

Conformément au thème scénaristique d'« Abel et Cain » inauguré par *Little Caesar* et *The Public Enemy*, Clark Gable partage ici la vedette avec William Powell, qui joue le rôle de son frère nourricier. Sauvés d'un naufrage en 1904 dans le port de New York par un prêtre italien, Father Joe, et élevés ensuite par un Juif, Poppa Rosen, qui a perdu son fils dans la catastrophe, ils suivent, quand ce dernier est tué par la police dans un meeting de Trotsky (sic), deux chemins divergents : Jim Wade (Powell) poursuit des études de droit et gravit les échelons de la politique en devenant successivement avocat, *District Attorney* et gouverneur ; Blackie Gallagher (Gable) acquiert un casino et règne sur le monde des courses et de la boxe[1]. Blackie a une admiration sans bornes pour Jim, dont il soutient aveuglément la carrière. Lui-même se juge « common ». Et quand il apprend qu'un politicien corrompu menace de faire des révélations qui pourraient coûter à Jim son élection au poste de gouverneur, il exécute froidement le truand, sans que son frère ait les moyens de connaître les motivations de son acte. C'est Jim en personne qui, en tant que procureur, sollicite et obtient des jurés la condamnation à mort de son frère. Mais quand il apprend toute la vérité, quelques heures avant que Blackie soit conduit à la chaise électrique, il s'apprête à exercer son droit de grâce. Blackie l'en dissuade fermement, en faisant valoir que cela entraînerait la fin de sa carrière. En outre, « If I can't live the way I want, let me die when I want ». Quand, après l'exécution, Jim élu gouverneur monte pour la première fois à la tribune du Parlement, c'est pour donner sa démission : il raconte le geste de son frère et s'accuse d'avoir été tenté de le sauver, donc de ne pas mériter la confiance de ceux qui l'ont choisi.

Malgré la complexité proprement cornélienne du dilemme final, le moralisme de ce scénario est exemplaire. Il satisfait rigoureusement aux exigences du Code : aucune ambiguïté n'est laissée aux définitions du légitime et de l'illégitime, qui sont au contraire renforcées par l'admiration inconditionnelle que Blackie porte à son frère (« He's got class written all over him ») et par son adhésion aux valeurs qu'il défend (« You're the one guy who's on the level and everybody knows it. And that's what pays off in the end. »). Par ailleurs, et bien qu'il soit produit par la MGM et non par Warner Bros.[2], le film est précisément articulé à l'actualité, et dresse un parallèle évident, au moins pour les spectateurs de l'époque, entre Jim Wade et le Président Roosevelt — un parallèle,

1 Par son nom même, « Blackie » est associé à l'Amérique ethnique, contrairement à Jim qui conserve un maintien et une élocution « anglos ». Il n'est pas indifférent non plus que le personnage de Blackie enfant soit incarné par l'Irlandais rouquin Mickey Rooney.

2 Le film est en réalité produit pour MGM par Cosmopolitan, l'unité de production de William Randolph Hearst. Les contradictions politiques de ce dernier (c'est un conservateur, mais il a soutenu la candidature de Roosevelt en 1932) peuvent expliquer l'ambivalence du personnage de Wade.

on va le voir, qui s'avère à double tranchant. Wade et Roosevelt suivent à peu près la même carrière à New York et leurs épouses portent le même nom (Eleanor). Quelque chose dans le maintien, l'autorité, les discours de « Mr Law and Order » (comme son frère le surnomme gentiment) fait également penser au Président, de même que, devant la cour, le style de son réquisitoire contre le crime organisé :

> For years the men and women of the country tolerated racketeers and murderers. Because of their own hatred of Prohibition they felt in sympathy with those who broke the law they felt to be oppressive. Crime and criminals became popular. Killers became heroes. But Gentlemen, Prohibition has gone, and these gangsters who came with it, must go with it.

En surface donc, la moralisation du film de gangsters à l'œuvre dans *Manhattan Melodrama* ne paraît entachée d'aucun doute. Jonathan Munby montre cependant bien que ce film, conformément à un processus qui se retrouve dans tous les avatars du genre, préserve la dimension sympathique et contestataire du gangster, en même temps que sa puissance « tragique » (Warshow), par des « tactics of survival and dissent »[1] extrêmement élaborées. Ces tactiques tendent à brouiller les pistes, et à remettre en question la hiérarchie posée par le scénario entre le procureur et le truand.

Pour commencer, quels que soient le talent et la notoriété de William Powell, il est clair que le statut de star va d'abord à Clark Gable. Son aisance, son humour, son goût de la compagnie, de la fête, des courses, de la boxe (il assiste à un match de Dempsey) lui attirent d'emblée la sympathie du public populaire, qui se reconnaît moins dans la raideur un peu compassée et dans la rhétorique un peu ampoulée du *District Attorney*[2]. De plus, chaque fois que les deux frères ont l'occasion d'échanger des propos, et même si l'un et l'autre se montrent en ces occasions toujours « on the level », il est manifeste que l'autorité de jugement et de décision revient à Blackie. On peut aller plus loin, et remarquer que Jim a besoin, dans toutes ses décisions, et jusqu'au rejet de la grâce du condamné, de l'opinion et de la caution morale de son frère.

Comparé à Blackie, Jim paraît manquer d'humanité[3], si ce n'est quand il cède au charme d'Eleanor. (C'est peut-être d'ailleurs la fonction de l'héroïne de transmettre ainsi, de Blackie à Jim, le fonds qui manque le plus à ce dernier, et donc de participer, inconsciemment, au don — au

1 Munby, 1999, p. 66.
2 Blackie rompt nettement sur ce plan avec les gangsters du cycle des G-Men, qui restent sans épaisseur (*two-dimensional*).
3 À cet égard, et pour brouiller les cartes encore davantage, le D.A. ressemble un peu, par sa raideur, aux gangsters *de la première génération*, et notamment à Little Caesar, que W. R. Burnett voyait comme un vestige un peu anachronique d'idéalisme républicain « caught in the midst of consumerist hedonism ». (Munby, 1999, p. 72.)

sacrifice ? — du premier au second.) Et si Myrna Loy choisit finalement Jim pour époux après avoir été la maîtresse de Blackie, le D.A. n'est vraiment sauvé à ses yeux que par l'*humanité* que révèle *in extremis* sa décision de rendre public le geste de son frère et de renoncer à toutes ses ambitions professionnelles. Or tout ceci contribue à dévaloriser l'image qu'on prétend donner de la loi et de l'ordre, qui paraissent déconnectés des réalités de la vie et des sentiments.

Il faut donc considérer *Manhattan Melodrama* comme un texte ouvert, exemplaire de la façon dont les avatars du film de gangsters, loin de se conformer simplement aux règles et d'entériner le *statu quo*, mettent en crise les scénarios en laissant libre cours à leurs contradictions.

Il convient de retourner une dernière fois aux films de la première génération pour constater que, dans le domaine du film de gangsters (c'est moins vrai, je vais le redire, du « film social ») et avant la fin des années trente, la question n'est pas posée de savoir *pourquoi* on devient gangster et *comment* on peut cesser de l'être. Pour reprendre le titre d'un film muet, « criminals are born, not made », et cette fatalité contribue à conférer au genre sa dimension tragique. Aussi la question de la réhabilitation du gangster ne se pose-t-elle même pas dans le premier cycle du genre. Rico et Tony tuent dès la première scène de *Little Caesar* et de *Scarface*, et ils ne cessent de tuer que le jour où il sont eux-mêmes tués. *The Public Enemy* débute en revanche sur une évocation de l'enfance du héros dans les bas quartiers irlandais, et la peinture de cet environnement peut laisser penser qu'il va fournir des explications sociales à sa carrière criminelle : de fait, le jeune Tom, livré à lui-même, victime des brutalités familiales (le portrait terrifiant du père flic), boit de la bière, vole à l'étalage, et est vite engagé (et escroqué) par le truand local qui commandite ses premiers larcins. Mais le sujet n'est pas développé et, passée cette première séquence, « the film quickly dropped the subject and went on to the good stuff »[1]. Surtout, comme on l'a souvent fait remarquer, l'hypothèse du déterminisme de l'environnement ne résiste pas au fait que Mike, le frère de Tom, élevé dans les mêmes conditions que lui, devient un citoyen exemplaire et un héros de guerre. Bref, dans *The Public Enemy,* « the environmental incoherence was obvious »[2].

En 1934, *Mayor of Hell* (Archie Mayo), évoque la façon dont la pauvreté favorise les comportements antisociaux. James Cagney y joue pour la première fois le rôle d'un ancien gangster qui se rachète en prenant en charge la rééducation des gamins d'une maison de correction. Mais il faut attendre *Dead End*, en 1937, pour que la question des origines

1 Bergman, 1972, p. 12.
2 *Ibid.*, p. 12.

sociales de la délinquance soit vraiment posée par Hollywood. Le film inaugure un cycle, dont les titres les plus connus sont *Crime School* (Lewis Seiler, 1938) et *Angels With Dirty Faces* (Michael Curtiz, 1938)[1].

> [Those films] were populated by juvenile delinquents about to be initiated into big-time crime and ex-convicts struggling against an intolerant city to go straight. In both cases, sympathy is with the criminal and against the social institutions[2].

Production de prestige de Sam Goldwyn tirée d'une pièce à succès de Sidney Kingsley, *Dead End* montre les *tenements* new-yorkais comme le terreau fertile du crime. Le groupe de cinq enfants connu sous le nom de Dead End Kids (Leo Gorcey, Huntz Hall, Billy Halop, Bobby Jordan et Gabriel Dell) est à la base du grand succès du film[3] (ils seront tous les cinq embauchés par Warner Bros. pour jouer dans les nombreuses autres productions du cycle, dont *Angels With Dirty Faces*). Leur agilité, leur agressivité et leur gouaille constituent aujourd'hui encore un des attraits principaux du film de Wyler :

> They fight among themselves, dive into the filthy water of the East River, and emulate the toughest hoods of their day. Their parents are drunkards or absentees and their homes are filled with rodents, crying infants, and brawling couples. Their accents were true New York Corrosive, and their facial expressions reflected a mingled sullenness and diminishing hope which was perfect and tragic. The film used these children in two ways : to make the point that decaying houses bred crime, and to bury the gangster myth by reducing that early thirties hero to a sociological cipher[4].

Huntz Hall, un des leaders des Dead End Kids, raconte que les décors de ce film (réalisés par Richard Day et photographiés par Gregg Toland — qui signera bientôt l'image de *Grapes of Wrath* et de *Citizen Kane*) ressemblaient à s'y méprendre aux taudis où lui-même avait grandi :

> All around us was squalor. Kids were getting rickets. And the picture showed the kids starving [...]. And it showed the first generation gap, it showed that kids fourteen and fifteen years old could talk and shouldn't be treated like babies. They were growing up to be gangsters, every kid wanted to be tough, like the guy who was the head of the block[5].

1 Une suite sensiblement affadie (*Angels Wash Their Faces*) fut réalisée en 1939 par Ray Enright, avec Ronald Reagan.

2 Roffman et Purdy, 1981, p. 135. *Knock on Any Door* (Nicholas Ray, 1948) reprend et amplifie dans les années quarante le thème du milieu criminogène dont sont victimes les enfants des quartiers défavorisés.

3 De Shirley Temple à Mickey Rooney, on peut noter que ce sont des enfants qui occupent les premières places du box-office pendant presque toute la deuxième moitié des années trente.

4 Bergman, 1972, p. 154-155.

5 Cité par Barry Norman, *The Story of Hollywood,* Nal Books, 1988, p. 155.

Le scénario de Lillian Hellman met l'accent sur les conflits entre les prolétaires et les bourgeois qui explosent à la limite des taudis et des beaux quartiers et Andrew Bergman, en 1972, salue avec nostalgie cette conscience de classe hollywoodienne qu'incarnent les héros : la militante Drina (Sylvia Sidney) et l'architecte engagé (Joel McCrea)[1]. Le propos est étroitement articulé au débat urbaniste contemporain de la sortie du film et à l'évolution (hésitante) de la politique de Roosevelt en matière de logement : malgré les demandes pressantes du sénateur Wagner dès 1935, ce n'est qu'en 1937 que le Congrès vote un crédit d'un demi milliard de dollars pour la destruction des taudis new-yorkais et la mise en chantier de nouveaux ensembles. Bergman remarque que le sénateur Wagner est l'invité de Sam Goldwyn à la première du film en août 1937[2].

Plus que le sociologisme du film, c'est peut-être toutefois son moralisme qui retient aujourd'hui l'attention. En inaugurant le thème du *mobster* fatigué (Humphrey Bogart) qui revient dans les bas quartiers où il a grandi, Wyler déshéroïse le criminel (moralisme) en même temps qu'il l'explique (sociologisme). Bergman décrit Bogart comme un « fantôme », « a spectre from an earlier Dead End gang »[3]. Sans avoir la profondeur et l'aura de ses successeurs, son personnage de Babyface Martin annonce, avec celui de Duke Mantee dans *The Petrified Forest* (Archie Mayo, 1936), les gangsters « crépusculaires » du cycle suivant (Johnny Eager et Roy Earle). Il y a en effet quelque chose de pathétique (plutôt que de tragique) dans cette figure[4], qui du coup peut remettre en question l'appartenance du film au genre : *Dead End* est un film *sur* les gangsters et le gangstérisme, mais guère un film *de* gangsters. En ce sens, on peut convenir qu'il tend à démythifier le criminel :

> Bogart's nearly psychopathic brooding was perfectly suited to the task of defusing the gangster myth. He indulgently watches the Dead End Kids fighting, wistfully recalling his pre-homicidal youth, but ultimately he must confront the future, a future in which social engineering would automate crime out of existence. In *Dead End*, the future belongs, with a symbolism which would be ponderous if it were not so touching, to an architect[5].

Angels With Dirty Faces témoigne en revanche, et même exemplairement, d'une *résistance* en profondeur du genre au moralisme et au sociologisme[6]. Ces derniers semblent pourtant à première vue exacerbés. La

1 Bergman, 1972, p. 156.
2 *Ibid.*, p. 152-153.
3 *Ibid.*, p. 155.
4 Babyface apparaît comme une sorte de parodie de Rico ou de Tony : « See this shirt ? Silk, twenty bucks. See this suit ? Custom tailored, a hundred and fifty bucks. »
5 Bergman, 1972, p. 156.
6 Le film contribue donc à perenniser le mythe.

séquence introductive reprend presque comme un pastiche celle de *The Public Enemy* (les mêmes deux gamins, qui tyrannisent les deux mêmes fillettes) mais tire simultanément la description du Lower East Side vers l'analyse « sociale » de la misère comme ferment du crime. Aucun doute : si Rocky Sullivan (James Cagney) est devenu gangster (comme les Dead End Kids sont voués à le devenir — leur planque est la même que celle du héros quinze ans auparavant), c'est à cause de l'environnement où il a grandi. Pourtant, dira-t-on, le meilleur ami de Rocky, Jerry Connolly (Pat O'Brien), élevé dans les mêmes conditions, devient quant à lui prêtre, et l'opposition inaugurée par *The Public Enemy* entre le gosse qui tourne bien et celui qui tourne mal alors qu'ils ont grandi dans le même milieu paraît réitérée, Code de Production aidant, au bénéfice du moralisme. Le hasard (Rocky court moins vite que Jerry — c'est le petit — et il est attrapé par les flics et envoyé en maison de correction) vient renforcer l'argumentaire déterministe : la démonstration que le monde carcéral est lui-même criminogène est implacable, et d'autant plus frappante que le gangster Rocky s'avère un des criminels les plus sauvagement meurtriers de l'histoire du genre (il exécute flics et truands sans aucun état d'âme, avec parfois une jubilation purement sadique qui annonce les tueurs psychopathes du film noir).

En cela, *Angels With Dirty Faces* emprunte à une tradition déjà ancienne, notamment à la Warner. L'admirable *I Am a Fugitive From a Chain Gang* (Mervyn LeRoy, 1932), inaugurant un long cycle de « films de prison »[1], racontait comment son héros, James Allen (Paul Muni), injustement accusé d'un vol, devenait finalement un véritable criminel à cause de l'intransigeance absurde du système judiciaire et des conditions effroyables de détention dans les bagnes de Géorgie. Même si le film opposait une bonne Amérique (réformatrice, rooseveltienne) à une mauvaise (sudiste, conservatrice), sa fin très noire (« How do you live ? — I steal ! ») en faisait le paradigme d'une conception « déterministe » de la criminalité. En 1939, *Each Dawn I Die* (William Keighley, 1939) reprend presque à la lettre ce scénario (Cagney est envoyé en prison à la suite d'une erreur judiciaire, et il y devient un détenu rebelle et violent), mais lui substitue une fin heureuse qui, si l'on peut dire, fait feu de tout bois en réconciliant le prisonnier révolté à la fois avec le directeur de la prison (George Bancroft) et avec le vrai gangster (George Raft) qui l'a aidé à prouver son innocence — au nom

1 De *20 000 Years in Sing Sing* (Michael Curtiz, 1933) à *Brute Force* (Jules Dassin, 1947) et *White Heat* (Raoul Walsh, 1949) en passant par *Alcatraz Island* (William McGann, 1937) et *Castle on the Hudson* (Anatole Litvak, 1940). *Caged*, de John Cromwell, en propose en 1950 la version « féminine ». Michel Ciment définit le film de prison comme le « double renversé » du film de gangsters. (Ciment, 1992, p. 70.)

des valeurs profondes où les vrais hommes se reconnaissent : courage, droiture, fidélité. Mais le premier film est un *problem film*, un film social du début des années trente, caractéristique de l'engagement collectif qui prélude au New Deal. Le second est un vrai film de gangsters, qui neutralise sociologisme et moralisme au bénéfice de l'individualisme dissident.

C'est aussi le cas de *Angels With Dirty Faces*, qui émerge à cet égard comme un des films les plus passionnants du corpus. Au sociologisme de référence, l'œuvre oppose un moralisme élevé à la puissance, qu'incarne la volonté du prêtre de « sauver » les enfants du ghetto en les engageant dans diverses activités sportives (basket-ball) et culturelles (la chorale de l'église). Jerry Connolly obtient même à la fin du film le soutien d'un grand journal pour lancer une campagne contre le crime organisé. Et surtout, dans ce qui constitue un des finales les plus mémorables du cinéma américain, il convainc in extremis son ami d'enfance de paraître lâche (« yellow ») au moment de passer sur la chaise électrique, afin de casser son image glorieuse de gangster aux yeux des Dead End Kids et de tous les enfants du pays. (Wallace Beery dans *The Secret Six* et Clark Gable dans *Manhattan Melodrama* avaient fourni le prototype de cette terrible crânerie à laquelle Cagney accepte de renoncer.) L'extraordinaire témoignage d'amitié et le partage des valeurs profondes qu'atteste cette conclusion font naturellement basculer la « morale » à l'avantage du gangster. Son énergie et son anarchisme jubilatoires (incarnés dans tous les « petits gestes » de Cagney — qui traduisent sa joie de vivre et qui le rendent si éminemment sympathique), émulés avec enthousiasme par les gosses du quartier, ont assuré sa séduction tout au long du film[1]. À la fin, il confisque à son profit toute la vertu du prêtre et l'emporte (qui en douterait ?) au Paradis. Sans parler de la bénédiction que constitue l'amour secret que la belle Laury (Ann Sheridan) porte au héros. Et de sa valorisation supplémentaire par le contraste que constitue le personnage de James Frazier, l'avocat véreux (lâche, arriviste, jouisseur et sans parole) magistralement interprété par Humphrey Bogart.

Compte tenu de l'horreur barbare des crimes qu'on voit Cagney commettre dans le film, on peut comprendre que le Breen Office ait souligné, dès l'étape du scénario, les risques que courait une telle production face aux commissions de censure :

> It is important to avoid any flavor of making a hero and sympathetic character of a man who is at the same time shown to be a criminal, a murderer

1 « In Hollywood terms, the criminal is more attractive because he is active. » (Roddick, 1983, p. 132.)

> and a kidnapper. In order to achieve this, great care will be needed both in the writing and actual shooting of the picture[1].

Il faut bien constater toutefois que la mise en scène de Curtiz, loin d'atténuer l'héroïsation de Cagney, la renforce. Mais il faut également reconnaître que le « message » du film résiste à toutes les simplifications — comme le mythe selon Lévi-Strauss, dont la « solution imaginaire » n'épuise jamais les « contradictions ». Ainsi que Nick Roddick le conclut :

> The tensions of *Angels with Dirty Faces* are the tensions of American ideology in the 1930s, balanced between rugged individualism and social stability. [...] The conflict, of course, cannot be entirely resolved. As always, the ending of the film is a piece of narrative manipulation which manages, through a particular instance, to reconcile energy with stability and to suggest that such a reconciliation can be generalized[2].

Dans les dernières années de la décennie, les différents « cycles » qui se sont succédé coexistent et s'interpénètrent. *I Am the Law* (Alexander Hall, 1938) campe Edward G. Robinson en D.A. luttant contre une municipalité corrompue et « it's done so smoothly you forget you've seen it before » (Maltby). Dans *Boys Town* (Norman Taurog, 1938), Spencer Tracy, dans le rôle de Father Flanagan, emmène une bande de jeunes délinquants au Nebraska pour les arracher à l'influence délétère des taudis. Mickey Rooney, gangster en herbe et fier de l'être, lui résiste « with a pack of butts in his left-hand pocket, a deck of cards in his right, a Tenth Avenue Homburg cocked over one ear and his mind made up to blow the joint »[3]. *You Only Live Once* (Fritz Lang, 1937), délaissant le crime organisé pour suivre l'échappée libre d'un couple en cavale, montre ses héros capables de se réhabiliter, mais incapables de se réinsérer, et ramenés à la délinquance par des forces sociales qu'ils ne maîtrisent pas. Quant à *The Roaring Twenties* (Raoul Walsh, 1939), c'est le premier film qui jette un regard rétrospectif, à la fois sur l'histoire du crime et sur celle du film criminel, dont il récapitule le parcours. Mais son humeur et son bilan relèvent déjà d'un autre cycle.

---

1 Cité par Roddick, 1983, p. 138. Breen ajoutait encore : « The present portrayal of the three [*sic*] young boys as indulging in criminal activities, shown in detail, is not only a violation of our Code, but enormously dangerous from the standpoint of political censorship everywhere. This should be changed so as to eliminate all criminal details. » [Par « political censorhip », il faut comprendre censure officielle, gouvernementale.]

2 *Ibid.*, p. 133-134.

3 *New York Times Film Reviews*, 9 septembre 1938.

14

Le crépuscule du gangster et l'essor du film noir

> Raoul Walsh's *High Sierra* was the culmination of an attempt by Hollywood to recreate the classic gangster hero of 1931-1932, while John Huston's *The Maltese Falcon* was the first in a new mode, the thriller, whose hero, more often than not, was to be a private detective[1].

Le film de gangster, dans sa grande décennie « classique » (les années trente), s'est épuisé à dramatiser, jusqu'à des extrêmes qu'on a pu qualifier de cornéliens, le combat *malgré tout* du bien et du mal au milieu des contradictions économiques, sociales et idéologiques de la Dépression. Le film noir renonce à ce combat douteux et, jusqu'à certaines limites qu'on verra, il présuppose l'*ambivalence* des valeurs — au bénéfice du mal. Il conserve l'iconographie du genre, dont même il rehaussse l'esthétique (expressionniste) et développe les résonances (symboliques), mais il brouille ses enjeux.

Le « premier » film noir, *The Maltese Falcon* (John Huston, 1941), sort deux mois avant Pearl Harbor, et il est manifeste que le genre a partie liée avec la guerre : l'angoisse avant, la peur pendant, la désillusion après. Il est probable aussi que l'essor de ce sous-genre a été favorisé par la censure de guerre (assurée entre 1941 et 1944 par l'Office of War Information). La propagande interdisant la représentation du crime organisé (qui donne à l'étranger une image négative de l'Amérique et qui nuit au moral des troupes et de la nation), le crime tend si l'on peut dire à réintégrer le cocon familial (comme Charley retournant chez Charlie — *Shadow of a Doubt*, Alfred Hitchcock, 1943), les activités de la pègre se trouvant refoulées à l'arrière-plan, sous-entendues plutôt que vraiment montrées. Avec pour résultat paradoxal que la criminalité devient diffuse et omniprésente, et que la corruption se généralise jusqu'à définir une

1 Gabree, 1973, p. 60.

vision du monde (« corruption » est le mot-clé de *The Big Sleep* de Raymond Chandler). Dans le film noir, les néons ne dessinent plus « The World Is Yours », comme dans *Scarface* ; ils jettent une lueur intermittente et blafarde sur des gangsters anachroniques, des privés ambigus, des policiers démissionnaires, mais aussi des journalistes douteux, des agents d'assurances malhonnêtes, des politiciens crapuleux, etc. En même temps qu'une banalisation du mal, il y a une dispersion des rôles et une confusion des apparences, qui traduit à coup sûr une « déception à l'égard des idéaux américains » (c'est ainsi que Kaminsky définit dans son tableau récapitulatif la « forme primaire » du film criminel entre 1939 et 1945[1]). Il ne fait donc aucun doute que le film noir offre une image peu flatteuse des États-Unis. Mais son flou programmé donne moins facilement prise à la critique et il a en effet rencontré moins de problèmes avec la censure que les films de gangsters. Cela tient peut-être aussi au fait que, si l'on met de côté les *losers*, meurtriers d'occasion ou truands demi-sel qui commencent à infiltrer le genre, les criminels y sont nettement moins sympathiques (que Cagney, Robinson ou même Bogart dans leurs rôles des anées trente) : du côté des exécutants, ce sont souvent d'horribles psychopathes dont Richard Widmark a brossé quelques portraits définitifs, de *Kiss of Death* (Henry Hathaway, 1947) à *The Street With No Name* (William Keighley, 1948) ; du côté des cerveaux, des citoyens d'apparence respectable, souvent des patriciens fortunés, raffinés et désœuvrés (volontiers incarnés par des acteurs anglais ou plus généralement européens). Ces personnages fascinent, mais ils n'appellent pas l'identification d'un public populaire[2].

Parmi les derniers films de gangsters des années trente, plusieurs annonçaient cette évolution. En rapprochant dans sa conclusion le gangster meurtrier et le citoyen respectueux de la loi, *Each Dawn I Die* amorçait comme on l'a vu un tournant significatif en justifiant par une morale supérieure l'alliance contre nature du détenu et du maton[3]. L'étonnant *Johnny Eager* (Mervyn LeRoy, 1941), en dédoublant son héros (Robert Taylor) de sa mauvaise conscience sous la forme d'un alter ego alcoolique (le poignant Van Heflin), sapait de son côté les certitudes du gangster conquérant et conférait à sa tragédie — emblématique de la thèse de Warshow selon laquelle le gangster est vaincu par la solitude qui accompagne sa réussite — une profondeur quasi métaphysique. Plus généralement, le gangster cinématographique de cette époque tend

1 Kaminsky, 1974, p. 44. « The changes brought on by the circumnavigation of censorship structures facilitated the development of yet another dissident crime cycle, the so-called film noir of the 1940s and early 1950s. » (Munby, 1999, p. 7.)
2 Voir sur ce point Jean-Loup Bourget, « Le Film noir » dans Royot, 1984.
3 Roddick, 1983, p. 130.

à devenir victime de son *fatum* plutôt que de son *hubris* — et de ses pulsions érotiques plutôt que des déterminismes économiques et sociaux.

Ce sont deux films de Raoul Walsh, *The Roaring Twenties* (1939) et *High Sierra* (1941) qui incarnent le mieux cette transition. Le premier dresse le bilan du film criminel à l'aube de la Seconde Guerre mondiale, le second annonce son avenir : l'un et l'autre mettent en scène le déclin du gangster sans toutefois dégonfler son mythe — dont le *private dick* du nouveau cycle devra reprendre l'héritage.

The Roaring Twenties est le premier film de gangsters à n'être plus vraiment « synchrone » (Ciment) avec les événements qu'il relate (il inaugure l'usage de la voix *off* — *voice over narration* — qui deviendra la marque stylistique du film noir). Il annonce le « crépuscule » du gangster en récapitulant son histoire et ses avatars au miroir du cinéma. Des *stock shots* puisés aux filmothèques des studios donnent un aspect parfois documentaire à cette évocation, qui reste néanmoins empreinte d'une certaine nostalgie. C'est d'abord à *I Am a Fugitive from a Chain Gang* (et à l'inspiration « sociale » de *Dead End* et de *Angels With Dirty Faces*) que le film fait penser (dans sa première partie), en enracinant le gangstérisme dans les contextes criminogènes de l'après-guerre, du chômage et de la Prohibition. Mais les trois compagnons paraissent ensuite illustrer chacun un des « cycles » du genre : George Hally (Humphrey Bogart) est le « petit César » ambitieux et cruel, Lloyd Hart (Jeffrey Lynn) l'avocat autodidacte qui s'arrache au milieu pour se mettre au service de la justice (le protagoniste type du cycle des G-Men), Eddie Bartlett (James Cagney) le héros divisé de la fin de la décennie, le « dernier gangster », qu'une résistance sans espoir à l'évolution de la société (mercantile, consumériste, déshumanisée) au nom de valeurs dépassées (fidélité, droiture, respect de la parole donnée) voue à une mort certaine. Il est significatif que la très jeune marraine de guerre d'Eddie, dont ce dernier tombe amoureux, lui préfère finalement Lloyd (Eddie est « trop vieux » pour être aimé : on retrouve ce motif dans *High Sierra*). C'est toutefois en voulant sauver son rival amoureux des intentions criminelles de George qu'Eddie trouve finalement la mort, à la manière des anciens *mobsters* prisonniers de leur destin.

Cette morale, fait comprendre Walsh, est, comme le gangster lui-même, devenue anachronique. *High Sierra* reprend et développe ce motif déjà ébauché dans *Petrified Forest* (Archie Mayo, 1936)[1]. Le personnage incarné ici par Humphrey Bogart, Roy Earle (son nom apparaît

1 Un personnage du film dit de Duke Mantee (Humphrey Bogart : « He aint' a gangster, he's a real old time desperado. Gangsters is foreign — he's an American. » Où l'on constate la rupture du film à la fois avec le cadre urbain et avec le présupposé ethnique consubstantiels au genre (voir chapitre 2).

dès le premier plan, sur le formulaire carcéral qui lui accorde sa libération conditionnelle), est doublement et, d'une certaine façon, contradictoirement coupé de son époque. Après huit ans d'enfermement, il n'aspire qu'à retrouver le ciel, les arbres et les collines de son enfance (dans la ferme familiale de l'Indiana — on retrouve cette nostalgie de la nature dans *The Asphalt Jungle*, comme déjà dans *Johnny Eager*, où le gangster s'éteint en rêvant aux neiges éternelles). Il rompt par conséquent avec le présent urbain qui a fondé le genre et tire sa topographie vers les films « de hors-la-loi » (*Bonnie and Clyde*, Arthur Penn, 1967) ou même vers le western (le remake de *High Sierra*, réalisé par Walsh lui-même appartient à ce genre : *Colorado Teritory* — 1949). Fuyant les complications de la vie moderne (urbaine), Roy Earle est aussi le premier gangster à ne plus croire au Rêve américain. En tout cas, son rêve n'a plus rien à voir avec celui de Rico, Tony, Tom et les autres : davantage du côté de la nature et de la méditation que du côté de l'asphalte et de la consommation, plus proche de l'idéal des transcendantalistes que de celui des *robber barons* (comme encore dans *The Asphalt Jungle*).

Mais c'est aussi par sa *fidélité* à l'ordre ancien du genre que Roy Earle n'est plus un personnage de son temps. Le monde a changé pendant son incarcération et, à l'exception d'un patron mourant (Big Mac) et d'un toubib vieillissant (qui regrette avec lui « le bon vieux temps » — « old times ! » — où l'on pouvait encore compter sur des hommes de parole et de sang-froid), la pègre a été envahie par des truands rapaces et violents, impatients et imprévisibles, et par des *coppers* renégats. La société dans son ensemble n'a guère évolué non plus dans le bon sens, et semble exclusivement vouée au culte de l'argent (il est significatif que le vieux paysan de la ferme natale de Roy s'inquiète un instant que ce dernier puisse être un représentant « de la banque » — on pense aux « Oakies » de John Ford) et du plaisir (personne ne peut sympathiser avec les estivants fortunés et hautains de l'hôtel de luxe où le hold-up est commis).

Roy Earle est donc le « dernier gangster », mais on voit poindre dans cet « existentialist loner » le personnage du privé désabusé des prochains films de Bogart, d'autant qu'en ayant pris la route de la Californie, il redessine la cartographie du genre criminel en la décalant vers l'Ouest, comme y incitaient depuis un temps les grands auteurs du roman noir américain, dont les œuvres ont généralement pour cadre Los Angeles ou San Francisco : Dashiell Hammett, Raymond Chandler, James M. Cain.

Bogart, qui n'avait jusque-là joué que des rôles de « dur », devient une star de premier plan « avec ce personnage vulnérable, habillé de noir comme s'il portait son propre deuil »[1]. Mais il faut voir aussi dans

1 Ciment, 1992, p. 51.

la tension, et même l'agressivité qui le caractérisent (face aux flics, aux truands, aux femmes ou au destin — qui prend ici les traits du chien Prad) le signe d'une fêlure et d'une révolte fondamentales. C'est cette dissidence qui conserve à Roy Earle le statut de « héros tragique » au sens de Warshow.

On ne saurait en dire autant de deux films avec Edward G. Robinson, qui confirment quant à eux que le gangster des années trente a perdu son aura — et que le film criminel doit lui trouver d'urgence un remplaçant. Au thème du gangster « fugitif » se subtitue ici celui du gangster « ramolli ». *The Last Gangster* (Edward Ludwig, 1937) raconte l'histoire d'un bandit polonais (Joe Krozac), un tueur vieilli et fatigué qui, après dix ans de prison pour le meurtre de trois truands, est quitté par son épouse et renié par son fils. Décidé à tuer sa femme et son second mari (Paul North, incarné par James Stewart), il convient finalement que son fils (Paul Jr.) aura une vie plus heureuse dans son nouveau foyer. Il meurt assassiné par un ancien rival en serrant dans sa main la médaille obtenue à l'école par son fils « for outstanding achievement ». On voit que, contrairement à ce qu'il advenait dans le processus de « moralisation » de *Angels with Dirty Faces*, le rachat du héros s'accompagne dans ce « récit autopsie » (Munby) d'une renonciation pathétique à son être et à ses valeurs. Le film propose toutefois la même traversée d'histoire que les chefs-d'œuvre de Walsh (« This story starts in 1927 »). Son héros, confronté à un monde qu'il ne comprend plus (« Everything goes faster, is streamlined », lui explique un comparse sur le point de le trahir), brandit son autorité avec une violence grotesque et souvent odieuse. Mais sa résistance désespérée à la solitude où il s'enfonce, dans l'admirable interprétation qu'en offre Robinson, donne à son personnage des accents bouleversants.

Dans *Larceny Inc.* (Lloyd Bacon, 1942), et comme pour sceller cette fin de règne, le gangster sur le retour devient cocasse : il s'improvise maroquinier pour couvrir ses activités louches, mais finit par consacrer sa vie à la défense des commerçants du quartier. Comme le note avec humour John Gabree, « Little Caesar had gone soft, and the new kind of tough guy — the hard boiled detective — was waiting to take his place »[1].

Ce que l'on appelle « film noir » s'inscrit à bien des titres dans la continuité du film de gangsters des années trente. Sur le fond, ce sous-genre est porteur, comme le film criminel dans son ensemble, d'une

1 Gabree, 1973, p. 51. On peut d'ailleurs lire dans le *Variety* du 6 septembre 1939 que les films de gangsters (« underworld pics » dans le jargon de la presse professionnelle), la plupart relégués depuis des années aux séries B, « are currently as poisonous at the b.o. as dictators are to peace ».

évidente dimension critique. Sur la forme, il reconduit très largement l'iconographie et même l'esthétique du genre, au point qu'il est parfois difficile de différencier l'image *low key* de certains films de gangsters du début des années trente (caractéristiques de l'esthétique « naturaliste » de la Warner) et celle des films noirs du milieu des années quarante (jugés typiques d'un style « expressionniste »). Le début de *Little Caesar*, par ses décors (la station service et le *diner*), sa photographie contrastée et ses angles de prise de vues (les contre-plongées qui laissent apparaître les plafonds bas) n'est pas sans similitudes avec l'image de *The Killers*.

À quelques exceptions près[1], les critiques, depuis l'ouvrage séminal de Raymond Borde et Étienne Chaumeton (1955), ont toutefois souligné la spécificité thématique et formelle du film noir. On sait que beaucoup de ces films (mais pas tous) furent réalisés par une nouvelle génération de réalisateurs européens récemment immigrés à Hollywood : Fritz Lang, Billy Wilder, Otto Preminger, Robert Siodmak, et la plupart se signalent par une atmosphère, une ambiance particulière, dont l'évocation tend à l'emporter sur les complexités (au demeurant subtiles et souvent jubilatoires) du récit. Un sentiment de claustrophobie, de menace, d'ambivalence et de paranoïa affecte à la fois les lieux, les intrigues et les personnages :

> Les signes extérieurs de la normalité et de la civilité y sont fréquemment trompeurs ; l'atmosphère, qu'elle soit réaliste et familière, ou exotique et baroque, est toujours susceptible de se faire angoissante. L'ombre du noir peut s'entendre, à la manière traditionnelle du récit du détective, d'une énigme à élucider, ou bien, symboliquement, des pulsions criminelles enfouies chez les personnages à l'allure la plus normale, à la vie d'abord la plus tranquille ; elle est, dans l'un et l'autre cas, omniprésente[2].

Le personnage le plus célèbre du film noir est celui du privé, qui trouve d'emblée son interprète favori avec Humphrey Bogart, dans le rôle du Sam Spade de *The Maltese Falcon* (John Huston, 1941, d'après Dashiell Hammett), puis dans celui de Philip Marlowe dans *The Big Sleep* (Howard Hawks, 1946, d'après Raymond Chandler)[3].

L'invention du privé résout le plus gros problème posé au film criminel à l'aube des années quarante : ni gangster, ni flic, il conserve les qualités morales du premier et l'utilité sociale du second. Pour Hollywood, pris en tenaille entre la demande des spectateurs et les exigences des

1 Par exemple Marc Vernet dans « Le film noir, une invention française », Conférences du Collège d'histoire de l'art cinématographique, n° 4, printemps 1993, p. 135-154.
2 Bourget, dans Royot, 1984, p. 52.
3 Mais le personnage de Marlowe a aussi été interprété par Dick Powell dans *Murder My Sweet* — Edward Dmytryk, 1944 —, Robert Montgomery dans *Lady in the Lake* — Robert Montgomery, 1946 — et George Montgomery — *The Brasher Doubloon*, John Brahm, 1947.

censures, c'est une véritable aubaine : le *private dick* sauve le film criminel du déclin inexorable de son héros.

Du point de vue qui nous intéresse ici, cette mutation a une conséquence majeure. Car si, comme on l'a vu, les récits de Hammett et de Chandler laissent apparaître l'inquiétante toile de fond d'une société violente et corrompue dans un monde en décomposition, on ne saurait dire que le crime organisé (ainsi que les polices créées pour le combattre) a vraiment une place dans ces histoires. La grande criminalité n'est pas du ressort du privé, qui ne peut pas assurer les fonctions des G-Men. Le voudrait-il qu'il serait d'ailleurs vite remis à sa place par la police qui garde sur lui un œil vigilant. Dans les films de privé, la présence du crime organisé se raréfie. On n'y trouve plus de gangs structurés sur le modèle établi pendant la Prohibition, tout au plus des associations de malfaiteurs provisoirement scellées à l'occasion d'un « coup ».

En revanche, les privés du film noir conservent une morale venue de la mémoire du genre : un point de vue foncièrement individualiste et un mélange de cynisme et de romantisme qui emprunte directement aux gangsters de jadis — aucun flic « officiel » n'étant vraiment susceptible de l'incarner. Familier aux amateurs de *hard boiled fiction*, le code éthique du privé, très conforme à celui du héros américain « classique » (professionnalisme, stoïcisme, fidélité), mais mâtiné d'un pessimisme plus profond, est établi dès l'ouverture de *The Maltese Falcon*, où Sam Spade s'engage à venger la mort de son associé Miles alors même qu'il n'avait aucune estime à son égard et qu'il couchait sans états d'âme avec sa femme.

Les rôles à venir de Bogart modifieront peu ce modèle de « héros au visage usé, à la carapace de scepticisme, revenu de tout mais encore capable d'un plissement ironique »[1], qu'il exportera d'ailleurs au-delà des limites du genre, notamment dans son personnage de *Casablanca* (Michael Curtiz, 1942).

Le crime organisé est par définition encore moins présent dans le second grand groupe de films noirs : à savoir les films de criminels *non professionnels*, qui évoquent des vols ou des meurtres d'« amateurs » mus par l'appât du gain ou par la passion amoureuse : *Laura* (Otto Preminger, 1944), *Double Indemnity* (Billy Wilder, 1944), *The Postman Always Rings Twice* (Tay Garnett, 1946). Si l'on ajoute à cela que le film noir va plus volontiers que le film criminel en général rechercher ses sujets dans le passé, et parfois hors des États-Unis, on voit que ce nouveau « cycle » tend à éloigner le genre d'une représentation réaliste de la grande criminalité.

1 Bourget, 1998, p. 65.

En dehors de la vision esthétisée, « hopperienne », d'un certain quotidien (*diners, greyhoounds, gas stations*), la désaffection relative du *thriller* (comme certains préfèrent encore appeler le film noir) pour les arrière-plans économiques et sociaux qu'exploraient les films criminels des années trente a pour contrepartie son observation fascinée de la violence. Le grand ressort du cycle par rapport à ses prédécesseurs, et que confirment d'ailleurs ses développements jusqu'à aujourd'hui, est sa façon de faire entrer le spectateur dans le désir, la peur et le spectacle de la mort. Comme ses dossiers en témoignent, la PCA était sensible à la « perversité » de cette intériorisation. Mais c'est aussi l'époque où Hollywood se pique de psychanalyse et où le cinéma trouve chez Freud un alibi à l'exhibition des comportements sadiques et à un érotisme plus étroitement et plus explicitement associé à la pulsion de mort.

Comme le signale Jean-Loup Bourget[1], le film noir s'oppose encore au film de gangster en franchissant une norme *psychique* là où le film de gangster se contentait de déborder une norme *sociale* : un tournant bien marqué par *This Gun for Hire* (Frank Tuttle, 1941), où le personnage de tueur incarné par Alan Ladd se trouve littéralement (et amoureusement) psychanalysé par la maîtresse du flic qui le poursuit (Veronica Lake) ! Malgré l'infantilisme de leur sexualité, qui conférait un caractère parfois « pathologique », voire même « bestial » à leur comportement, les gangsters du début des années trente manifestaient surtout la démesure de leur ambition *sociale*. Les assassins déments du film noir (Widmark dans *Kiss of Death*, Cagney dans *White Heat*) ne trouvent plus leurs motivations dans un désir de promotion. Leur comportement relève exclusivement d'un désordre intérieur.

Cela est vrai aussi des femmes. Les *gangster molls* des années trente affichaient leur goût vulgaire et leur sexualité provocante comme la fin et les moyens de leur arrivisme. Mais les femmes fatales des années quarante cachent ce qu'elles sont, et lorsque les scénarios révèlent l'étendue de leur duplicité, les raisons de cette dernière demeurent obscures, impossibles à élucider : la monstruosité de Kitty Collins (Ava Gardner dans *The Killers*) reste scellée sous le masque de sa beauté, enfouie à des profondeurs que l'analyse hésite à aller sonder. À cet égard, la misogynie généralisée du genre, où une femme sur deux se révèle être une *double crossing dame*, pose toujours des questions. Beaucoup ont rattaché ce trait à une vision « puritaine », certes vivace aux États-Unis. Mais on peut y voir aussi un effet en retour de l'autonomie prise par les femmes pendant la guerre, et de l'insécurité économique et sexuelle que cette liberté a suscitée chez les hommes mobilisés.

1 *Ibid.*, p. 68.

Comme chacun sait, le sadisme des tueurs du film noir aggrave la violence « élémentaire » des gangsters d'antan. Ceci tient également à une modification des représentations visuelles de la violence au début des années quarante que l'imminence, puis la réalité de la guerre contribuent sans doute à expliquer.

> Although there are numerous killings in the gangster films of the thirties, the attendant violence is swift, usually occasioned by gunfire and quite unritualized. The *film noir* ritualized and refined violence. Victims are dispatched by poison (*The Big Sleep*), defenestration *(The Dark Corner*), and a steam-hammer (*Brute Force*) into which the victim is driven by lighted blow-torches. Although about prison life, *Brute Force* bears many of the marks of the *film noir*, including a sadistic prison officer, conceived in Nietzschean terms, who plays Wagner on the gramophone while beating up a prisoner. Several villains are presented as sadistic (*Dead Reckoning*, *Kiss of Death*) and almost all have unusual physical characteristics. Bob Steele, who plays Canino in *The Big Sleep*, has the coldest eyes in cinema ; and Richard Widmark's laugh so unnervingly evoked the psychosis of the character he plays in *Kiss of Death* that he has seldom laughed again on the screen[1].

Produit par Mark Hellinger pour Universal et adapté d'une nouvelle d'Ernest Hemingway, *The Killers* (Robert Siodmak, 1946) constitue un des archétypes du genre. Ce film présente aussi l'intérêt, dans l'optique qui est la nôtre, de camper le gangster solitaire (« Swede » Anderson, magistralement interprété par Burt Lancaster) face à une organisation criminelle d'envergure moyenne, mais assez puissante pour recruter des tueurs professionnels (les deux exécutants de la première séquence, qui n'ont jamais vu leur victime et ne savent rien d'elle, appartiennent d'évidence à un syndicat du crime de type Murder Inc.) et à laquelle l'atmosphère « noire » (obscurité, duplicité, fatalité) confère un caractère omniprésent et menaçant. La façon dont « Swede » accepte l'inévitabilité de son exécution (« Once I did something wrong ») fait peser sur tout le film (qui suit l'enquête d'un agent d'assurances — Edmond O'Brien) le poids d'une sombre prédestination.

La faiblesse et la grandeur de « Swede », celles « d'un homme acculé contre un mur, dans une rue sans issue » (Ciment), annoncent les films du début des années cinquante, où les désirs, les passions, les valeurs du gangster ne coïncident plus avec les objectifs de la grande organisation criminelle. Sur bien des plans, le personnage de Burt Lancaster est encore un gangster « à l'ancienne ». Son passé (et sa carrure !) de boxeur témoignent de sa vitalité, de son engagement physique. Ses costumes (et ses grosses cravates fleuries) révèlent un goût de se montrer et de séduire qui n'est pas sans rappeler Tony Camonte, comme y fait aussi

1 McArthur, 1972, p. 46.

penser sa réponse orgueilleuse à l'offre de son ami flic (Sam Lubinsky) quand ce dernier lui propose de rejoindre les rangs de la police : Anderson gagne habituellement en un mois (de boxe, avant même de devenir un vrai truand) ce que l'autre touche en un an ! À l'évidence cependant, le « rêve » platement « algerien » du héros ne correspond plus au cadre et aux ambitions de l'entreprise criminelle moderne. La passion amoureuse (pour une femme cynique, complice des nouveaux caïds) achève de le décomposer.

Mais la rupture majeure introduite par le film noir tient à la position désormais « flottante » du héros sur l'échelle du bien ou du mal — une incertitude qui n'affectait pas les protagonistes des films criminels du passé, gangsters ou policiers. Face à la trahison de ses complices, et au danger redoutable que représente le tueur interprété par Richard Widmark dans *Kiss of Death*, le sublime Victor Mature a toutes les excuses pour collaborer avec la police. Accepter cette trahison revient pourtant à balayer le code d'honneur du film de gangsters, un geste que Mature considère lui-même sans indulgence même s'il prétend ne pas le regretter. Nick Bianco est le plus introspectif des gangsters du corpus : ni Tony Camonte, ni Roy Earle (aux deux bouts de l'histoire du genre dans sa forme « classique ») n'auraient pu s'accommoder de son cas de conscience. *The Glass Key* (Stuart Heisler, 1942) offre de son côté un exemple fascinant de téléscopage des codes et des humeurs du film de gangsters et du film noir. Face au nouveau type de héros (Alan Ladd en *mobster* ambigu et désabusé), Brian Donlevy campe un gangster en tous points conforme à l'image des conquérants urbains du début des années trente. « He's my friend and he's square », dit Ladd en se laissant torturer plutôt que de le trahir.

Symétriquement, mais dans l'univers plus sombre de Fritz Lang, c'est le policier interprété par Glenn Ford dans *The Big Heat* (1953) qui constate qu'il ne tient qu'à un cheveu qu'un citoyen honnête devienne un criminel : il a failli lui-même à deux reprises étrangler des complices de l'assassin de sa femme, le désir de vengeance le poussant à « se faire justice » contre la loi. Mais comme Gloria Grahame le remarque en substance, c'est tout de même à ce cheveu que se raccroche notre dignité d'êtres humains.

On verra dans les chapitres suivants que l'incertitude morale installée par le film noir affecte en profondeur les développements ultérieurs du film criminel.

15

Propagande patriote et documentaire policier

Avec l'entrée en guerre des États-Unis en décembre 1941, la représentation du crime organisé connaît le second coup d'arrêt de son histoire[1]. Notre filmographie témoigne de la raréfaction du thème : seulement trois films entre fin 1942 et début 1946, dont l'un (*Dillinger*) rencontra des problèmes sérieux avec les censures. Les deux autres présentent une forme originale de collaboration entre le cartel du crime et le gouvernement.

Pendant la guerre, la censure officielle de l'Office of War Information (OWI) et de son Bureau of Motion Pictures s'ajoute à l'autocensure de la PCA pour le contrôle des films distribués aux États-Unis. Aux yeux de l'OWI, la représentation du crime organisé constituait une gêne à la propagande, qui exigeait de Hollywood des images positives de l'Amérique et de l'*American way of life*. En 1945, le State Department, relayé par le nouveau président de la MPPDA, Eric Johnston, intervient lui aussi directement sur le contenu des films, dont il juge l'influence cruciale à l'aube de la division du monde entre deux blocs et deux idéologies.

On sait par ailleurs que la pègre se fait patriote pendant la guerre. En 1937, le procureur Thomas E. Dewey avait obtenu la condamnation de Lucky Luciano à trente-cinq ans de prison pour proxénétisme, le seul crime, commente sardoniquement Michael Woodiwiss, dont il n'était peut-être pas coupable[2]. Mais pendant la guerre, Luciano continue de diriger son gang new-yorkais depuis sa cellule du pénitencier de Dannemora. Il participe à la lutte contre le sabotage dans le port de New York et à la chasse aux espions. Plus tard, il met ses relations italiennes au

1 Le premier était intervenu en 1934 ; le troisième survient en 1952, quand la Chasse aux sorcières force le genre à renoncer aux éléments les plus réalistes et les plus critiques de son propos.
2 Woodiwiss, 1990, p. 19.

service des Alliés pour la préparation de la campagne de Sicile. C'est ainsi qu'il obtient sa libération en 1946 (de Dewey lui-même, devenu entre-temps gouverneur), et qu'il est expulsé en Italie — où il se consacrera, jusqu'à sa mort d'une crise cardiaque en 1962, au trafic international de la drogue.

Dans ce contexte, le film criminel devient lui aussi patriote. Tandis que l'évocation du crime organisé se dissout dans le film noir, les vrais gangsters encore présents sur les écrans se trouvent mobilisés contre la Cinquième Colonne et contre les Nazis.

Il en va ainsi dans deux films de notre corpus, réalisés l'un et l'autre en 1942. Dans *All Through the Night* (Vincent Sherman, 1942), le gangster Gloves Donahue (Humphrey Bogart) enquête à la demande de sa mère (à laquelle il obéit toujours) sur la mort d'un voisin. Découvrant à cette occasion un réseau d'espions allemands qui se préparent à faire sauter un navire dans le port, il les dénonce à la police avant de participer activement à leur élimination. Ce qui frappe dans ce film, c'est le caractère éminemment sympathique du gang de Bogart, qui contraste avec la représentation très « noire » des espions à la solde d'Hitler. Ce trait est rehaussé par un ton de comédie et des dialogues spirituels et enlevés qui font penser au *Scarface* de Howard Hawks et qui mettent en valeur l'américanité des personnages — dont la gouaille bon enfant contraste fortement avec la raideur « germanique » des espions. La séquence d'ouverture, où la bande commente avec animation la maquette des batailles européennes et se chamaille sur la meilleure façon de vaincre les Nazis, est tout à fait inénarrable. Très drôle en particulier la façon dont les « anciens combattants » étalent leurs titres « militaires » : l'un décline les noms des généraux de la pègre new-yorkaise sous lesquels il a servi, un autre rappelle fièrement sa participation à la « bataille de tanks » de 1929 à Chicago, etc.

Tiré d'un roman de Graham Greene, *This Gun for Hire* (Frank Tuttle, 1942) a pour cadre la côte Pacifique. Philip Raven (Alan Ladd) est un tueur psychologiquement tourmenté (le visage d'ange cachant le démon intérieur) qui vient exécuter (froidement) un « contrat » à San Francisco. Le commanditaire, un haut responsable de Nitrochemical Corporation, l'ayant escroqué et se révélant sur le point de livrer aux Allemands la formule d'un gaz toxique, Raven, qui entre-temps a conquis l'amitié de la fiancée du policier qui le traque en l'attendrissant par le récit de son enfance malheureuse (il a tué sa tante qui le battait à mort et qui lui avait brisé le poignet avec un fer à repasser), vient abattre l'espion, avant d'être lui-même tué par la police. Le mourant reçoit le pardon de son amie avant d'expirer.

Même si on peut s'accorder avec Alain Silver et Elizabeth Ward pour penser que « the propaganda value of the film has dated badly » et que « stripped of her patriotic guise, Ellen (Veronica Lake) is revealed as a noir *femme fatale* who leads Raven to his destruction », la propagande accompagne le film de bout en bout. C'est pendant le tournage qu'eut lieu l'attaque de Pearl Harbor, et le dialogue fut modifié en conséquence avec quelques références directes à l'ennemi japonais. Ellen est par ailleurs très explicite dans son appel au patriotisme de l'assassin : « This war is everybody's business. Yours too. » On peut juger en outre que le caractère solitaire et « dérangé » du tueur, malgré les « explications » psychanalytiques qui en sont données, contribue à masquer la réalité (florissante) du crime organisé pendant la guerre — réalité que l'Amérique ne redécouvrira qu'en 1945 — et que, par là encore, il participe à l'effort de guerre.

A contrario, l'étrange tolérance du scénario et, plus précisément, de l'héroïne (dont l'ambiguïté est remarquablement soulignée par l'interprétation de Veronica Lake), qui permet qu'on pardonne et qu'on aime secrètement le criminel alors même qu'il vient d'abattre un policier de sang-froid, situe manifestement ce film dans une dissidence qui peut surprendre et même choquer à l'aube de la Seconde Guerre mondiale. Quel que soit le discours « officiel » imposé par l'actualité, il remonte des tréfonds du genre l'idée d'un mal souterrain qu'aucune propagande ne saurait dissiper.

La réception de *Dillinger* (Max Nosseck, 1945) témoigne elle aussi de la surveillance renforcée du film criminel pendant la guerre et l'immédiat après-guerre.

Dès avant l'application stricte du Code de production, Will Hays avait expédié à Joseph Breen le télégramme suivant :

> No picture based on the life or exploits of John Dillinger will be produced, distributed or exhibited by any member company of the [MPPDA]. This decision is based on the belief that the production [...] of such a picture would be detrimental to the best public interest[1].

Dix ans plus tard, on pouvait penser le sujet moins brûlant. Le film de Max Nosseck (une production indépendante financée par d'anciens bootleggers, les frères Kinz) soulève pourtant des réactions d'hostilité inattendues. On y trouve l'objection classique que les films de gangsters ont une mauvaise influence sur la jeunesse :

> Hollywood will justify itself by concluding each picture on a « crime does not pay » note. But the kids will puff their reefers and swagger defiantly that « it was fun while it lasted »[2].

1 Cité par Munby, 1998, p. 152.
2 Lettre à la MPAA d'une femme de Cranford, New Jersey. (*Ibid.*, p. 154.)

C'est toutefois la dimension plus politique de la contestation qui retient ici l'attention. Une lettre adressée à la PCA par le réalisateur Frank Borzage l'indique, à un moment où, dans le contexte international de la réouverture des pays d'Europe aux films hollywoodiens et des débuts de la Guerre froide, l'Amérique doit faire valoir la supériorité de son système économique et politique :

> With the reopening of foreign markets, it is of supreme import that the film industry immediately set up a system of voluntary censorship so that motion pictures in the future give the outside world a true impression of the people who make up this great country. [...] A cycle of crime pictures at this time for domestic and foreign markets would be a grave injustice to those who have fought and died in this war. I have no doubt that crime pictures could prove as damaging here in America as in foreign countries. As we know, our Justice Department has announced that a great increase in crime may be expected in this country after the war. Here the motion picture industry has the opportunity to help stamp out the crime wave before it begins. The first step is the total elimination of the glamorized gangster movies[1].

Ce texte n'est pas suspect d'insincérité. Mais son argumentaire, bientôt repris et caricaturé par la Commission des Activités Anti-Américaines au nom d'un nationalisme étroit et profondément hostile à l'expression démocratique, n'aura pas d'effets moins négatifs sur l'image des États-Unis que celui des films incriminés.

Les critiques les plus sévères de Hollywood ne se sont pas privés d'épingler à cette occasion les relations entre la capitale du cinéma et le monde de la pègre. Beaucoup de ces dernières ne dépassent pas le niveau de l'anecdote, mais certaines ont une importance historique qu'il convient de ne pas sous-estimer. On se souvient que les compagnies de production new-yorkaises du début du siècle embauchaient déjà des gangsters pour assurer la tranquillité de leurs tournages en extérieurs et que les truands passaient aussi parfois devant la caméra. Les liens entre le cinéma et les gangsters se renforcèrent pendant la « guerre des brevets » qui opposa le « Trust » de Thomas Edison aux « indépendants » hollywoodiens (les futures majors). Quarante ans plus tard, John Roselli, un figurant hollywoodien devenu gangster, raconte devant la Commission Kefauver comment il fut recruté en 1933 par l'Association des Producteurs comme « labor conciliator », c'est-à-dire pour matraquer et pour intimider les grévistes des studios.

Dans les années trente, Harry Cohn ne put rester propriétaire de la Columbia que grâce aux prêts consentis par la Mafia. C'est l'époque où les faillites se multiplient à Hollywood, et où les studios se vendent et se rachètent. Si la scène de la prise de pouvoir (*takeover*) est devenue

1 Lettre à la MPAA de Frank Borzage. (*Ibid.*, p. 155-156.)

un passage obligé du film de gangsters[1], c'est peut-être, suggère Eugene Rosow, qu'elle reflétait l'angoisse quotidienne des nababs, que l'économie fébrile des studios pendant la Dépression obligeait parfois à faire appel aux « services » de la pègre : *loansharking*, *shylocking*[2].

On a parlé des liens entre George Raft, un des plus illustres gangsters de cinéma (jusqu'à son propre pastiche dans *Some Like it Hot*) et Owney Madden, l'un des chefs de la pègre new-yorkaise. Au Cotton Club, dont ce dernier était propriétaire, se côtoyaient les vrais gangsters (Schultz, Luciano) et les gangsters de cinéma (Cagney, Raft). Mais Raft était aussi un ami d'enfance de Bugsy Siegel, avec qui il avait grandi dans le quartier de Hell's Kitchen.

Les relations entre Siegel et Hollywood sont assez importantes pour qu'on s'y arrête un moment. Siegel fréquentait de nombreuses personnalités du monde du cinéma : Jean Harlow, Cary Grant, Errol Flynn et Mark Hellinger (le producteur de *The Killers*), et il a joué un rôle important (par gangsters interposés, dont le tristement célèbre Willie Bioff) dans la constitution du premier syndicat reconnu par les studios hollywoodiens, l'International Alliance of Theatrical Stage Employees (IATSE). Siegel s'installe à Hollywood en 1937 avant d'aller fonder Las Vegas en 1945 (et construire l'hôtel Flamingo avec l'argent du marché noir accumulé pendant la guerre). Le plan de conquête de la Californie qu'il avait proposé à ses collègues Zwillman et Lansky, et dont il réalisera une partie, ne manquait pas d'ambition :

> He would concentrate on providing the big shots in Hollywood with easy gambling and unlimited credit, along with the usual fringe benefits of sex and booze. Bioff, and others, would play the heavy, apply the pressure. Then Siegel would intervene, seemingly force a compromise, and win friendship as well as loot. Soon the syndicate would be accepted as a necessary evil, and, once established, it could expand as opportunity offered. Noting the proximity of Los Angeles to the Mexican border — a fact originally considered when the movie makers first took their cameras West — Bugsy described a courier system he would organize to bring in narcotics from Mexico. Commercial prostitution would be organized for the benefit of the businessman who preferred to deal with a professional rather than taking chance with law and disease by seducing amateurs. And finally, the ancient business of shylocking would be developed. In a city where everyone needed « front » money as well as huge sums for unexpected emergencies, the loan-shark industry would thrive[3].

---

1 Johnny Lovo dans *Scarface* : "All right you guys, I'm making a speech. here it is : Big Louie got soft. […] You can still stay in, but from now on you're operatin'the way I say. — You askin'us or you tellin'us ? — I'm tellin'ya !"

2 La pratique de prêts immédiats en liquide à des taux d'intérêt deux fois plus élevés que les plus prohibitifs des taux « légaux ». De froides exécutions sanctionnent les mauvais payeurs. Rosow, 1978, p. 151.

3 Messik, 1973, p. 95-96.

Siegel a lui-même fait l'objet de plusieurs films, dont *Bugsy* (Barry Levinson, 1991) et, dès 1950, *The Damned Don't Cry* (Vincent Sherman, 1950), où Joan Crawford joue le rôle de Virginia Hill (la call girl devenue la maîtresse du gangster).

Sur les écrans de l'après-guerre, les gangsters restent cependant assez discrets. Ce sont les policiers qui reviennent au premier plan, et qui bénéficient de l'émergence d'un nouveau cycle auquel la critique a donné le nom de « film policier semi-documentaire ». Borde et Chaumeton ont décrit avec précision son émergence :

> On sait qu'Hollywood a envoyé en France, depuis 1946, une dizaine de bandes qui ont pour caractéristique de décrire une enquête criminelle, en suivant un à un les documents du dossier de police. D'ailleurs, un placard ou un commentaire avertit le public, dès le début du film, qu'il s'agit d'une histoire vraie, survenue à telle époque, à New York ou ailleurs, et les images sur l'écran relatent fidèlement l'enquête : un appel au Central, la découverte d'un cadavre : parfois quelque incident, minime en apparence, quelque rapport d'un commissariat de quartier qui va déclencher l'affaire. Puis le travail « ingrat » des services de police : recherches minutieuses et vaines, filatures inutiles, coups de filet manqués. Enfin une lueur, un recoupement, un témoignage, et c'est la chasse finale qui démasque une grappe d'assassins[1].

De nombreux films criminels de l'après-guerre répondent à cette description : trois films de Henry Hathaway (*The House on 92nd Street*, 1945, *13, rue Madeleine*, 1947 et *Call Northside 777*, 1948), mais aussi *Boomerang* (1946) et *Panic in the Streets* (1950) d'Elia Kazan, *T Men* (Anthony Mann, 1947), *The Street With No Name* (William Keighley, 1948), *The Naked City* (Jules Dassin, 1948), *The Undercover Man* (Joseph H. Lewis, 1949), *Port of New York* (Laslo Benedek, 1949) et, aux limites du sous-genre, *He Walked by Night* (Alfred Werker et Anthony Mann, 1949) ainsi que *The Enforcer* (Bretaigne Windust et Raoul Walsh, 1950).

Bon nombre de ces films portent la marque de leur producteur à la Twentieth Century-Fox[2], Louis de Rochemont, responsable dans les années trente de la fameuse série de documentaires d'actualité *March of Time* (pastichés par Orson Welles au début de *Citizen Kane*). Il faut y voir aussi la double influence des documentaires de guerre réalisés par Frank Capra, John Huston ou John Ford (la série *Why We Fight*) et des premiers films néoréalistes italiens comme *Rome, ville ouverte* (1945) et *Paisa* (1946) de Roberto Rossellini.

---

1 Borde et Chaumeton, 1955, p. 6.

2 Si c'est très largement Warner Bros. qui domine le genre criminel entre 1930 et 1945, c'est plutôt la Fox qui y prend l'initiative entre 1945 et 1955. Le début de *Where the Sidewalk Ends* (Otto Preminger, 1949) constitue un bon exemple du style de ce dernier studio.

Borde et Chaumeton soulignent des points communs entre le film noir et le policier semi-documentaire : le réalisme du décor (même si le traitement photographique diverge, du fait de l'influence du style des photos de presse), la présence de personnages « noirs » (comme les tueurs terrifiants — de froideur et de détermination — de *The Enforcer* ou le personnage de Jack Palance dans *Panic in the Streets*), et la violence graphique de certaines séquences. L'imbrication des deux genres apparaît d'autant plus que certains réalisateurs les font alterner dans leur carrière. Ainsi Jules Dassin, qui signe à deux ans d'écart *Night and the City*, pur film noir, et *The Naked City*, archétype du film policier semi-documentaire. Mais les auteurs du *Panorama du film noir* pointent également deux divergences à leurs yeux essentielles. La première est une différence d'optique : « Le documentaire considère le meurtre du dehors, du point de vue de la police officielle ; le film noir du dedans, du point de vue des criminels[1]. » La seconde relève davantage du contenu : prolongeant l'engagement « patriote » des années de guerre, « c'est une tradition du documentaire policier que de présenter les enquêteurs comme des hommes droits, incorruptibles et courageux. [...] Film édifiant, le documentaire policier américain est en réalité un documentaire à la gloire de la police »[2]. Et les auteurs opposent ce trait à la corruption généralisée de la police dans le film noir, et à la promotion parallèle du détective privé au statut de héros.

Borde et Chaumeton soulignent toutefois que l'authenticité des événements qui inspirent le film policier semi-documentaire lui confère une dimension de critique sociale (tout en lui évitant l'accusation d'anti-américanisme). Et le fait qu'on exhume des archives criminelles les dossiers les plus corsés et les moins flatteurs pour l'image du pays rehausse ce caractère critique. *Boomerang*, où une voix *off* souligne en introduction que le film est basé sur des faits réels survenus en Nouvelle-Angleterre, inaugure chez Kazan un examen critique de la société américaine qui n'épargne pas la police elle-même. Et *The Street With No Name*, où la description du FBI, musique et commentaire à l'appui, relève à beaucoup d'égards du cinéma de propagande (le film commence par une citation de J. Edgar Hoover qui appelle la nation à se mobiliser contre les criminels et la première et la dernière image montrent en gros plan le sceau du Bureau), dresse un tableau finalement très sombre (éléments « noirs » aidant) de la ville américaine. Dans le même sens, l'introduction, également commentée en voix *off*, de *Call Northside 777*, retrace l'histoire du crime à Chicago avec un montage de *stock shots* et d'images des taudis ethniques dont le film conserve

1 Borde et Chaumeton, 1955, p. 7.
2 *Ibid.*, p. 7-8.

ensuite la manière dans son exploration du ghetto polonais (moins le « clair-obscur ciselé » du film noir —Bourget— que l'uniformité grise, tristement « documentaire », de la misère urbaine).

Prolongeant cette réflexion, François Guérif a raison de nuancer l'idée du film policier semi-documentaire comme pure et simple apologie des forces de police. Il précise d'abord que la police est loin de s'y trouver toujours au premier plan. Certes, *The House on 92nd Street* est un panégyrique du FBI et de sa lutte contre les espions (auquel J. Edgar Hoover a également collaboré), mais l'enquête de *Call Northside 777*, comme celle plus tard de *Deadline USA* (Richard Brooks, 1952), est conduite par des journalistes, non par des policiers[1]. En outre, cette série n'a pas le privilège de la description des méthodes policières et judiciaires. On a vu ces dernières déjà minutieusement scrutées dans *G-Men*. Elles le sont encore dans *White Heat* (Raoul Walsh, 1949), film noir violentissime qui néanmoins « comporte bien trente minutes sur les méthodes policières »[2].

Guérif souligne surtout le fait que les flics intègres du cycle semi-documentaire restent quand même « frères de leurs collègues qui, peut-être influencés par les détectives privés qu'ils sont amenés à cotoyer, franchissent la ligne et se placent au-delà de la loi »[3]. Comme dans *Where the Sidewalk Ends* (Otto Preminger, 1949, avec Dana Andrews), *Detective Story* (William Wyler, 1951, avec Kirk Douglas) ou *On Dangerous Ground* (Nicholas Ray, 1952, avec Robert Ryan), les commissariats des années cinquante (*precincts*) ne sont pas protégés du déchaînement des passions.

Ainsi qu'on l'a dit brièvement dans le précédent chapitre, *The Big Heat* (Fritz Lang, 1953) ramène cette ambiguïté au premier plan en réunissant les ressorts du film noir (plutôt l'univers de James Cain[4], où chaque individu est un criminel en puissance, que celui de Hammett et de Chandler) et ceux du policier semi-documentaire.

> Réaliste et documentaire [...], *The Big Heat* est également noir en nous offrant une galerie représentative de la faune criminelle : le chef de l'organisation, le chef de la police corrompu, l'homme de main sadique (une des premières créations remarquées de Lee Marvin) et la vamp aussi généreuse

1 Le film de Brooks et celui de Hathaway ont beaucoup de points communs : on rencontre notamment dans chacun une vieille immigrante (la mère d'une victime ou d'un prisonnier injustement condamné) qui fait confiance aux institutions démocratiques (et surtout à la presse) du pays qu'elle a choisi, et dont elle a péniblement appris la langue, pour découvrir la vérité.
2 Guérif, 1999, p. 189.
3 *Ibid.*, p. 190.
4 Même s'il s'agit ici de la vengeance « noble » d'un homme dont la jeune épouse vient d'être assassinée plutôt que des pulsions érotiques et des rêves cupides des amants adultères qui peuplent l'univers de Cain.

que garce. En mettant en scène un flic incorruptible contre la corruption de la ville, Lang fait-il l'éloge de la police ? Non. Car Lang s'attache à montrer le moment où, cédant à ses impulsions, l'incorruptible devient violent et laisse la vengeance prendre le pas sur l'application stricte de la loi. « Cet instant qui nous échappe, voilà mon obsession », dit Fritz Lang[1].

Ce que l'on constate donc une fois encore ici, c'est la résistance *malgré tout* du film criminel à se plier à l'ordre civique défini par la loi et les institutions, alors même qu'il s'en revendique étroitement solidaire. Il est utile à cet égard de revenir sur l'évolution de l'image de la police dans les films criminels de la période qui nous intéresse.

Un paradoxe caractérise la représentation des policiers dans les premiers films de gangsters des années trente. D'un côté, les scénarios prennent toutes les précautions nécessaires pour ne pas faire douter de leur intégrité — le respect de l'institution exigé par le Code est à ce prix. Le thème de la corruption, qui revient en permanence à propos des avocats, des juges et des politiciens, ne concerne presque jamais la police, sinon très allusivement (« No more paid cops », exige William Powell dans *Manhattan Melodrama* — mais leur prévarication est sous-entendue lors de leur descente dans l'établissement de jeu de Clark Gable). Quoi qu'on pense du cynisme de ce « golden age of turbulence » (Sklar), il ne fait pas de doute que les films de gangsters ont été *dès 1930* mobilisés pour redorer le blason de l'institution policière. (D'autres genres l'épargnaient moins : on trouve des « flics pourris » dans les films sociaux, les *newspaper films*, les mélodrames féminins — le cycle de la « fallen woman » — ou même dans les comédies musicales de la série des *gold diggers*.) Ainsi le projet de *The Beast of the City* (Charles Brabin, 1932) est-il élaboré par la MGM à la suite de discussions entre Louis B. Mayer et l'administration Hoover en vue d'inciter le public à davantage de respect à l'égard des représentants de la loi. C'est d'ailleurs Herbert Hoover en personne qui signe le prologue du film :

> Instead of the glorification of cowardly gangsters, we need the glorification of policemen who do their duty and give their lives in public protection. If the police had the vigilant, universal backing of public opinion in their communities, if they had the implacable support of of the prosecuting authorities and the courts — I am convinced that our police would stamp out the excessive crime which has disgraced some of our great cities[2].

Contrairement toutefois aux désirs présidentiels, ce respect de convenance n'entraîne guère la glorification du policier, et encore moins la fin de celle du gangster. Il n'est pas exagéré de dire que les flics des

---

1 Guérif, 1999, p. 190.
2 *American Film Institute Catalog*, p. 125.

premiers films de la décennie sont au mieux bêtes et honnêtes, et que d'une façon générale (*The Beast of the City* constituant sur ce plan plutôt une exception), ils sont selon les cas inexistants, incompétents [1], antipathiques ou ridicules. Dans *City Streets* et *The Secret Six*, « the police are dreary operatives, slow-talking and vengeful, obvious heavies » [2]. « Plodders » est le mot qu'emploie John Gabree pour les caractériser, et c'est bien l'impression qu'ils donnent dans *Little Caesar*, *Scarface* et *The Public Enemy*. Dans le premier, le trio de policiers qui rend des visites régulières au truand (et établit ce faisant un stéréotype du genre [3]) est insupportable. Le flegme forcé et l'ironie appuyée de l'inspecteur contrastent singulièrement avec la sécheresse mordante du héros. Dans *Scarface*, Hawks emprunte à la tradition burlesque des *Charlot* lorsque Tony Camonte gratte son allumette au badge du policier — une insolence qui n'est guère sanctionnée par le coup de poing qui y répond. Dans *The Public Enemy*, où la police se signale surtout par son absence, le portrait du père du héros (autoritaire, brutal) jette un lourd discrédit sur l'institution qu'il représente.

Car la brutalité de la police ne cède en rien à celle des gangsters. Comme dans beaucoup de *problem films* de l'époque (par exemple *Heroes for Sale* de William Wellman), ils tuent régulièrement des citoyens honnêtes et des pauvres gens dans les manifestations (le père adoptif de Gable et Powell dans *Manhattan Melodrama*). Devenus des agents sans visage de l'ordre et de la loi, « they simply serve to dramatize the conflict and are given little chance to appear as anything other than repressive » [4]. Leurs méthodes contre les gangsters prennent souvent un tour expéditif : à la fin de *Gabriel Over The White House* — Gregory LaCava, 1933 —, la loi martiale ayant été décrétée, tous les chefs de la pègre sont alignés le long d'un mur et exécutés froidement. Œil pour œil, dent pour dent. Dans *The Secret Six* (qui brode sur l'histoire réelle de juges et de policiers ralliés à une justice sommaire par dégoût de leur impuissance dans le cadre légal de leur activité) ou dans *The Beast of the City*, les moyens utilisés pour juguler le crime sont clairement anticonstitutionnels. Dans *Smart Money* (Alfred E. Green, 1931), le *District Attorney* pousse Edward G. Robinson à assassiner son meilleur ami (James Cagney) et l'arrête aussitôt pour ce meurtre ! La fin justifie les moyens.

---

1 « The police arrived as emissaries of another world. Trailing seconds behind the stock siren sound (a bleak dull noise, a Fate, which droned through many early thirties films), they walk into *Little Caesar* or *City Streets* as delegates of a paralyzed state. » (Bergman, 1972, p. 14.)

2 *Ibid.*, p. 13.

3 On le retrouve par exemple dans *The Last Gangster* (Edward Ludwig, 1937).

4 Roddick, 1983, p. 131.

Le prestige des forces de l'ordre est sans doute restauré dans le cycle des G-Men, mais leurs représentants conservent une raideur et une froideur qui les privent d'humanité (Jeff McCord dans *G-Men*) et qui empêchent le spectateur de s'identifier à eux. Il est significatif que les « soldats de la loi » transfuges de « l'armée du crime » soient comme on l'a dit obligés de conserver les caractères de leur passé (douteux) pour échapper à cette dévalorisation sournoise. Pourquoi enfin l'afflux de flics hors-norme, dans les « sections spéciales » de multiples institutions ? « You wouldn't need special cops, after all, if the regular ones were doing their jobs properly[1]. »

Le film noir relègue définitivement la police officielle du côté des « plodders »[2] et, passée la reconnaissance de son professionnalisme et l'admiration des nouvelles technologies utilisées dans ses enquêtes, c'est à nouveau une vue négative qui prévaut dans les films criminels du début des années cinquante. L'image du policier corrompu devient alors courante (*The Asphalt Jungle,* John Huston, 1950, *The Big Heat*, Fritz Lang, 1953), celle du policier criminel latente (*Where the Sidewalk Ends*, Otto Preminger, 1949). Entre-temps tout de même, on aura senti, dans le film policier semi-documentaire, une volonté politique de réhabiliter une image discréditée. *He Walked by Night*, après avoir montré le dévouement quotidien des commissariats, insiste sur le fait que le criminel *n'est pas*, comme on l'avait soupçonné, un ancien membre de la police. Quant au commissaire pourri de *The Street With No Name*, il est neutralisé par les super-flics de Hoover avec le soutien actif de toute l'institution.

Au bout du compte, c'est tout de même la difficulté du policier à conquérir un statut de héros qui paraît caractériser le film criminel hollywoodien. Il se confirmera, dans l'évolution ultérieure du genre, tant au cinéma qu'à la télévision, qu'il n'accède véritablement à ce titre qu'à condition de se marginaliser, de prendre ses distances par rapport à l'institution qui l'emploie (parfois de la quitter pour se faire justicier), et d'incorporer, comme le privé des années quarante, des caractères et des comportements de celui qu'il est censé combattre : le gangster.

1 Gabree, 1973, p. 54.
2 Mais il accable le monde politique et judiciaire : le D.A. de *The Glass Key*, paragon de corruption, de lâcheté et d'immoralité, en fournit un exemple extrême.

16

Kefauver au cinéma : la hantise de l'« Organisation »

Si le crime organisé adopte profil bas sur les écrans des années de guerre, il prospère dans la réalité et, malgré les opérations spectaculaires (et hautement médiatisées) de Thomas E. Dewey et de quelques autres procureurs de renom, la pègre peaufine sa reconversion discrète dans les domaines du jeu, de la drogue et surtout des syndicats. Elle renforce par ailleurs ses connexions avec la politique locale par une corruption élargie des milieux institutionnels et gouvernementaux. Enfin, elle consolide ses structures à l'échelon national et (dans une mesure plus difficile à évaluer) international. Il n'est donc pas surprenant que le film criminel connaisse un nouvel essor à la fin des années quarante, quand la censure de guerre se relâche et quand la ferveur patriotique laisse place à un regard plus critique, sinon plus « objectif », sur la société et les pouvoirs qui la régissent. Non seulement, avec sa promptitude à capter l'air du temps, le cinéma hollywoodien repère la nouvelle influence du crime dans certaines activités légales (notamment dans les syndicats : *Thieves'Highway*, *On the Waterfront*), mais il manifeste aussi, à des degrés variables de lucidité et de paranoïa, une hantise jusqu'alors inconnue de la pénétration et de l'extension (nationales et internationales) de l'« organisation » criminelle dans la vie américaine. Le crime organisé n'apparaît plus seulement comme un danger pour les citadins, mais comme un phénomène qui menace la nation tout entière. Au-delà encore, le genre reflète le climat de la fin des années quarante par sa perception de la centralisation accrue des pouvoirs dans les États-Unis de l'après-guerre :

> The war had forced centralization of the government on a scale never before seen in this country and in some quarters, especially the business

> community which was taking the opportunity to do a little centralizing itself. « Organization » was tending to take on value as a goal, regardless of to what use the organization was put. The process continued to accelerate, and state and municipal government did their best to imitate the federal government. [...] It was easy to imagine that gangsters might see in bigness and organization answers to their problems, too[1].

Est-ce un hasard si beaucoup de scénarios reprennent alors le thème (déjà très utilisé dans les années trente, de *I Am a Fugitive from a Chain Gang* à *The Roaring Twenties*, et dans les années quarante — *The Blue Dahlia*, 1946 — du retour du vétéran ? Le G.I. démobilisé, dont *The Best Years of Our Lives* (William Wyler, 1946) fixe un nouveau prototype, retrouve une Amérique profondément transformée, dont l'économie, notamment, a été prise en main par de grosses sociétés exclusivement préoccupées par l'augmentation de leurs profits. Ces entreprises ne reculent pas devant des pratiques douteuses et n'hésitent pas à collaborer avec des ennemis de la nation ou de la loi. C'est *The Fearmakers* de Jaques Tourneur qui, à la fin des années cinquante, traite ce thème avec la plus grande force, mais l'idée est déjà centrale dans *Thieves'Highway* et *Key Largo* et importante dans *Detective Story*. On peut dire en outre que ce motif fonctionne *métaphoriquement* dans deux films de gangsters sur trois au cours de cette dernière période, par l'attention portée au sort des « fantassins » des entreprises criminelles de l'après-guerre. Leur situation au sortir de prison (difficultés de réinsertion professionnelle, constats de trahisons, déceptions sentimentales, panades sexuelles, etc.) présente beaucoup de points communs avec celle de l'ancien combattant :

> The postwar crime cycle's particular attention to the dismal fate of foot soldiers in anonymous gangster syndicates passed cynical comment on the disempowering features of corporate culture[2].

Le scénario de *I Walk Alone* (Byron Haskins, 1947), très proche en l'occurrence de celui de *The Fearmakers*, en donne un bon exemple : il confronte deux anciens bootleggers, le *foot soldier* « à l'ancienne » qui sort de quatorze années de prison (Burt Lancaster, déjà porteur d'une image de *loser* dans *The Killers*)[3], et le gangster devenu homme d'affaires, directeur d'une entreprise aux agences multiples dont les trafics sont couverts par des activités légales (Kirk Douglas). Quand Lancaster demande son dû au comptable de la société, ce dernier lui explique qu'il n'y a plus droit : face à ces « nouveaux requins »,

1 Gabree, 1973, p. 79.
2 Munby, 1999, p. 8.
3 On retrouve ce motif dans *Out of the Past* (Jacques Tourneur, 1949).

remarque François Guérif, « les anciens gangsters paraissent presque des anges »[1].

Par ailleurs, l'atmosphère de l'après-guerre est minée par le motif de la conspiration. Tandis que les Soviétiques conspirent à l'occupation de l'Europe, leurs « compagnons de route » (*fellow travellers*) sont soupçonnés de conspirer au renversement des démocraties occidentales. Cette idéologie de la Guerre froide, avant de propulser le sénateur du Wisconsin Joseph McCarthy à un pouvoir résolument antidémocratique et anticonstitutionnel, permet à la Commission des Activités Anti-Américaines, dans ses deux offensives de 1947 et 1951, de laminer la gauche hollywoodienne, avec des conséquences importantes, on le reverra, pour le genre qui nous intéresse. Mais avant d'orchestrer la censure du film criminel, le HUAC a contribué à nourrir sa paranoïa : les films des années quarante et cinquante confondent de façon croissante l'organisation criminelle avec l'organisation politique et économique, et le gangstérisme avec presque tous les « ismes »[2]. Comme bientôt la Commission Kefauver elle-même (nécessairement influencée par la Commission de la Chambre voisine et par l'aggravation de l'anticommunisme à l'aube de la guerre de Corée), le film de gangsters n'attend pas *Pick up on South Street* (Samuel Fuller, 1953) pour soupçonner des complicités entre le gangstérisme et le communisme.

Dans les films de la fin des années quarante et du début des années cinquante, la *success tragedy* du gangster ethnique laisse définitivement place à la tragédie tout court du « desperado solitaire »[3], pris en tenaille entre deux nouveaux types de truands : des businessmen implacables de plus en plus difficiles à distinguer des élites professionnelles de l'*upper middle class* — John Garfield dans *Force of Evil* — et des psychopathes monstrueux — Richard Widmark dans *Kiss of Death* —, eux-mêmes des pantins entre les mains d'organisations aussi obscures que puissantes dont la complicité, sinon la confusion, avec le pouvoir politique en place est plus que jamais flagrante. L'imbrication du style « documen-

---

1 Guérif, 1979, p. 178.

2 Comme dans une tirade célèbre de *You Can't Take it With You* (Frank Capra, 1938) où Lionel Barrymore voue tous les « ismes » aux gémonies, un seul trouvant grâce à ses yeux : « américanisme ».

3 Les gangsters ethniques de *Key Largo* (Edward G. Robinson) et *The Big Heat* (Alexander Scourby), qui s'inspirent l'un et l'autre du personnage de Lucky Luciano, ne sont pas les héros de ces deux films et suggèrent identiquement que les temps ont changé. Lagana (Scourby) dit d'ailleurs littéralement que rien n'est plus comme avant, que les commissions sur le crime organisé sont devenues dangereuses pour la profession (allusion limpide à Kefauver) et qu'il ne veut pas qu'il lui arrive la même chose qu'à Luciano (la déportation). Le thème de l'extradition du gangster revient dans *Key Largo* et dans quelques autres réalisations du début des années cinquante comme *Gambling House* (Ted Tetzlaff, 1950), *Deported* (Robert Siodmak, 1950) ou *His Kind of Woman* (John Farrow, 1951).

taire » et du style « noir » confère une force inédite à ce propos : quand la sombre paranoïa du film noir s'allie au réalisme visuel et à la lucidité sociale, cela donne les chefs-d'œuvre de Henry Hathaway (*Kiss of Death*, 1947), Abraham Polonsky (*Force of Evil*, 1948), Jules Dassin (*Night and the City*, 1950), John Huston (*The Asphalt Jungle*, 1950), Raoul Walsh (*The Enforcer*, 1951), Fritz Lang (*The Big Heat*, 1953).

Le héros-type de ces films (gangster la plupart du temps — *Night and the City* —, mais il est significatif qu'il puisse être policier — *The Big Heat* — ou homme de loi ayant pignon sur rue — *Force of Evil*) apparaît comme « un homme prisonnier d'une organisation qui le domine et dont il n'est qu'un pion »[1]. Car l'Organisation est devenue une société anonyme, et l'essentiel du récit évoque la tentative ultime (et généralement désespérée) d'un homme pour lui échapper. Il émerge de cette série, à la veille de la Commission Kefauver, non seulement le constat de l'expansion du crime organisé pendant la guerre, mais aussi celui de la démission face à lui d'une société économiquement prospère mais moralement défaillante.

On rattachera à ce courant *Key Largo* (John Huston, 1948), *White Heat* (Raoul Walsh, 1949) et *Kiss Tomorrow Goodbye* (Gordon Douglas, 1950) qui, en rappelant les stars vieillissantes du genre (Bogart, Robinson, Cagney), exacerbent ses motifs « classiques » aux limites de la caricature, ainsi que *Body and Soul* (Robert Rossen, 1947) et *Brute Force* (Jules Dassin, 1947), qui déplacent ces motifs dans l'univers de la boxe et celui de la prison pour dénoncer (et exploiter ?) plus librement la violence qui les porte et pour réactiver la dimension « sociale » du genre : c'est le spectre du chômage qui préside à la carrière du boxeur de *Body and Soul*, et l'interprétation puissante de John Garfield renvoie en permanence à un fond de misère.

Kiss of Death et *Night and the City*, l'un et l'autre influencés par la veine « documentaire » de l'après-guerre[2], composent des portraits saisissants du gangster de base condamné à renoncer à son éthique personnelle pour échapper à l'« Organisation » qui l'exploite et essayer de survivre en dehors d'elle. Ses associés et ses avocats ayant trahi Nick Bianco (Victor Mature dans *Kiss of Death*) après son arrestation et ayant causé la mort de sa femme, il accepte au bout de trois ans de prison de « donner » ses complices au procureur adjoint Di Angelo (Brian Donlevy), puis de livrer à la police l'abominable tueur au service du

1 Ciment, 1992, p. 71.
2 Un carton introductif de *Kiss of Death* précise que « all scenes in this motion picture, both exterior and interior, were photographed in the state of New York on the actual locale associated with the story ». Même la séquence de l'ascenseur est réellement tournée à l'intérieur du Chrysler Building.

gang (l'assassin psychopathe incarné par Widmark), non sans payer son geste de cinq balles dans le corps. L'originalité du film tient à cette prouesse que malgré sa trahison du Code d'honneur de la profession (devenir un *stool-pigeon* — ou « *stoolie* » — reste le crime impardonnable du gangster), Bianco conserve la sympathie du public et garde jusqu'au bout son statut de héros. Qu'il soit poussé à collaborer pour protéger ses deux petites filles est important sans être suffisant. Là où le film innove, c'est dans sa constatation que la morale traditionnelle du gangster (fortement affirmée par Mature au début du film : « No squealing », « No deal ») ne peut survivre à l'évolution du crime organisé dans l'Amérique moderne. Confronté à l'archaïsme du Code de la pègre, Mature est voué à repenser et à reformuler son éthique de gangster, et il rend cette mutation d'autant plus acceptable au spectateur que ses adversaires (flics ou truands) ne possèdent pas son envergure morale, et n'ont aucun modèle de conduite à lui opposer. L'image de la police, notamment, demeure très négative. Comme le remarque finement Jack Shadoian :

> The law is unpleasantly portrayed. Brian Donlevy's smug, severe assistant DA undermines his schematic « goodness ». His associate, Max Schulte (Millard Mitchell) is a surly needler, prone to gratuitous verbal harrassment. Di Angelo sits surrounded in his office by icons of his importance [...]. He behaves with the doggedness of an ambitious lower official (much is made of his being an *assistant* DA — convicting Nick is the stepping stone to a series of convictions that could accelerate his career)[1].

Petit rabatteur pour une boîte de nuit londonienne, le Harry Fabian de *Night and the City* (Richard Widmark dans ce qui est sans doute son plus beau rôle) voit lui aussi ses ambitions bloquées par les nouveaux monopoles de la pègre — ici celui du catch, tenu par le caïd Kristo. Le portrait composé par Widmark d'une « misérable gouape », « raté mythomane, coléreux et trompeur qui réveille la mère au fond de chaque femme » (Borde et Chaumeton), est comme l'envers minable du personnage de Mature dans le film précédent (dont l'infinie noblesse survit à toutes les péripéties), mais la fureur de vivre de Fabian n'est pas fondamentalement différente de celle de Bianco et le monde contre lequel il bute est le même. Si déplaisant que soit le héros, il est « frère de sang de tous les gangsters depuis l'origine du cinéma »[2] ; sa course désespérée dans le petit matin londonnien est « la course de tous les paumés en quête d'une seconde chance »[3] et le public ne peut que ressentir de la sympathie à son

1 Shadoian, 1977, p. 121-122.
2 Guérif, 1999, p. 168.
3 *Ibid.*

égard, alors qu'il ne peut guère en éprouver pour les nouveaux maîtres de l'« Organisation », bien protégés derrière leur masque de respectabilité.

« The idea is to show that in America, crime is part of the business », déclare Abraham Polonsky à propos de *Force of Evil*, écrit et réalisé par lui-même. Mais il ajoute aussi : « I didn't invent that. That's inherent in almost all American literature ; it's inherent il all American crime movies. Whenever the crime is not one of passion, it's a crime of making money out of other people[1]. » Peu apprécié en son temps, le film a souffert de l'exclusion de son réalisateur, victime de la Chasse aux sorcières et des listes noires. Redécouvert aux États-Unis par Martin Scorsese (qui le considère comme une œuvre majeure, ayant d'ailleurs beaucoup influencé ses propres films, de *Raging Bull* à *GoodFellas*), il est aujourd'hui devenu un classique, et même un film culte — qui bénéficie également du renouveau d'intérêt pour les cinéastes blacklistés. Sans s'arrêter ici sur la force de la mise en scène et de l'interprétation (le visage de John Garfield, dit Martin Scorsese, devient « a landscape of moral conflicts »[2]), on se contentera d'y souligner la puissance de l'engagement critique dans ce qui constitue sans doute la démonstration la plus radicale de l'élimination des petits escrocs au profit des grands « syndicats ». Si le sujet se limite en surface aux milieux des courses et de la loterie (comme en l'occurrence deux films de gangsters sur trois depuis *Manhattan Melodrama* : le jeu est l'activité la moins repoussante des gangsters, la plus compatible donc avec la valorisation *de facto* du gangster comme héros[3]), il s'érige d'emblée en métaphore de l'Amérique, livrée depuis la guerre à l'ambition démesurée du capital. Le film s'ouvre sur des images de Wall Street, où Joe Morse (John Garfield), « a lawyer for the numbers racket », s'emploie à fabriquer une légitimité à l'organisation nationale des loteries (l'arme principale des gangsters n'est plus le *submachine gun* mais la manipulation bien informée du droit). La société qui emploie Joe Morse, présidée par le multimillionnaire Ben Tucker (Roy Roberts), est en passe de « couler » les petites « banques » du pays qui font survivre une quantité de bookmakers et d'« encaisseurs » à la petite semaine. La force dramaturgique de

1 Cité par Barry Norman, 1987, p. 160.

2 Présentation du film par Martin Scorsese dans sa réédition vidéo.

3 Le jeu est aussi l'activité criminelle la plus profitable de l'après-guerre. « In many ways, gambling in post-war America resembled the liquor situation during Prohibition. Gambling was a popular and socially approved pastime, and the fact that it was illegal played into the hands of corrupt officials and criminal entrepreneurs. » (Woodiwiss, 1990, p. 20.) C'est aussi sur la question du jeu que le sénateur Kefauver va concentrer l'attention de sa commission. « Its main work [...] revolved around national racing-news wire services and gambling operators, notably Frank Costello of New York, with widespread national investments. » (Woodiwiss, 1990, p. 21.)

l'œuvre tient au fait que le frère aîné de Joe, Leo Morse (Thomas Gomez), est lui-même patron d'un office de jeu, et que Joe veut le sauver de la ruine et du désespoir alors même qu'il organise le rachat de sa petite entreprise. La bonne intention fait long feu, car les petits, même s'ils participent au même racket, s'y considèrent comme des honnêtes gens, et jugent au contraire les gros comme des « gangsters », alors que ces derniers se présentent comme des businessmen (« This is business » s'exclame avec une sincérité non feinte un gangster qu'on traite de « gangster »). Dans un monde entièrement soumis à la loi de l'argent (ce qui pousse à la violence le moindre affleurement des sentiments — comme ceux qui unissent les deux frères ou qu'inspire le visage diaphane et la voix d'outre-monde de Beatrice — Doris Lowry), le spectateur est tenté de leur donner raison. Puisque le monde est corrompu à cœur et qu'ici « you don't meet a single respectable person, including the police »[1], la seule moralité à laquelle on puisse se raccrocher est celle qui protège *a priori* les faibles de la loi des plus forts. Le constat des déterminismes n'en reste pas moins implacable, et marqué d'un pessimisme foncier dont on n'est pas surpris qu'il ait été jugé « un-American »[2].

On comprend que la critique du gangstérisme est devenue une attaque frontale du capitalisme — dont les succès s'accompagnent toujours de leur lot de misère et de violence. Par rapport aux films du début des années trente, qui eux aussi offraient un point de vue critique sur le système, une fêlure s'est creusée entre le héros-gangster et l'activité dans laquelle il est engagé.

> Compared to the 1930s gangster narrative, the syndicate film switches its focus from people who lead or stand out in organizations to the anonymous followers, telling stories not of « making it » but « making do »[3].

Ce nouveau discours, qui rabaisse l'ambition de l'entreprise individuelle (sacrée aux yeux de l'Amérique), quand il ne l'assimile pas à une forme d'escroquerie, n'allait pas sans irriter les censeurs, et il n'est pas surprenant qu'à peu près au même moment, beaucoup de films criminels aient préféré contourner le code en transposant leur scénario dans d'autres genres, notamment dans le « film de boxe » et le « film de prison ». Ainsi comme on l'a vu, *Body and Soul*, où John Garfield n'est plus gangster, mais boxeur, ou *Brute Force*, écrit par Richard Brooks (égale-

1 Abraham Polonsky, cité par Barry Norman, 1987, p. 160.
2 Il convient toutefois de ne pas exagérer la singularité du film dans la production de son époque. While *Force of Evil*'s political message may have been more overt than that of other gangster films, the fact remains that it made its point within the conventional parameters of the gangster formula. » (Munby, 1999, p. 130.)
3 Munby, 1999, p. 127.

ment auteur du scénario de *Key Largo*) et produit par Mark Hellinger[1] pour Universal. La violence de ce film, et la vision très sombre qu'il offre de la société américaine (les prisonniers y font figure de *good guys* face aux matons sadiques qui les surveillent) fut sévèrement épinglée par les critiques de l'époque[2] sans pourtant encourir les foudres des censeurs. Le paradoxe n'a qu'une explication possible : les « grilles » des commissions de contrôle s'appliquaient moins automatiquement au film de boxe ou au film de prison qu'au film de gangsters classique ; pourvu qu'on n'y repère pas de référence à des événements réels, un film aussi dur et aussi pessimiste que *Brute Force* ou que sa version féminine, *Caged* (John Cromwell, 1952) pouvait obtenir sans grande difficulté le sceau d'approbation alors qu'un film de gangsters très modéré de ton, mais précis dans sa typologie et dans ses allusions à des personnages réels et à des événements récents (par exemple, *Key Largo*), suscitait de fortes réticences[3].

Key Largo, et les deux versions cinématographiques du même roman de Horace McCoy, *White Heat* et *Kiss Tomorrow Goodbye*, se démarquent dans la production de cet après-guerre par leur retour aux personnages, aux interprètes et aux thèmes emblématiques du genre. Les difficultés rencontrées avec la PCA par Jerry Wald et John Huston, respectivement producteur et réalisateur de *Key Largo*, sont difficiles à comprendre si l'on considère le message et le ton du film, idéologiquement très positifs et peu flatteurs à l'égard de Rocco (Edward G. Robinson) et de ses gangsters. Rocco est un bandit déclinant, qui rêve stupidement du retour de la Prohibition, et dont les tics composent une sorte de caricature du « petit César » : Rocco comme un avatar grotesque de Rico (Huston a dû y penser), terrorisé comme un gosse par la tempête, rivé à son automatique et à ses cigares, brutal, menteur, odieux à tous égards, jusqu'à risquer de perdre cette épaisseur d'humanité indispensable aux grands méchants de cinéma. Mais les objections de la PCA s'expliquent justement par ce caractère hyper-référentiel. Non seu-

---

1 Reporter et journaliste de renom à New York, Mark Hellinger devient un des producteurs les plus dynamiques de Warner Bros. où il se spécialise dans le film criminel (*The Roaring Twenties*, 1939, *High Sierra*, 1941). Il produit ensuite en indépendant pour Universal, outre *Brute Force* dont il est question ici, *The Killers* (1946) et *The Naked City* (Jules Dassin, 1948). Les liens de Mark Hellinger avec le crime organisé sont notoires. Richard Brooks raconte avoir rencontré Bugsy Siegel dans son bureau au début du mois de juin 1947. Hellinger essayait de l'aider à trouver des fonds pour rembourser une dette d'un million de dollars à Luciano et Lansky. La somme était impossible à réunir : Siegel fut abattu le 20 juin.

2 Bosley Crowther s'indigne du fait que « the convicts are the much abused heroes and the villain is a cold, sadistic jailer » et s'interroge sur l'impression que le film pourra faire dans les pays étrangers : « What a sweet piece of propaganda for the American way of life ! » (*New York Times*, 20 juillet 1947.)

3 Voir sur ce point Munby, 199 p. 156 : « *Key Largo* : Symbol of everything that we are trying to avoid going back to. »

lement le film renvoie à une mémoire du genre que l'industrie avait collectivement convenu d'effacer, mais le personnage de Rocco était trop précisément inspiré de celui de Luciano pour que les censeurs ne redoutent pas son « effet de réel ».

Le « *come back* » de Cagney dans le *White Heat* de Raoul Walsh a une autre force. On ne saurait d'ailleurs comparer esthétiquement les deux films, le premier très moyen, le second un chef-d'œuvre de premier plan. Ici et là toutefois, on retrouve le même grossissement du trait, à partir de modèles empruntés à la même mythologie. Mais l'exagération des motifs (brutalité physique, violence graphique, indifférence morale, fixation œdipienne) trouve dans le film de Walsh une puissance épique, et élève l'œuvre à une dimension quasi shakespearienne où le mythe du gangster, au lieu de sombrer dans le ridicule (comme dans *Key Largo*) retrouve sa pleine portée sociale, morale et même métaphysique[1]. Une des forces du film (et là encore, la comparaison avec *Key Largo* est sans appel) tient à l'ambiguïté durable qu'il préserve dans l'évaluation des protagonistes. Le manichéisme de surface sur lequel il repose (face à la cruauté meurtrière de Cagney, l'impeccable parcours professionnel et moral de l'agent du Trésor incarné par Edmond O'Brien) se trouve instantanément subverti par la secrète sympathie que continuent d'inspirer la force et la fragilité du héros. *A contrario*, le dévouement glacial de l'agent O'Brien à son devoir de flic le fait apparaître comme le rouage d'une organisation très efficace, mais dépourvue d'humanité. Sa trahison programmée du héros achève de déprécier son personnage au moment où le désir de vengeance de Cody Jarrett (contre celui qui — pense-t-il — a tué sa mère et volé sa femme) sollicite davantage notre compassion, sinon notre indulgence. *White Heat* retrouve ici les données fondamentales du courant décrit dans ce chapitre et leur confère un surcroît de puissance. Le fait que l'« Organisation » contre laquelle le héros se fracasse ne soit plus criminelle mais policière se modifie pas structurellement le thème de l'individu aux prises avec le « syndicat ».

Pour Colin McArthur, le film de gangsters qui marque le passage des années quarante aux années cinquante est *Murder Inc.* (1951)[2].

> It bears many of the marks of the semi-documentary film — based on actual events, location photography, emphasis on the mechanics of investigation, large number of unknown players — but it also sounds for the first

---

1 « Cody's defiant "Made it Ma ! Top of the world !" and subsequently spectacular self-immolation in the flames of the gas explosion that marks *White Heat*'s ending only added to the gangster mystique. Box office returns confirmed that audiences continued to find the gangster compulsive viewing. » (Munby, 1999, p. 119.)

2 C'est le titre donné à *The Enforcer* pour sa distribution en Grande Bretagne.

> time the dominant note of the Fifties gangster film, the existence of a nation-wide criminal organisation[1].

Murder Inc. était une organisation criminelle dirigée par Louis Lepke Buchalter et Albert Anastasia (et contrôlée par un conseil de gangsters célèbres dont Joe Adonis, Bugsy Siegel, Frank Costello, Vito Genovese et Abner « Longy » Zwillman) chargée d'exécuter ceux dont les témoignages risquaient de mettre en danger les activités de l'association nationale mise en place par Lucky Luciano et Meyer Lansky. Les victimes étaient pour la plupart des gangsters soupçonnés d'avoir parlé à la police ou de s'apprêter à le faire. Un vote unanime du Conseil ayant désigné une victime (*hit*), un *contract* était assigné à un des lieutenants du groupe qui le confiait à son tour à des tueurs indépendants ne recevant leurs ordres que de lui — ce qui protégeait l'anonymat des commanditaires. Quelque quatre cents personnes furent ainsi liquidées entre 1938 et 1942, leurs corps étant ensuite jetés dans les marais.

C'est l'*Assistant District Attorney* Burton Turkus qui, suite à l'arrestation et aux confessions de Abe Reles, réussit à démanteler le réseau, jusqu'à l'inculpation d'un des donneurs d'ordre, Louis Lepke Buchalter, qui purgeait déjà une peine de prison à vie pour trafic de drogue et quelques autres délits. Bien que Reles n'ait finalement pas pu témoigner devant la justice (il tomba en 1941 du dernier étage de l'hôtel de Coney Island où il était gardé par la police !), trois tueurs furent condamnés à la chaise électrique en 1944, dont Lepke en personne, le seul gangster d'envergure exécuté entre 1930 et 1950. En 1951, l'année où sort le film de Bretaigne Windust et Raoul Walsh[2], Turkus publie son compte rendu de l'affaire, *Murder Inc. : The Story of the Syndicate*.

Produit par Warner Bros., et admirablement interprété, entre autres, par Humphrey Bogart, Ted de Corsia et Zero Mostel, le film s'écarte à peine des faits réels qu'il dramatise avec beaucoup d'efficacité (on y reconnaît la patte de Raoul Walsh). Il est clair que la Warner cherche a tirer parti du « réveil » de l'affaire par la Commission Kefauver.

Il convient de rappeler ici que l'impact médiatique de la Commission Kefauver a été considérable, du fait en particulier de sa retransmission télévisée — la première de ce type aux États-Unis. Et il n'est pas inutile d'ouvrir quelques pistes de réflexion sur les rapports plus généraux entre cette enquête et le cinéma. Comme on l'a rappelé au début du chapitre, ce film n'était pas le premier à mettre en valeur les nouvelles dimensions nationales du crime organisé et les nouvelles ramifications de ses complicités dans l'ensemble de la société et des institutions amé-

1 McArthur, 1972, p. 53. Froideur de la photo, sécheresse du montage caractérisent en effet ce film.

2 Walsh, non crédité, en a réalisé une partie.

ricaines. À beaucoup d'égards, la « paranoïa » reprochée à la Commission par de nombreux historiens (qui saluent l'enquête elle-même, et les faits rassemblés, mais n'y trouvent pas la justification de ses dramatiques conclusions sur l'existence et la puissance d'une « Mafia » nationale[1]) fut celle du cinéma avant d'être celle des sénateurs.

Le « postwar crime scare » qu'analyse William Howard Moore[2], lié, entre autres raisons, à des statistiques alarmistes du FBI et au débat national sur la légalisation du jeu, doit ainsi aux films noirs et semi-documentaires qui confèrent un surcroît d'impact à cette actualité. Un bon exemple en est donné par la réalisation de Richard Thorpe, *The Black Hand*. Bien qu'il ait pour sujet le crime organisé du *début* du siècle, et que, contrairement à ce qu'il advient dans les sous-titres français, le mot « Mafia » n'y soit jamais prononcé[3], il est évident que le film transpose les appréhensions contemporaines suscitées par la puissance occulte de la « pieuvre ».

« In effect », juge sévèrement Michael Woodiwiss, « the committee's goal was to reduce the complexities of organized crime to a simple "Good versus Evil" equation[4]. » Sans qu'on ait la place ici de discuter ce jugement, on peut tout de même remarquer que les films hollywoodiens de cette dernière période ont sans doute moins « simplifié » la criminalité de l'après-guerre que ne l'ont fait la presse et les organismes officiels de l'époque. En particulier, le réalisme qui prévalait alors à l'écran a permis de conserver à la représentation du crime un *ancrage* dans la réalité économique, sociale et culturelle de l'Amérique — au moment où les médias plus « sérieux » tendaient au contraire à l'en dissocier.

> The newspaper pool and the crime commissions reflected in 1950 the old American proclivity to view organized crime as something set apart from the economic and social realitites of the American life. Talk of nationwide crime syndicates and of the rediscovered Mafia served the functions of scapegoating for the antilegalization forces and of titillating an increasing number of newspaper readers. The search for criminal conspiracies, moreover, paralleled the effort to ferret out communism and Communist sympathizers at home as the nation experienced frustration and disappointment abroad[5].

1 Avant les débuts des travaux de la Commission en 1950, Harry J. Anslinger, chef du Federal Bureau of Narcotics, est pratiquement le seul responsable officiel aux États-Unis à défendre l'idée d'une « vast criminal conspiracy » à l'échelle nationale et internationale.
2 Moore, 1974, p. 25.
3 Albanese relève que dans le quart de siècle compris entre 1918 et 1943, le mot « Mafia » n'est apparu que quatre fois dans le *New York Times*. C'est seulement à l'occasion de l'ouverture de la Commission Kefauver qu'il se généralise dans la presse. (Albanese, Jay, *Organized Crime in America*, Cincinnati, Anderson, 1989, p. 35.)
4 Woodiwiss, 1990, p. 21.
5 Moore, 1974, p. 41.

L'influence en retour des travaux de la Commission sur les films des années 1951-1953 n'en est pas moins patente. Une dizaine au moins de films réalisés en 1951 et 1952 apparaissent ainsi clairement comme des « post Kefauver syndicate exposés » (Munby) : *Appointment with Danger* (Lewis Allen), *The Mob* (Robert Parrish), *Captive City* (Robert Wise) — où Kefauver apparaît en personne en post-scriptum —, *The Strip* (Leslie Kardos), *Hoodlum Empire* (Joseph Kane), *The Narrow Margin* (Richard Fleischer), *Deadline USA* (*Richard Brooks*)[1] et surtout *The Turning Point* (William Dieterle) et *The Racket* (John Cromwell)[2]. Ce dernier film en particulier, produit par Howard Hughes et remake d'un gros succès de la fin du muet, encadre ses péripéties par une introduction et une conclusion bavardes sur les travaux en cours d'une commission sénatoriale qui encourage la répression accrue du crime organisé : « It is no longer a question of dealing with local crime, but with the big syndicate, national in scope. » L'œuvre dénonce un réseau de corruption qui touche toutes les sphères de la police, de la justice et de la politique. L'engagement personnel d'un flic incorruptible (Robert Mitchum) finit par avoir raison du chef de la pègre locale (Robert Ryan), mais laisse intouché et intouchable « The Old Man », qui n'apparaît à aucun moment dans le film, mais qui dicte jusqu'au bout ses ordres à tous les protagonistes.

L'articulation un peu laborieuse à l'actualité voue toutefois ce genre de scénario à l'oubli. Au contraire, des œuvres qui, sans se désintéresser de leur époque, restent attachées aux fondements du genre, conservent aujourd'hui encore une grande force de signification et d'émotion. Libéré des explications kefauvériennes, le héros-gangster des années cinquante redevient ce qu'il est d'abord dans l'imaginaire populaire : un homme solitaire et traqué.

C'est à partir de cette constatation qu'il faut comprendre l'apparition, avec *The Asphalt Jungle* de John Huston, de ce que Kaminsky appelle le *big caper film*, le film de casse, où la *petite* organisation essaie de survivre face à la grosse société anonyme. « Tout se passe », écrit Michel Ciment, « comme si une société de plus en plus froide et technologique provoquait en retour l'action d'un groupe d'hommes acharnés à la défier et à la vaincre par un travail collectif[3]. » Naturellement, le casse réussit, mais naturellement, il tourne mal, et conformément au

---

1 Où le gangster Rienzi répond cyniquement aux enquêteurs qui lui reprochent d'avoir touché 200 000 dollars pour truquer les élections : « After all, you got yourself elected, didn't you Senator ? »

2 Des références à la Commission Kefauver reviennent au cinéma jusqu'à *Underworld USA* (Samuel Fuller, 1961). On en trouve notamment dans *The Big Heat* (Fritz lang, 1953) et *On the Waterfront* (Elia Kazan, 1954).

3 Ciment, 1992, p. 69.

schéma de Warshow, le héros tragique se retrouve seul avec son rêve en morceaux. Le rêve, pourtant, était aussi modeste que celui de Johnny Eager ou de Roy Earle : retrouver la ferme de son enfance quelque part dans les collines du Kentucky.

Rappelons encore que les gangsters qui paraissent en 1951 devant la Commission Kefauver et qui « prennent le cinquième amendement » pour ne pas devoir témoigner contre eux-mêmes ne peuvent pas ne pas faire penser aux hommes et aux femmes de gauche qui s'en réclament peu après devant la Commission des Activités Anti-Américaines. Sur ce plan, la commission Kefauver semble déjà minée par l'idéologie de la Guerre froide et par l'amalgame souterrain entre crime organisé et communisme.

Le cinéma est tout compte fait moins exclusif dans ce rapprochement. Il faut attendre les dernières œuvres du corpus, *Pick up on South Street* (Samuel Fuller, 1953), *On the Waterfront* (Elia Kazan, 1954) et *Kiss Me Deadly* (Robert Aldrich, 1955), pour assister à une véritable contamination du film de gangsters par l'anticommunisme et par l'angoisse atomique[1]. Comme si le genre, profondément, restait rebelle au « consensus » idéologique de la Guerre froide.

Les effets de la deuxième vague de la Chasse aux sorcières à Hollywood (1951-1953) sur le genre se font toutefois nettement sentir : c'est un véritable coup d'arrêt au film criminel qui intervient en 1952, quand le HUAC force le cinéma à renoncer à la part la plus réaliste et la plus engagée de son propos, désormais suspecte d'anti-américanisme. Il est significatif que les films criminels des années cinquante se trouvent massivement relégués à la série B[2], « comme si leur mise en cause de la société, l'amoralité de leur point de vue et la brutalité de leur action les rendaient indignes d'une production de prestige dans l'Amérique bien pensante de l'ère Eisenhower »[3]. À quelques exceptions près, il faudra attendre la fin de la décennie, les années 1959-1960, pour assister à une renaissance du genre, quoiqu'alors sur de nouveaux modes, notamment nostalgique ou satirique, comme dans le merveilleux *Some Like It Hot* de Billy Wilder (1959).

1 L'idéologie de ces films est néanmoins plus subtile que ce propos pourrait le laisser penser.
2 Ils y renouvellent d'ailleurs leur inspiration, comme dans les chefs-d'œuvre de Joseph Lewis (*Gun Crazy*, 1950, *The Big Combo*, 1955).
3 Ciment, 1992, p. 72.

Conclusion

Le gangster comme héros tragique

Le succès de Hollywood dans les années vingt fut lié à sa capacité d'encadrer l'essor anarchique de la société de consommation, des loisirs et de la culture de masse à la fois par des références culturelles « highbrow » empruntées aux aristocraties européennes et par des scénarios qui laissaient le dernier mot aux valeurs familiales de l'Amérique profonde : WASP, petite-bourgeoisie, *small town*.

Ce compromis fut balayé par la révolution du parlant, qui s'accompagna d'un bouleversement majeur de l'autorité culturelle dans le pays. Or le film de gangsters a joué ici un rôle cardinal, dont Lary May souligne le potentiel contestataire :

> The urge to be « different, above, higher » and « a man of his own » identified the gangster not only with revolt against class exploitation but with revolt against the stereotypes that linked the racially marked outsider with passivity before the forces of history dominated by the Anglo-Saxons[1].

C'est dans le prolongement de cette pensée que Jonathan Munby interprète le genre criminel comme lieu par excellence du conflit entre culture légitime et illégitime, comme espace de contestation des règles et des préjugés qui interdisent à certains groupes sociaux (les nouveaux immigrants) la conquête de la fortune et du pouvoir.

Plus ancien que ces textes, l'article de Robert Warshow sur « The Gangster as Tragic Hero » apporte un complément utile à cette articulation sans doute un peu systématique du film de gangsters à l'expérience de l'immigration :

1 May, 2000, p. 69.

> The relationship between the conventions which go to make such a type [the gangster] and the real experience of its audience or the real facts of whatever situation it pretends to describe is only of secondary importance and does not determine its aesthetic force. It is only in an ultimate sense that the type appeals to its audience's experience of reality ; much more immediately, it appeals to previous experience of the type itself : it creates its own field of reference. What matters is that the experience of the gangster as an experience of art is universal to Americans. [...] In ways that we do not easily or willingly define, the gangster speaks for us, expressing that part of the American psyche which rejects the qualities and the demands of modern life, which rejects « Americanism » itself[1].

« Réussir », pour le gangster, c'est d'abord sortir de l'anonymat, se « faire un nom » : « The gangster's whole life is an effort to assert himself as an individual, to draw himself out of the crowd[2]. » Sa tragédie est liée à l'isolement inévitable, et finalement mortel, qui accompagne cette réussite. Les films criminels ont mille façons de nous émouvoir, la moindre n'étant pas la double gratification de notre sadisme : on jouit par procuration du mal qu'inflige le criminel avant de jouir du mal qui le punit. Mais si le genre nous touche en profondeur, c'est pour cette parabole tragique du « succès », qui met à nu, à vif, l'épuisant *double bind* du Rêve américain. Aussi les fins heureuses de certains films sont-elles suspectes. Celle de *Kiss of Death*, justement épinglée par Warshow, qui ressuscite Victor Mature de cinq balles dans le corps, est particulièrement artificielle, mais s'évanouit du même coup de notre mémoire du film : la logique profonde prévaut sur la péripétie.

> At bottom, the gangster is doomed because he is under the obligation to succeed, not because the means he employs are unlawful. In the deeper layers of the modern consciousness, *all* means are unlawful, every attempt to succeed is an act of aggression, leaving one alone and guilty and defenseless among enemies : one is *punished* for success[3].

C'est sans doute là qu'il faut trouver la « structure profonde » du genre qui perdure au fil des ans, malgré l'évolution des thèmes et des formes, et qui a fait du film criminel le genre le plus durablement populaire du cinéma américain.

1 Warshow, 1962, p.130.
2 *Ibid.*, p. 133.
3 *Ibid.*

Filmographie

Tous les films qui suivent sont disponibles en vidéo (parfois aussi en DVD) aux États-Unis (voir Leonard Maltin, *Movie and Video Guide,* 2001). Les vingt titres soulignés sont particulièrement intéressants par rapport au sujet et, parmi eux, les dix marqués d'un point peuvent être considérés importants. On trouvera des résumés et commentaires de l'ensemble de ces longs métrages dans le Maltin, dans le *Dictionnaire des films* de Jean Tulard et, plus exhaustivement, dans Guérif, Bookbinder, Mottram, Hardy (voir bibliographie). L'*American Film Institute Catalog* (années trente et quarante, 6 volumes) en propose des comptes rendus très exhaustifs, accompagnés de nombreuses remarques sur les conditions de production, les interventions de la censure, etc.

1930	*Little Caesar (Le Petit César)*, Mervyn LeRoy
1931	• *The Public Enemy (L'Ennemi public)*, William Wellman
	City Streets (*Les Carrefours de la ville*), Rouben Mamoulian
	The Secret Six, George Hill
1932	• *Scarface*, Howard Hawks
	I Am a Fugitive from a Chain Gang (Je suis un évadé), Mervyn LeRoy
	The Beast of the City (*La Bête de la cité*), Charles Brabin
	Lady Killer (*Le Tombeur*), Roy Del Ruth
1934	*Manhattan Melodrama* (*L'Ennemi public n° 1*), Woody S. Van Dyke
1935	• *G Men (Hors-la-loi)*, William Keighley
1936	*Bullets or Ballots (Guerre au crime)*, William Keighley
1937	*Dead End* (*Rue sans issue*), William Wyler
	Marked Woman (*Femmes marquées*), Lloyd Bacon
	The Last Gangster (*Le Dernier Gangster*), Edward Ludwig
1938	*Racket Busters* (*Menaces sur la ville*), Lloyd Bacon
	• *Angels With Dirty Faces (Les Anges aux figures sales)*, Michael Curtiz
	The Amazing Dr Clitterhouse (*Le Mystérieux Dr Clitterhouse*), Anatole Litvak
1939	*Thugs With Dirty Mugs*, Tex Avery
	• *The Roaring Twenties (Les Fantastiques Années vingt)*, Raoul Walsh
	Each Dawn I Die (*À chaque aube je meurs*), William Keighley
1940	*Brother Orchid*, Lloyd Bacon
1941	*The Maltese Falcon* (*Le Faucon maltais*), John Huston
	Johnny Eager (*Johnny, roi des gangsters*), Mervyn LeRoy
	High Sierra (*La Grande Évasion*), Raoul Walsh
1942	*The Glass Key* (*La Clé de verre*), Stuart Heisler
	All Through the Night (*Échec à la Gestapo*), Vincent Sherman
	This Gun for Hire (Tueur à gages), Frank Tuttle
1945	*Dillinger*, Max Nosseck
1946	• *The Killers (Les Tueurs)*, Robert Siodmak
	The Big Sleep (*Le Grand Sommeil*), Howard Hawks
1947	*Out of the Past* (*La Griffe du passé*), Jacques Tourneur

Body and Soul (*Sang et or*), Robert Rossen
T Men (*La Brigade du suicide*), Anthony Mann
Brute Force (*Les Démons de la liberté*), Jules Dassin
Kiss of Death (*Le Carrefour de la mort*), Henry Hathaway
I Walk Alone (*L'Homme aux abois*), Byron Haskin
The Gangster (*Le Gangster*), Maurice et Frank King
1948 *Cry of the City* (*La Proie*), Robert Siodmak
Thieves' Highway (*Les Bas-Fonds de Frisco*), Jules Dassin
Call Northside 777 (*Appelez Nord 777*), Henry Hathaway
• *Force of Evil* (*L'Enfer de la corruption*), Abraham Polonsky
• *Key Largo*, John Huston
The Street With No Name (*La Dernière Rafale*), William Keighley
Knock on Any Door (*Les Ruelles du malheur*), Nicholas Ray
1949 *White Heat* (*L'Enfer est à lui*), Raoul Walsh
He Walked by Night (*Il marchait la nuit*), Alfred Werker et Anthony Mann
Where the Sidewalk Ends (*Mark Dixon, détective*), Otto Preminger
1950 *Night and the City* (*Les Forbans de la nuit*), Jules Dassin
• *The Asphalt Jungle* (*Quand la ville dort*), John Huston
Black Hand (*La Main noire*), Richard Thorpe
Caged (*Femmes en cage*) John Cromwell
Kiss Tomorrow Goodbye (*Le Fauve en liberté*), Gordon Douglas
1951 • *The Enforcer* (*La Femme à abattre*), Bretaigne Windust et Raoul Walsh
The Racket (*Racket*), John Cromwell
Detective Story (*Histoire de détective*), William Wyler
1952 *Singin' in the Rain* (*Chantons sous la pluie*), Gene Kelly et Stanley Donen
Deadline USA (*Bas les masques*), Richard Brooks
The Narrow Margin (*L'Enigme du Chicago Express*), Richard Fleischer
1953 *The Big Heat* (*Règlement de comptes*), Fritz Lang
Pick up on South Street (*Le Port de la drogue*), Samuel Fuller
1954 *On the Waterfront* (*Sur les quais*), Elia Kazan
1955 *Kiss Me Deadly* (*En quatrième vitesse*), Robert Aldrich

Filmographie complémentaire

Quelques films des années cinquante à quatre-vingt-dix qui revisitent l'histoire du gangstérisme entre les deux guerres et qui en retravaillent la mythologie.

Party Girl (*Traquenard*), Nicholas Ray, 1958
The Rise and Fall of Legs Diamond (*La Chute d'un caïd*), Budd Boetticher, 1959
Al Capone, Richard Wilson, 1959
The FBI Story (*La Police fédérale enquête*), Mervyn LeRoy, 1959
The Untouchables (*Les Incorruptibles*), Série ABC (118 épisodes de 1959 à 1963)
Some Like it Hot (*Certains l'aiment chaud*), Billy Wilder, 1959
Underworld USA (Samuel Fuller, 1961)
• *The Godfather* (*Le Parrain*), Francis Ford Coppola, 1972
• *The Godfather, Part II* (*Le Parrain, II*), Francis Ford Coppola, 1974
Once Upon a Time in America (*Il était une fois en Amérique*), Sergio Leone, 1984
The Cotton Club, Francis Ford Coppola, 1984
The Untouchables (*Les Incorruptibles*), Brian De Palma, 1987
Miller's Crossing, Joel Coen, 1990
Bugsy, Barry Levinson, 1991
Billy Bathgate, Robert Benton, 1991
Mobsters, Michael Karbelnikoff, 1991
Hoodlum, Bill Duke, 1997

Bibliographie

I. Histoire et sociologie du crime organisé

ABADINSKY, H., *Organized Crime*, Chicago, Nelson-Hall, 1994 (4th ed.).
ALBANESE, J., *Organized Crime in America*, Cincinnati, Anderson, 1989.
ANDERSON, A., *The Business of Organized Crime : A Cosa Nostra Family*, Stanford, Ca, Hoover Institution Press, 1979.
ARLACCHI, P., « The Mafioso : From Man of Honour to Entrepreneur », in TAYLOR, I. (ed.), *Crime and Political Economy*, Ashgate, Dartmouth, 1998.
—, *Mafia Business : The Mafia Ethic and the Spirit of Capitalism*, Londres, Verso, 1986.
ASBURY, H., *Gem of the Prairie. An Informal History of the Chicago Underworld*, Dekalk, Ill., Illinois Univ. Press, 1940 (réédité 1986).
—, *The Gangs of New York. An Informal History of the Underworld,* NY, Knopf, 1927.
BARZINI, L., *The Italians*, NY, Atheneum, 1964.
BAYOR, R., *Neighbors in Conflict. The Irish, Germans, Jews and Italians of New York City, 1929-1941*, Baltimore, The Johns Hopkins University Press, 1978.
BEHR, E., *Prohibition : Thirteen Years that Changed America*, NY, Arcade Publishing, 1997.
BELL, D., « Crime as an American way of life », *Antioch Review*, 13 (1953) : 131-154.
—, *The End of Ideology*, Glencoe, Ill., The Free Press, 1962.
BERGREEN, L., *Capone : The Man and the Era*, NY, Simon & Schuster, 1994.
BLAKEY, R.G., « Aspects of the Evidence Gathering Process in Organized Crime Cases », *Task Force Report on Organized Crime*, Washington, DC, Government Printing Office, 1967.
BLOCK, A., *East Side-West Side : Organizing Crime in New York, 1930-1950*, NY, Transaction Books, 1983.
—, « History and the Study of Organized Crime » *Urban Life* 6 (1978) : 455-474.
BODY-GENDROT, S., *Les Villes face à l'insécurité : des ghettos américains aux banlieues françaises*, Paris, Bayard, 2001.
—, *The Social Control of Cities ? Comparative Perspective*, Oxford, Blackwell, 2000.
—, *Ville et Violence. L'irruption de nouveaux acteurs,* Paris, PUF, 1993 (réédité 1995).
—, *Les Conflits de pouvoir dans les villes américaines en crise. L'Émergence des minorités raciales*, Paris, IEP, thèse d'État, 1984.
—, *Les Villes américaines. Les Politiques urbaines*, Paris, Hachette, 1997.

BOPP, W. J. and SCULTZ, D., *Short History of American Law Enforcement*, Charles C. Thomas Publisher, 1972.

BRECKINRIDGE, S. and ABBOTT, E., *The Delinquent Child and the Home*, NY, 1912.

BURGESS, E., *Preface,* SHAW, C. and MCKAY, H. (eds), *Juvenile Delinquency and Urban Areas,* Chicago, University of Chicago Press, 1942.

CHANDLER, A. D., *The Visible Hand : The Managerial Revolution in American Business*, Cambridge, Harvard University Press, 1977.

CHAPOULIE, J.-M., *La Tradition sociologique de Chicago*, Paris, Seuil, 2001.

COHEN, R., *Tough Jews : Fathers, Sons and Gangster Dreams*, NY, Vintage, 1999.

COMMAGER, H.S., *L'Esprit américain*, Paris, PUF, 1965.

CONNABLE, A. and SILBERFARB, E., *Tigers of Tammany : Nine Men Who Ran New York*, NY, Holt, Rinehart and Winston, 1967.

COOK, F. J., « Organized Crime : The Strange Reluctance », WATTERS, P. and GILLERS, S. (eds.), *Investigating the FBI*, Garden City, NY, Doubleday, 1973.

COUNTRYMAN, V., « The History of the FBI : Democracy's Development of a Secret Police », WATTERS, P. and GILLERS, S. (eds), *Investigating the FBI*, NY, Doubleday, 1973.

COVELLO, L., *The Social Background of the Italo-American School Child*, thèse soutenue à New York University, 1944.

CRESSEY, D. R., *Theft of the Nation*, NY, Harper & Row, 1969.

CRESSEY, P. G., *The Taxi-Dance Hall. A Sociological Study in Commercialized Recreation and City Life*, Chicago, The University of Chicago Press, 1932.

DAYAN, D. and KATZ, E., *Media Events. The Live Broadcasting of History*, Cambridge, Harvard University Press, 1992.

DEBAUN, E., « The Heist : the Theory and Practice of Armed Robbery », *Harper's Magazine*, February 1950.

DEBOUZY, M., *Le Capitalisme « sauvage » aux États-Unis, 1860-1900*, Paris, Seuil, 1972.

DELOACH, C., *Hoover's FBI,* Washington, DC, Regnary Publishers, 1995.

DINNERSTEIN, L., NICHOLS, R. and REIMERS D., *Natives and Strangers*, NY, Oxford University Press, 1979.

DUBOIS, W. E. B., *The Philadelphia Negro,* Philadelphie, University of Pennsylvania Press, 1896.

EHRLICH, I., « Participation in Illegitimate Activities : A Theoretical and Empirical Investigation », TAYLOR, I. (ed.), *Crime and Political Economy*, 1998, 209-249.

ELLROY, J., *American Tabloid*, London, Arrow, 1995 (2nd ed.).

FLOHERTY, J., *Inside the FBI,* Philadelphia, Lippincott, 1943.

FOX, S., *Blood and Power : Organized Crime in Twentieth Century America*, NY, William Morrow, 1989.

FRAU-MEIGS, D., *Les Médiamorphoses américaines dans un espace privé unique au monde*, Paris, Economica, 2001.

—, « Le débat américain entre réforme et censure », *IHESI* 202 (1995) : 87-97.

—, et JEHEL, S., *Les Écrans de la violence*, Paris, Economica, 1997.

FRIED, A., *The Rise and Fall of the Jewish Gangster in America*, NY, Columbia University Press, 1994.

GIBBONS, D., *Society, Crime and Criminal Carreers*, New Jersey, Prentice-Hall, 1968.

GOSH, M. A., *The Last Testament of Lucky Luciano*, Boston, Little, Brown, 1975.

Greenberg, D. F. (ed.), *Crime and Capitalism*, Ca, Mayfield, 1981.

HALLER, M., « Urban Crime and Criminal Justice : The Chicago Case », *The Journal of American History* 57 3 (1970).

HANNERZ, U., *Explorer la ville*, Paris, Minuit, 1983.

HEALY, W., *The Individual Delinquent*, Boston, 1915.

HELMER, W. and MATTIX, R., *Public Enemies. America's Criminal Past, 1919-1940*, Facts on File, 1998.

HOFFMAN, D. E., *Scarface Al and the Crime Crusaders : Chicago's Private War Against Capone*, Carbondale, Southern Illinois University Press, 1993.

HOFSTADTER, R., *The Paranoid Style of American Politics*, NY, Vintage, 1967.

—, *The Age of Reform*, NY, Vintage, 1955.

HUTCHINSON, J., *The Imperfect Union*, NY, E.P. Dutton, 1972.

IANNI, F. A. J., *A Family Business : Kinship and Social Control in Organized Crime*, Russell Sage Foundation, 1972. (Traduction : *Des affaires de famille : la Mafia à New York*, Paris, Plon, 1973).

—, *Black Mafia*, NY, Simon & Schuster, 1974.

Investigation of Organized Crime in Interstate Commerce, *Hearings*, Part 2, June 22 to August 16 1950, Washington, DC, Government Printing Office, 1951.

JACKSON, K. T. and SCHULTZ, S. K., *Cities in American History*, NY, Knopf, 1972.

KEEN, M. F., *Stalking the Sociological Imagination : J. Edgar Hoover's FBI Surveillance of American Sociology*, Westport, Co, Greenwood Press, 1999.

KEFAUVER, E., *Crime in America,* Garden City, NY, Doubleday, 1951.

KELLY, R. J., *Encyclopaedia of Organized Crime in the United States : From Capone's Chicago to the New Urban Underworld*, Westport, Co, Greenwood Press, 2000.

KESSNER, T., *The Golden Door : Immigrant Mobility in New York, 1880-1915*, thèse soutenue à Columbia University, 1975.

KINGSDALE, J. M., « "The Poor Man's Club" : Social Functions of the Urban Working-Class Saloon », *American Quarterly* 25 (oct. 1973).

KOBLER, J., *The Life and World of Al Capone*, NY, Fawcett Crest Books, Da Capo, (réédité 1992).

—, *Ardent Spirits*, NY, Putnam, 1973 (Traduction : *Puritains et gangsters*, Paris, Laffont, 1979).

LACEY, R., *Little Man : Meyer Lansky and the Gangster Life*, Boston, Little, Brown, 1990.

LANDESCO, J., *Organized Crime in Chicago*, Chicago, Illinois, Association for Criminal Justice, 1929.

LANE, R., *Murder in America*, Columbus, Ohio State University Press, 1997.

LASCOUMES, P., *Corruptions*, Paris, Presses de Sciences Po, 1999.

LINDESMITH, A. R., « Organized Crime » dirigé par J. P. Shalloo, *The Annals of the American Academy of Political and Social Science* 217 (1941).

LIPUMA, E., « Capitalism and the Crimes of Mythology : An Interpretation of the Mafia Mystique », *Journal of Ethnic Studies* 17 2 (1989) : 1-21.

LOPEATO, J., *Italian-Americans*, NY, Random, 1970.

LYND, R. and LYND, H. M., *Middletown in transition*, NY, Harcourt and Brace, 1937.

MANN, A., *La Guardia Comes to Power, 1933*, Philadelphie, Lippincott, 1965.

MARTIN, J.-P., *La Vertu par la loi : La Prohibition aux États-Unis, 1920-1933*, Éditions universitaires de Dijon, 1994.

MAYR, O. and POST, R. C. (eds), *Yankee Enterprise : The Rise of the American System of Manufacturers*, Washington, DC, Smithsonian Institution Press, 1981.

McCLELLAN Committee, *Hearings*, 1957-1968, Washington, DC, Government Printing Office, 1968.

McGILL, N., « Some Characteristics of Jewish Youth in New York City », *Jewish Social Service Quaterly* 14 (décembre 1937).

—, and MATTHEWS, E., *The Youth of New York City*, NY, Macmillan, 1940.

MERTON, R. K., « Social Structure and Anomie », *American Sociological Review* 3 (1938) : 672-682.

—, *Éléments de théorie et de méthode sociologique*, Paris, Plon, 1965 (2e éd).

MESSICK, H., *John Edgar Hoover : A Criminal Examination of the Director and of the Continuing Alliance Between Crime, Business and Politics*, NY, David McCay, 1972.

MOORE, W. H., *The Kefauver Committee and the Politics of Crime*, Columbia, University of Missouri Press, 1974.

MOSCOW, W., *Last of Big-Time Bosses : the Life and Times of Carmine DeSapio and the Rise and Fall of Tammany Hall*, NY, Stein and Day, 1971.

NASH, J. R., *Bloodletters and Bad Men : A Who's Who of Vile Men (and Women) Wanted for Every Crime in the Book*, vol. 2 et 3, 1975 (réédité 1987).

—, *World Encyclopaedia of Organized Crime*, NY, Paragon House, 1992.

NESS, E. *et al.*, *The Untouchables,* NY, Bucaneer Books, 1996.

NOBLE, D. F., *America By Design : Science, Technology, and the rise of Corporate Capitalism*, NY, Knopf, 1977.

OMS, G., *La Mafia d'hier et d'aujourd'hui*, Paris, Bordas, 1972.

PARK, R. and BURGESS, E. (eds), *The City. Suggestions for Investigation of Human Behavior in the Urban Environment*, Chicago, Chicago University Press, 1925.

PASLEY, F. D., *Al Capone : The Biography of a Self-Made Man*, Londres, Faber and Faber, 1966.

PEARCE, F., « Crime, Corporations and the American Social Order, I. TAYLOR (ed.), *Crime and Political Economy*, Ashgare, Dartmouth, 1998.

—, *Crimes of the Powerful*, London, Pluto, 1976.

PELLS, R. H., *Radical Visions and American Dreams : Culture and Social Thought in the American Depression Years*, Middletown, Co, Wesleyan University Press, 1973.

PETERSON, V. W., *The Mob, 200 Years of Organized Crime in New York*, Ottawa, Ill., Green Hill, 1983.

—, *Barbarians in our Midst : A History of Chicago Crime and Politics* (Foreword by Estes Kefauver), Boston, Little Brown, 1952.

—, *Gambling : Should it Be Legalized*, Springfield, Ill, Charles C. Thomas, 1951.

PEZZINO, P., *Les Mafias*, Paris, Casterman, 1999.

PLOSCOWE, *Crime in the United States*, dirigé par J. P. Shalloo, *Annals*, 217 (sept. 1941).

POTTER, C. B., *War on Crime : Bandits, G-Men and the Politics of Mass Culture*, New Brunswick, NJ, Rutgers University Press, 1998.

POWELL, H., *Lucky Luciano : The Man Who Organized Crime in America*, 2000.

POWERS, R. G., *G-Men : Hoover's FBI in American Popular Culture*, Carbondale and Edwardsville, Southern Illinois University Press, 1983.

QUINNEY, R., *Criminology. Analysis and Critique of Crime in America*, Boston, Little Brown, 1970.

RECKLESS, W., *Vice in Chicago*, Chicago, The University of Chicago Press, 1933.

REUTER, P., *Disorganized Crime : The Economics of the Visible Hand*, Cambridge, MIT Press, 1983.

—, and RUBINSTEIN, J., « Fact, Fancy and Organized Crime », *The Public Interest* 53 (1978) : 45-68.

REYNOLDS, M., *From Gangs to Gangsters. How American Sociology Organized Crime, 1918-1934*, Guilderland, NY, Harrow and Weston, 1995.

ROGERS, D. T., « In Search of Progressivism » *Reviews in American History* (December 1982).

ROTHMAN, D., *Conscience and Convenience. The Asylum and its Alternatives in Progressive America*, Boston, Little, Brown, 1980.

RYAN, P. J. (ed.), *Organized Crime : A Reference Handbook*, Santa Barbara, ABC-CLIO, 1995.

SCHATTSCHNEIDER, E. E., *Party Government*, NY, Holt, Rinehart Wilson, 1942.

SCHATZBERG, R., *African-American Organized Crime : A Social History*, Rutgers University Press, 1997.

SCHELLING, T. C., « Economic Analysis and Organized Crime », *Task Force Report on Organized Crime*, Washington, DC, Government Printing Office, 1967.

SCHRAG, P., « Other Models of Criminal Activity-Organized Crime », *Encyclopaedia Britannica,* 1970.

SCHUMPTER, J. A., *The Theory of Economic Development*, Cambridge, Ma, 1934.

SEABURY, S., *Intermediate Report*, New York, 25 janvier 1932.

SELLIN, T., « Crime », *The American Journal of Sociology* 47 6 (mai 1942).

—, *Research Memorandum on Crime and The Depression,* NY, Social Sciences Research Council, 1937 (réédité par Arno, 1972).

SEURRIN, J.-L., *La Structure interne des partis politiques américains*, Paris, Colin, 1953.

SHALLOO, J. P. (ed.), « Crime in the United States », *The Annals of the American Academy of Political and Social Science* 217 (sept. 1941).

SHAW, C., ZORBAUGH, F., COTTRELL, L., and MCKAY, H., *Delinquency Areas,* Chicago, The University of Chicago Press, 1929.

SHAW, C. and MCKAY, H., *Juvenile Delinquency and Urban Areas,* Chicago, University of Chicago Press, 1942.

SHORT, J. F., *An Investigation of the Relation Between Crime and Business Cycles,* thèse de doctorat soutenue en 1951, université de Chicago, publiée en 1980, Arno Press.

SIFAKIS, C., *The Mafia Encyclopedia : From Accardo to Zwillman,* NY, Checkmark Books, 1999.

SIMON, F., *Éléments de recherche sur la nature des machines politiques aux États-Unis*, Paris, IEP, mémoire non publié, 1962.

SIMPSON, R. M., « Postwar Trends in Employment, Crime, Insanity and Heart Disease », *Journal of Social Psychology* 6 (Feb 1935) : 125-129.

SKLAR, M. J., *The Corporate Reconstruction of American Capitalism, 1890-1916 : The Market, The Law, and Politics,* Cambridge, Cambridge University Press, 1988.

SMITH, D., *Mafia Mystique*, NY, Basic Books, 1975.

—, and ALBA, R. D., « Organized Crime and American Life », *Society* 16 3 (1979) : 32-38.

STEFFENS, L., *The Shame of Cities*, 1902 (réédité NY, Hill and Wang, 1957).

STOLBERG, M. M., *Fighting Organized Crime : Politics, Justice and the Legacy of Thomas E. Dewey*, Boston, Northeastern University Press, 1995.

STOTT, W., *Documentary Expression and Thirties America*, Chicago, University of Chicago Press, 1986.

SUTHERLAND, E., *On Analyzing Crime*, Chicago University of Chicago Press, 1973.

—, « Crime and Business », *The Annals of The American Academy of Political and Social Science* 217 (sept. 1941) : 112-118.

—, « Crime of corporations », G. Geis (ed.), *White Collar Criminal*, NY, Atherton Press, 1968.

TANNENBAUM, F., *Crime and the Community*, NY, Ginn and Company, 1938.

TAUSSIG, F.W. and JOSLYN, C. S., *American Business Leaders*, NY, Macmillan, 1932.

THRASHER, F., *The Gang. A Study of 1313 Gangs in Chicago*, Chicago, The University of Chicago Press, 1927.

TOSCHES, N., *Dino*, Londres, Vintage, 1993 (2e éd.).

TUCKER, K., *Eliot Ness and the Untouchables : The Historical Reality and the Film and Television Depictions*, NY, McFarland, 2000.

TURKUS, B. B. et FERER, S., *Murder, Inc : The Story of the Syndicate*, NY, Farrar, Strauss and Young, 1951 (réédité en 1992).

TYLER, G., *Organized Crime in America : A Book of Readings*, Ann Arbor, The University of Michigan Press, 1962.

VILA, B. and MORRIS, C. (eds), *The Role of Police in American Society, A Documentary History*, Westport, Co, Greenwood Press, 1999.

VOLD, G. B., « The Amount and Nature of Crime », *American Journal of Sociology* 40 (mai 1935) : 796-803.

WEBER, M., « Le métier et la vocation d'homme politique », *Le savant et le politique*, Paris, 1919 (3e ed. coll. 10/18, 1963).

WHITEHEAD, D., *The FBI Story : A Report to the People*, NY, Random House, 1956.

WHYTE, W., « Social Organization in the Slums », *American Sociological Review* 8 1 (1943).

WICKERSHAM Commission, *Report on the Enforcement of the Prohibition Laws of the United States*, Washington, DC, National Institute of Justice, 1931.

WIEBE, R. E., *The Search for Order, 1877-1920*, NY, Hill and Wang, 1967.

WILSON, T., « The Kefauver Committee, 1950 », SCHLESINGER, A. M. and BURNS, R., *Congress Investigates, 1792-1974*, NY, Chelsea, 1975.

WOODIWISS, M., *Crime, Crusades and Corruption, Prohibitions in the United States, 1900-1987,* NY, Barnes and Noble, 1988.

ZEIGER, H., *The Jersey Mob*, Bergenfield, NJ, New American Library, 1975.

ZINK, H., *City Bosses in the U.S. A Study of Twenty Municipal Bosses,* NY, 1930, (2e ed. 1968).

ZUNZ, O., *Making America Corporate, 1870-1920*, Chicago, University of Chicago Press, 1990.

II. Le crime organisé et le cinéma américain

BALIO, T. (ed.), *Grand Design : Hollywood as a Modern Business Enterprise, 1930-1939*, NY, Charles Scribner, 1993.

BAXTER, J., *The Gangster Film*, NY, Barnes and Company, 1970.

BERGESEN, A., « Godfather II : Some Thoughts on Our Changing Conception of Immigrants and Organized Crime », *Contemporary Crises* 3 3 (juin 1979) : 291-294.

BERGMAN, A., « The Gangsters », *We're in the money : Depression America and Its Films*, NY, Harper and Row, 1972.

BIDAUD, A., *Hollywood et le rêve américain : Cinéma et idéologie aux États-Unis*, Paris, Masson, 1994.

BLACK, G. D., *Hollywood Censored : Morality Codes, Catholics, and the Movies*, Cambridge, Cambridge University press, 1994.

BOOKBINDER, R., *Classic Gangster Films*, NY, Citadel, 1993.

BORDE, R. et CHAUMETON, E., *Panorama du film noir américain*, Paris, Minuit, 1955.

BOURGET, J.-L., *Hollywood, la norme et la marge*, Paris, Nathan, 1998.

—, « Le Film noir », ROYOT, D. (ed.), *Hollywood : Réflexions sur l'écran*, GRENA, Université de Provence, 1984.

BRILL, L., « Growing up Gangster : *Little Caesar, The Public Enemy*, and the American Dream », ROYOT, D. (ed.), *Hollywood : Réflexions sur l'écran*, GRENA, Université de Provence, 1984.

CIMENT, M., *Le Crime à l'écran : Une histoire de l'Amérique*, Paris, Gallimard, 1992.

CIEUTAT, M., *Les Grands Thèmes du cinéma américain*, tomes I et II, Paris, Le Cerf, 1988 et 1991.

COPJEK, J. (ed.), *Shades of Noir : A Reader*, Londres, Verso, 1993.

DOHERTY, T., *Pre-Code Hollywood : Sex, Immorality, and Insurrection in American Cinema, 1930-1934,* NY, Columbia University Press, 1999.

FERRO, M., *Cinéma et histoire*, Paris, Gallimard, 1993.

FINN, D., *A Guide to American Crime Films of the Forties and Fifties,* Westport, Co, Greenwood, 1995.

GABREE, J., *Gangsters : From* Little Caesar *to* The Godfather, NY, Pyramid, 1973.

GRANT, B. K. (ed.), *Film Genre : Theory and Criticism*, Metuchen, N.J./Londres, The Scarecrow Press, 1977.

—, *Film Genre Reader*, Austin, University of Texas Press, 1986.

GUERIF, F., *Le Film Noir*, Paris, Henri Veyrier, 1979 (réédité en 1999).

HARDY, P., *The BFI Companion to Crime*, Berkeley, University of California Press, 1997.

—, *The Aurum Film Encyclopedia : The Gangster Film*, NY, Aurum Press, 1998.

HIRSCH, F., *The Dark Side of the Screen : Film Noir*, NY, DeCapo, 1983.

JOWETT, G., *Film, The Democratic Art*, Boston/Toronto, Little, Brown, 1976.

—, « Bullets, Beer and the Hays Office : *Public Enemy* (1931) », O'CONNOR, J. E. and JACKSON M. A. (eds.), *American History/American Film : Interpreting the Hollywood Image*, NY, Frederick Ungar, 1979.

KARF, S. L., *Gangster Film : Emergence, Variation and Decay of a Genre, 1930-1940*, NY, Arno, 1973.

KAMINSKY, S. M., « The Individual Film : *Little Caesar* and the Gangster Film », *American Film Genres*, NY, Pflaum Publishing, 1974.

KAPLAN, E. A., *Women in Film Noir*, Londres, BFI, 1978.

LANGMAN, L., *A Guide to American Crime Films of the Thirties*. Westport, Co, Greenwood, 1994.

MALTBY, R., « The Spectacle of Criminality », SLOCUM, J. D. (ed), *Violence and American Cinema*, NY/Londres, Routledge, 2001.

—, *Harmless Entertainment, Hollywood and the Ideology of Consensus*, Metuchen, NJ/Londres, The Scarecrow Press, 1983.

MANCHEL, F., *Gangsters on the Screen*, NY, Londres, Franklin Watts, 1978.

MAST, G., *The Movies in Our Midst*, Chicago/Londres, The University of Chicago Press, 1982.

MAY, L., *The Big Tomorrow : Hollywood and the Politics of the American Way*, Chicago/Londres, The University of Chicago Press, 2000.

MCARTHUR, C., *Underworld USA,* Londres, BFI, 1972.

McArthur, J., *Hollywood Gangland : The Movies's Love Affair with the Mob*, NY, St. Martin's Press, 1993.
Messick, H., *The Beauties and the Beasts : The Mob in Show Business*, NY, D. McKay, 1973.
Mottram, J., *Public Enemies : The Gangster Movie A-Z*, Londres, BT Batsford, 1998.
Munby, J., *Public Enemies, Public Heroes : Screening the Gangster from* Little Caesar *to* Touch of Evil, Chicago, University of Chicago Press, 1999.
Munn, M., *The Hollywood Connection : The True Story of Organized Crime in Hollywood*, Londres, Robson, 1993.
Norman, B., *The Story of Hollywood*, NY, Nal, 1987.
Roddick, N., *A New Deal in Entertainment : Warner Brothers in the 1930s*, Londres, BFI, 1983.
Roffman, P. and Purdy, J., *The Hollywood Social Problem Film : Madness, Despair, and Politics from the Depression to the Fifties*, Bloomington, Indiana University Press, 1981.
Rosow, E., *Born to Lose : The Gangster Film in America*, NY, Oxford University Press, 1978.
Ross, A., *The Chicago Gangster Theory of Life : Nature's Debt to Society*, Londres, Verso, 1995.
Ruth, D., *Inventing the Public Enemy : The Gangster in American Culture, 1918-1934*, Chicago, University of Chicago Press, 1996.
Schatz, T., « The Gangster Film », *Hollywood genres : Formulas, Filmmaking and the Studio System,* NY, Random, 1981.
Shadoian, J., *Dreams and Dead Ends : The American Gangster/Crime Film,* Cambridge, MIT Press, 1977.
Silver, A. and Ward, E., *Film Noir*, Londres, Secker & Warburg, 1980.
—, and Ursini, J. (eds.), *Film Noir Reader*, NY, Limelight, 1996.
Sklar, R., *City Boys : Cagney, Bogart, Garfield*, Princeton, Princeton University Press, 1992.
—, *Movie-Made America : A Cultural History of the American Movies*, NY, Random, 1975.
Stephens, M. L., *Gangster Films : A Comprehensive, Illustrated Reference to People, Films, and Terms*, Jefferson, NC, McFarland, 1996.
Tuska, J., *Dark Cinema : American Film Noir in Cultural Perspective*, Westport, Co, Greenwood Press, 1984.
Warshow, R., « The Gangster as Tragic Hero », dans *The Immediate Experience*, NY, Doubleday, 1962.
Yaquinto, M., *Pump'Em Full of lead : A Look at Gangsters on Film*, NY, Twayne, 1998.

Achevé d'imprimer sur les presses de la SNEL S.A. – rue Saint-Vincent 12 – B-4020 Liège
juillet 2002 - 25782

N° de projet : 10097564 - (II) - (7) - (OSBT 80°) - NC
Dépôt légal : août 2002
Imprimé en Belgique